本书出版获国家自然科学基金项目（批准号：71802315、71942003）资助

原生广告概论

Introduction to Native Advertising

李玉豪 主编

上海交通大学 出版社
SHANGHAI JIAO TONG UNIVERSITY PRESS

内容提要

　　本书共 14 章,主要探讨原生广告的基础知识、研究现状、案例分析和发展趋势,具有较好的理论意义和实践操作价值。本书主要采用理论结合实践的方式,通过理论讲解、案例分析、技巧分享、实用工具介绍等多种形式,帮助读者深入了解原生广告的相关知识和技能,以便更好地适应时代潮流,掌握广告的发展先机。

　　本书适合高等院校广告、营销、公关、媒体等相关专业的师生作为教材使用,也适合相关从业人员和对原生广告感兴趣的其他读者学习参考。

图书在版编目(CIP)数据

原生广告概论 / 李玉豪主编 . -- 上海 : 上海交通
大学出版社,2023.10
　ISBN 978-7-313-29764-8

　Ⅰ.①原… Ⅱ.①李… Ⅲ.①广告学 Ⅳ.
①F713.80

中国国家版本馆 CIP 数据核字(2023)第 199235 号

原生广告概论
YUANSHENG GUANGGAO GAILUN

主　　编:李玉豪

出版发行:上海交通大学出版社		地　　址:上海市番禺路 951 号		
邮政编码:200030		电　　话:021-64071208		
印　　制:上海万卷印刷股份有限公司		经　　销:全国新华书店		
开　　本:787 mm×1092 mm　1/16		印　　张:13		
字　　数:238 千字				
版　　次:2023 年 10 月第 1 版		印　　次:2023 年 10 月第 1 次印刷		
书　　号:ISBN 978-7-313-29764-8				
定　　价:59.00 元				

前　言 | Foreword

　　风雨刚过，一缕阳光穿越云层，洒在大地上，白云悠然，绿树青翠，这景象宁静而又生机勃勃。社会化商务蓬勃发展，宛如一场风雨过后的美景，给人带来了全新的体验。在这个数字化时代，社交媒体和智能科技的崛起为商务活动开辟了全新的大门。社交媒体成为企业和品牌展示自我形象的重要平台。它们吸引着亿万用户，人们在这里分享生活点滴、交流观点等。

　　原生广告作为一种社会现象，正是随着社会媒体和数字营销的发展而兴起的新型广告形式。它在一定程度上提高了广告的效果和用户体验，同时也需要企业和广告从业者谨慎处理，确保广告的诚实性和用户体验，以实现广告企业和平台用户的双赢。

　　实现双赢需要更高的视野和社会责任感。原生广告不仅仅是为了推销产品或服务，还承载着传递社会价值观和推动社会进步的使命。从更大的角度看待原生广告的影响，我们需要深入了解用户的需求、价值观和喜好，从而实现营销内容的创意和传达目标。本书深入探讨了广告领域内的伦理问题、企业社会责任的实践，以及如何在广告领域内开展相关的理论和实践工作，旨在为读者提供全面的知识和带来不一样的视野和理解，更好地适应时代潮流，掌握事业发展的先机。作为本书主编，我深感荣幸和激动。

　　我要特别感谢我的同事，他们在相关领域的研究成果具有深刻见解，通过与他们的交流，本书的内容更加全面和多样化，能够为读者提供更深入的视角和理解。他们的专业知识和经验，对我的研究和写作起到了至关重要的作用。

　　我要衷心感谢出版社和编辑对本书的撰写提供的宝贵帮助，感谢所有支持本书出版的人和机构。没有他们的支持和努力，本书将无法问世。希望本书能够为广大读者带来实质性的帮助和启示，激发更多人关注原生广告伦理和企业社会责任的重要性。

　　谨以此书献给广大读者，希望能够与你们共同探索原生广告的应用、设计、伦理和社会责任的道路，共同推动广告行业的健康发展。

目 录 | Contents

第1章　什么是原生广告 ………………………………………… 1

1.1　时代背景 ……………………………………………… 1

1.2　原生广告的定义 ……………………………………… 2

1.3　原生广告的特点 ……………………………………… 3

1.4　信息流场景下的原生广告 …………………………… 6

1.5　原生广告与一般在线广告的区别 …………………… 7

第2章　原生广告的常见形式与投放模式 ………………… 12

2.1　原生广告的常见形式 ………………………………… 12

2.2　原生广告的分布渠道 ………………………………… 17

2.3　原生广告的定位方式 ………………………………… 24

第3章　如何设计原生广告 ………………………………… 29

3.1　平台研究 ……………………………………………… 29

3.2　目标考量 ……………………………………………… 31

3.3　用户研究 ……………………………………………… 32

3.4　设计一致性 …………………………………………… 34

3.5　原生广告的设计原则 ………………………………… 41

第4章　原生广告的投放与效果评估 ……………………… 44

4.1　原生广告的内容定制 ………………………………… 44

4.2　原生广告的排期 ……………………………………… 45

4.3　原生广告的投放平台 ………………………………… 48

4.4 原生广告的内容推荐策略 ………………………………………… 49

4.5 原生广告的效果评估 …………………………………………… 50

第5章 原生广告的一致性特征与用户逆反 ……………………… 56

5.1 一致性特征 ……………………………………………………… 56

5.2 一致性特征的影响 ……………………………………………… 59

5.3 原生广告的来源类型 …………………………………………… 60

5.4 职业化特征与标识形式 ………………………………………… 62

5.5 系统定制还是用户定制 ………………………………………… 64

5.6 原生广告与心理逆反 …………………………………………… 67

5.7 用户逆反的个体差异 …………………………………………… 69

第6章 用户参与：社交需求还是社交冒犯 ……………………… 72

6.1 社交需求 ………………………………………………………… 72

6.2 用户卷入 ………………………………………………………… 77

6.3 卷入度的细分 …………………………………………………… 78

6.4 社交规范：共识语言 …………………………………………… 81

6.5 营销参与的社交违反 …………………………………………… 83

第7章 原生广告的个性化 …………………………………………… 87

7.1 个性化原生广告 ………………………………………………… 87

7.2 个性化广告的重要性 …………………………………………… 88

7.3 个性化广告的数据收集与分析 ………………………………… 90

7.4 数据挖掘与机器学习 …………………………………………… 91

7.5 个性化的基础：用户画像 ……………………………………… 93

第8章 个性化与用户逆反的平衡 ………………………………… 102

8.1 个性化的最优程度 ……………………………………………… 102

8.2 明确的隐私政策 ………………………………………………… 103

8.3 明确的知情同意 ………………………………………………… 104

8.4 尊重用户偏好 …………………………………………………… 106

8.5 避免过度追踪 …………………………………………………… 108

8.6　提供选择权 ··· 109

第 9 章　用户体验的提升与转化 ··· 112

9.1　影响用户体验的关键因素 ··· 112

9.2　原生广告的界面设计与用户体验 ····································· 113

9.3　内容相关性与用户体验 ·· 114

9.4　积极情感与用户体验 ·· 115

9.5　心理启示与用户体验 ·· 117

第 10 章　原生广告的用户参与与品牌忠诚 ··························· 123

10.1　用户参与对品牌的提升 ·· 123

10.2　原生广告与品牌传播 ·· 124

10.3　原生内容与互动参与 ·· 125

10.4　原生广告与客户服务 ·· 127

10.5　原生广告与定制方案 ·· 130

10.6　原生广告与用户贡献 ·· 131

10.7　原生广告与忠诚计划 ·· 133

第 11 章　用户隐私与数据安全问题 ····································· 136

11.1　用户隐私与数据安全的重要性 ······································ 136

11.2　用户隐私保护 ··· 137

11.3　原生广告与用户隐私的平衡 ··· 139

11.4　原生广告数据安全 ··· 141

11.5　数据匿名化与脱敏技术 ·· 143

11.6　跨平台数据共享 ·· 145

第 12 章　原生广告的法律问题 ·· 149

12.1　原生广告与法律议题 ·· 149

12.2　广告法律框架 ··· 150

12.3　虚假广告与欺诈行为 ·· 156

12.4　隐私权与数据保护 ··· 160

第 13 章　原生广告的伦理问题 ·· 165

13.1　原生广告的伦理问题及其重要性 ··························· 165

13.2　原生广告中的道德问题 ··· 166

13.3　广告和社会价值观的冲突与调和 ··························· 172

13.4　原生广告对弱势群体的影响 ·································· 175

13.5　广告的社会责任 ··· 178

第 14 章　原生广告的未来发展趋势 ································· 184

14.1　数据驱动的个性化广告 ·· 184

14.2　多渠道整合 ·· 186

14.3　视频广告的增长 ··· 188

14.4　虚拟现实与增强现实广告 ····································· 189

14.5　AI 生成背景下的原生内容 ···································· 191

14.6　社会责任与可持续发展 ·· 193

参考文献 ··· 199

第 1 章
什么是原生广告

本章主要介绍原生广告的定义、特点,与一般在线广告的差异;帮助读者理解原生广告在信息流场景中的应用,以及它如何在数字营销中发挥作用,更好地与平台用户进行连接并传递营销信息。

1.1 时 代 背 景

在无线通信技术和互联网技术快速发展的背景下,各种智能终端不断普及,多种类型和多样功能性的社交媒体和应用程序不断涌现。根据中国互联网信息中心(CNNIC)发布的报告显示,截至 2021 年 12 月,我国网民规模已达 10.32 亿,其中手机网民规模达 10.29 亿,手机网民占总网民的 99.7%。另外,我国即时通信平台用户规模达 10.07 亿,占网民整体的 97.5%(数据来自 CNNIC 发布第 49 次中国互联网络发展状况统计报告,2022)。可见,即时通信应用已经成为我国网民最常用的互联网应用程序。在移动端使用的高度普及率和网民移动化的背景下,人们越来越多地在日常生活中使用即时通信和社交媒体应用。以目前国内在社交沟通领域占据垄断地位的即时通信平台——微信为例,根据 2022 年的最新数据显示,微信及 WeChat 合并月活跃用户数达到 13.089 亿,且仍处于上升的趋势。

大批社交媒体应用逐渐渗透到了人们的社交、商业及教育活动等各个方面,而以微信和 Facebook 为代表的即时通信平台也逐渐发展成了社交、购物、娱乐等生活服务的流量入口,因其携带的巨大流量,也随之产生了巨大的潜在商业价值。因此,业界人士和学者们也开始重视这类即时通信平台上多种形式的广告。以往数据显示,2021 年我国移动端广告行业的市场规模已达 8 360 亿元,复合年增长率约为 34.6%,并且其占线上广告的比例还在不断攀升,2021 年移动广告行业占线上广告行业的比例约为 88.8%。可见,随着技术的发展和创新,平台用户需求更加多样化,社交平台上多种形式的广告在加速发展的同时,更需要不断革新广告呈现形式来满足用户日益变化和精准的信息娱乐需求。

广告作为普遍且重要的社交及商业工具,准确地向潜在消费者提供商务服务信息一直是其主要目标。在移动广告兴起之时,由于互联网技术的限制,广告形式以短信广告、电视广告、网页广告等为主,它们只能针对整个市场所有人群进行无差别的通用设计,因此广告制造商缺乏获取每个用户多维信息的渠道,以及分析这些大量数据的计算能力和信息技术,导致了低精度的投放和大量无意义的高投入问题,更重要的是这些广告对于用户来说还存在着较大的侵扰性。随着移动网络和各种算法技术的出现,广告的种类和呈现形式更加多样化和精准化,出现了搜索广告、信息流广告和原生广告等多种新型的广告形式。这些广告在大数据和算法科学的支持下,能够实现与平台用户更高的相关性和联动性,可以利用用户画像和个人信息来更精准地向目标用户进行投放,进一步降低对用户的侵扰,从而提升用户的接受度和好感程度。

1.2 原生广告的定义

原生广告(native advertising)是一种广告形式,其设计和展示方式旨在与所在平台的内容和用户体验无缝融合,使其看起来更像是平台上的自然内容,而不是显眼的广告。原生广告的目的是为了避免打扰用户的浏览体验,同时提供有价值且有趣的内容,从而吸引用户的注意力,提高广告的接受度和转化率。原生广告的设计和样式与平台上的自然内容相似,使其在外观和形式上与周围内容融为一体。这样的融入性使广告看起来更加自然,不易被用户识别为广告,从而降低了用户对其产生抗拒和忽略的可能性。

原生广告避免了一般在线广告形式中的显眼和破坏性,以一种不干扰用户体验的方式呈现在用户的视野中。这使得用户在浏览平台内容时不会被广告打断,提高了用户对广告的接受度。原生广告通常提供有价值的和有趣的内容,以吸引用户的兴趣并激发他们的好奇心。这些广告往往与平台的内容相关,能够为用户提供实用的或娱乐的价值,从而增加用户与广告的互动意愿。原生广告适应了社交媒体的特点,因为社交媒体平台更倾向于采用非干扰性的广告形式,以提高用户体验和留存率。

　　总而言之,原生广告是一种以非干扰性、融入性和有价值的内容为特点的广告形式。它旨在为用户提供良好的广告体验,提高用户与广告之间的互动,从而为品牌传播带来更好的效果。由于其能够在广告和内容之间找到平衡,原生广告在当前的广告市场中越来越受到重视和采用。

　　原生内容已经成为移动广告和数字营销经济的主要驱动力。营销人员认为,当原生广告将个性化内容触达到特定特征的用户时,它们可以快速吸引用户并与之建立关系。具体来说,研究人员发现当原生广告内容以这种隐蔽的形式被标记时,如赞助社交帖文、品牌"病毒"视频和赞助新闻,消费者会做出积极的回应。例如,微信朋友圈的广告就是一种典型的基于大数据分析、深度学习和推荐算法的个性化原生广告。

　　过去的研究对于在社交环境下设计更有效的广告方面已经做出了大量的贡献。与其他形式的推广信息相比,原生广告会以一种完全不同的呈现形式和运行逻辑来影响线上移动用户,因为在社交环境下用户对该广告推广营销本质的察觉与否,将会直接影响到其对广告的印象和下一步的行为结果。原生广告这种带着伪装"面具"的内容会使用户很难在平台众多的自然内容中去识别该广告,因此其会有一个明显的正面效果。

1.3　原生广告的特点

1. 上下文相关性(contextual relevance)

　　原生广告旨在与展示它们的平台的内容和格式上下文相关。它们通常被设计成看起来和感觉起来像周围的内容,以避免破坏用户体验。原生广告被称为"上下文相关",因为它们旨在与展示它的平台的形式和功能融为一体。这意味着广告的外观和感觉都与周围的内容相得益彰,因此它们似乎是用户体验的自然组成部分。例如,社交媒体平台上显示的原生广告可能看起来像普通帖子,但带有"赞助"标签,表明它们是广告。同样,新闻网站上显示的本地广告可能看起来像一篇普通文章,但带有"赞助"标签以表明它们是广告。通过融入周围的内容,原生广告可以提供更加无缝和更少干扰的用户体验,增加用户参与的可能性并最终推动更高的转化率。原生广告更有可能吸引用户的兴趣和偏好,进一步提高他们的参与度并带来更好的结果。总之,原生广告的上下文相关性是其作为营销工具有效性的一个关键因素,因为它允许广告商以更自然和更具吸引力的方式接触用户,同时仍能实现他们的营销目标。

2. 无干扰性(non-disruptive)

与传统的横幅广告或弹出窗口不同,原生广告旨在不干扰用户体验。它们被整合到平台的内容和格式中,通常放置在用户更有可能与之互动的区域。原生广告通常被认为是"非破坏性的",因为它旨在与平台或出版物的周围内容和用户体验无缝融合。与打断用户或分散用户注意力的传统广告形式不同,原生广告的设计旨在与其出现的平台的形式和功能相匹配。

原生广告"无干扰性"的主要原因有以下几点:① 原生广告的创建与平台有机内容的风格、格式和整体外观非常相似。它们旨在自然地融入用户的浏览体验,与脱颖而出并扰乱内容流的传统广告相比,它们不那么突兀。② 原生广告通常是根据目标受众的兴趣和偏好量身定制的。它们被策略性地放置在相关内容中,确保它们与用户的上下文保持一致并增强他们的体验而不是中断它。③ 原生广告通过提供符合平台目的的有价值的且信息丰富的内容来优先考虑用户体验。它们经常提供有用的信息、有趣的故事或有用的资源,确保用户从广告中获得价值而不会感到被侵犯。④ 原生广告应明确标记为赞助或推广内容,保持透明度并告知用户其商业性质。此披露有助于建立信任并允许用户区分有机内容和赞助内容,从而减少任何潜在的混淆或感知到的欺骗。⑤ 原生广告可以采用多种形式,如文章、视频、社交媒体帖子,甚至是电视节目或电影中的产品植入。通过利用用户已经习惯消费的格式,原生广告可以无缝集成到用户体验中,从而最大限度地减少干扰。⑥ 原生广告可以定制,以匹配它们出现的平台的视觉和主题元素。这种定制允许广告商制作能引起目标受众共鸣的广告,增加参与度并减少干扰感。

尽管原生广告努力做到无干扰,但需要注意的是,如果某些实施方式没有明确标记,或者如果它们欺骗用户认为内容是有机的,则它们仍可能会招致批评。透明度和用户信任是原生广告成功保持其非破坏性的关键因素。

3. 故事性(storytelling)

原生广告通常涉及讲故事,使用叙事来吸引用户并使他们更容易接受所传达的信息。目标是创建用户想要分享和参与的内容,而不是简单地推广产品或服务。原生广告通常很会讲故事,因为它们采用叙事元素以引起用户共鸣的方式提供品牌内容。它们旨在将促销信息与用户体验无缝融合,使内容感觉更自然、干扰更少。

原生广告强调叙事,使用叙事来传达信息。同样,原生广告围绕品牌或产品创建叙事,以吸引和吸引用户的方式呈现它们。通过制作引人入胜的故事,原生广告可以在情感层面上与用户建立联系,使他们更容易接受品牌信息。原生广告与周围内容无缝集成,模仿其出现的平台的格式和风格。这种上下文相关性对于有效讲故事至关重要。通过与用户的兴趣和他们消费的内容保持一致,原生广告可以创建自然适合用户体验的连贯叙述。成功地讲故事会引起用户的情感,而原生广告也旨在做到这一点。通过利用人物、冲突和解决方案等叙事元素,原生广告可以与用户建立情感联系。情感参与增加了用户记住品牌并形成积极联想的可能性。原生广告力求让用户沉浸在品牌故事中。它采用各种多媒体元素,如视频、图像和交互式内容来增强讲故事的体验。通过提供视觉和体验丰富的叙述,原生广告可以给用户留下持久的影响并提高品牌回想度。

原生广告采用讲故事的技巧,为用户创造更加身临其境、情感共鸣和情境相关的体验。通过制作引人入胜的叙述,原生广告可以有效地传达品牌信息,同时保持与内容环境的无缝集成,从而形成更具吸引力和令人难忘的广告方式。

4. 实效性(performance-based)

原生广告通常是基于效果的,这意味着广告商根据点击次数、展示次数或其他表明用户参与度的指标付费。这使广告商能够衡量其活动的有效性并根据需要进行调整。原生广告通常是基于实效的,因为它们能够提供可衡量的结果并与广告商设定的关键绩效指标保持一致。原生广告活动通常在设计时考虑到特定目标,如提高品牌知名度、增加网站流量或产生潜在客户。这些目标与可衡量的指标相关联,如点击率、转化率、参与度指标或每次获取成本。通过定义明确的目标并跟踪相关指标,广告商可以评估其原生广告活动的绩效和有效性。与传统的横幅广告或弹出广告不同,原生广告与特定平台上的用户体验无缝集成。通过匹配周围内容的形式和功能,原生广告显得不那么突兀,从而带来更高的参与度和更好的效果。用户更有可能与提供有价值内容并自然适合平台的原生广告互动,从而提高性能指标。

与传统展示广告相比,原生广告具有更高的点击率。原生广告的非破坏性及其讲述引人入胜的故事的能力通常会带来更高的用户参与度,从而推动更多点击次数和对广告商网站的访问。此外,由于原生广告的上下文相关性,点击它们的用户更有可能转化为客户,从而提高转化率。原生广告允许广告商根据人口统计、兴趣、行为或其他相关参数来定位特定的受众。这种定位功能使广告商能够更有效地接触到他们的理想客户,从而增加实现绩效目标的可能性。通过展示个性化和相关的内容,原生广告可以产生更高的参与度、点击率和转化率。原生广告可以灵活地优化活动和进行测试以不断提高性能。广告商可以测试不同的广告变体、标题、图像或号召性用语按钮,以确定效果最佳的元素。通过持续优化,广告商可以改进他们的原生广告活动,以最大限度地提高性能并取得更好的结果。广告商通常可以根据效果付费,如每次点击费用或每次操作费用,确保他们仅在采取所需操作时付费。这种基于绩效的定价模式使广告商能够更有效地分配预算,专注于提供可衡量结果和积极投资回报的活动。

通过提供明确的目标、可衡量的指标、无缝集成、定位功能、优化选项和具有成本效益的定价模型,原生广告与基于效果的方法保持一致。原生广告允许广告商跟踪和评估他们的活动的有效性,优化以获得更好的结果,并实现他们期望的绩效结果。总而言之,原生广告是一种以无干扰的方式吸引用户的有效方式。通过融入周围的内容并使用讲故事的技巧,原生广告可以吸引用户并推动行动,而不会让人感到过度宣传。

1.4 信息流场景下的原生广告

信息流(information feed)是指在互联网和移动互联网平台上以流式呈现方式展示的信息内容。它是一种用户获取信息的方式,以滚动或翻页的形式展示多种类型的内容,如文章、图片、视频、广告等,用户可以通过不断向下滑动页面或翻页来浏览更多内容。在信息流中,不同类型的内容会被混合在一起呈现,而不是像传统网页那样按照页面布局划分。这种形式使得用户可以更快速地获取感兴趣的信息,同时也为广告等内容提供了更多曝光机会。

在信息流背景下,原生广告指的是与平台或网站的内容风格、布局和用户习惯相吻合的内容形式。原生广告融入了平台的风格和形式,使其看起来更加自然、无缝地融入用户浏览的信息流中,与其他非广告内容几乎没有明显的区别。这样的广告形式使得用户在浏览信息流时更容易接受和接触广告,从而提高了广告的曝光率和点击率。

信息流的形式广泛应用于社交媒体、新闻资讯网站、移动应用和其他数字媒体平台中。它成为现代用户获取信息的主要途径之一,因为它能够根据用户的兴趣和偏好,以个性化的方式呈现内容,提供更加精准和定制化的信息。信息流的形式为用户提供了一种便捷的信息获取方式。在信息流中,用户可以根据自己的兴趣随时滚动浏览新的内容,而无需打开新的页面或进行烦琐的搜索。这种无缝的浏览体验使用户能够更加高效地获取信息,同时也增加了用户对内容的探索和发现的乐趣。

信息流的个性化呈现是其最大的优势之一。通过分析用户的历史行为和兴趣,信息流能够智能地推送与用户兴趣相关的内容,从而提供更加个性化的信息服务。这种个性化的呈现方式使用户感受到被重视和关心,同时也为内容提供者提供了更好的机会将信息传递给目标受众。信息流的定制化特点也为内容提供者提供了更灵活的传播方式。在信息流中,内容提供者可以根据不同平台和用户群体的需求,定制不同类型和风格的内容,以满足不同受众的需求。这种定制化的传播方式为内容创作者和营销者提供了更多的机会和挑战,同时也增加了内容的多样性和丰富性。

对于内容提供者来说,信息流提供了更广泛的传播渠道和更直接的受众接触方式。在信息流中,内容可以以更直观、生动和多样化的形式呈现,吸引用户的注意力和兴趣。这为内容创作者创作更具吸引力的内容提供了契机,同时也促使他们更加关注用户反馈和需求,不断优化内容质量和形式。对于广告商而言,信息流成为一种新的广告展示形式,为他们提供了更多的广告投放机会。由于信息流具有个性化的特点,广告可以更加精准地投放到目标受众面前,提高广告的触达效率和点击率。此外,信息流广告通常融入内容中,以更自然、无干扰的方式呈现,从而降低用户对广告的抗拒和忽略。

随着信息流的普及和应用,也引发了一些新的问题。由于信息流的个性化推荐机制,存在信息过滤的可能,使用户只接触与其兴趣相关的内容,导致信息的片面性和局限性。同时,信息流中的内容可能被过度商业化,广告和有偿内容过多地混杂在其中,使用户难以分辨真实信息和广告信息。在这种背景下,影响了原生广告的作用效力和影响机制。

信息流背景下的原生广告面临一些挑战。由于广告内容与自然流量内容相似,存在被用户忽略或视为干扰的可能性。因此,广告商需要更加巧妙地设计广告内容,确保其与周围内容相协调,同时又能够吸引用户的兴趣。此外,随着信息流广告的普及,用户对于广告的过滤能力也在不断增强,广告商需要不断创新和改进广告形式,以提高广告的效果和效率。信息流是一个兼具挑战和机遇的广告形式。对于广告商来说,需要有丰富的知识、熟练的技能及更高的视野,从用户的角度出发,创造出更加有趣、有用、与众不同的信息流广告内容,使其成为用户乐于接受和喜欢的一部分。只有这样,才能在信息流广告的竞争中脱颖而出,为品牌带来更大的价值和回报。

1.5　原生广告与一般在线广告的区别

原生广告和一般在线广告在格式与呈现方式、用户体验、定位与个性化程度、透明度与披露、广告投放与网络等方面存在区别。

1. 格式与呈现方式

格式与呈现方式的差异是原生广告和在线广告之间的主要区别之一。原生广告旨在与平台内容无缝融合,使其看起来更像是平台系统生成的有机内容或用户编辑的展示材料。其主要目标是创造一个有凝聚力和无中断的用户体验。原生广告采用与周围内容相同的格式、设计和风格,使它们看起来更自然、干扰更少。它们被集成到平台的布局中,模仿文章、视频或社交媒体帖子的外观和感觉。这种集成有助于原生广告更好地与用户产生共鸣,因为它们与平台的整体用户体验保持一致。相比之下,一般在线广告独立于平台的内容并且在视觉上截然不同。这些广告通常显示在指定的广告空间或位置,例如、横幅、弹出窗口、侧边栏或插页式广告。它们与主要内容分开放置,确保用户可以轻松地将它们识别为广告。一般在线广告通常采用更吸引眼球的视觉效果、动画或互动元素来吸引用户的注意力。他们的设计可能会优先考虑视觉冲击,而不是与平台美学的整合。

值得注意的是,虽然原生广告和一般在线广告在格式和呈现方式上有所不同,但两种方法都有各自的优势和应用。两者之间的选择取决于广告目标、目标受众、平台功能和整体活动策略等因素。

2. 用户体验

原生广告和一般在线广告的区别也在于用户的体验不同。原生广告的主要目标是提供无干扰且引人入胜的用户体验。通过与平台的内容融合,原生广告感觉更自然,干扰更少。它们旨在通过提供符合用户兴趣的相关信息或娱乐来为用户创造价值。一般在线广告有时会打断用户的浏览体验,因为它们在视觉上更加独特并且放置在专门的广告空间中。尽管它们仍然有效,但一般在线广告通常被视为更具侵入性,如果执行不周,可能会对用户体验产生负面影响。

3. 定位与个性化

虽然原生广告可以在一定程度上实现个性化,但它们的主要重点是融入周围的内容,而不是传递高度针对性的信息。原生广告通常与平台的格式、风格和上下文相匹配,提供有凝聚力的用户体验。然而,与一般在线广告相比,原生广告的定制通常是有限的。一般在线广告包含范围更广的格式和策略,这允许更广泛的个性化。一般在线广告可以根据特定的受众群体、人口统计资料、浏览行为或个人用户偏好进行定制。这种个性化水平通常是通过高级定位技术实现的,例如,cookie、跟踪像素或用户数据分析等。

4. 透明度与披露

原生广告和一般在线广告的区别也在于透明度与披露的方面有所不同。原生广告必须透明并明确标识为"赞助"或"推广"内容。这确保用户可以将它们与有机内容区分开来。标签和披露做法可能因平台或现行法规而异。一般在线广告通常与平台的有机内容分开,因此用户很容易将其识别为广告。然而,它们可能并不总是有明确的标签来表明它们的促销性质,特别是在广告格式在视觉上与周围内容相似的情况下。整体来看,原生广告和一般在线广告在透明度与披露方面的主要区别在于广告商传达内容赞助性质的方式。原生广告由于与平台内容的无缝集成而需要清晰显著的披露,而一般在线广告虽然与原生广告相比更具区别性,但仍需遵守披露准则以确保广告生态系统的透明度和完整性。

5. 广告投放与网络

原生广告和一般在线广告的区别也在于广告投放与网络方面有所不同。原生广告通常在与平台的有机内容相同的内容提要或布局中投放。它们与周围内容的形式、功能和风格相匹配,使它们显得更自然,不那么突兀。原生广告通常需要与特定发布商或平台建立伙伴关系或协作,以确保广告无缝集成。一般在线广告是一个更广泛的术语,包括用于在互联网上推广产品、服务或品牌的各种形式和策略。它的范围更为广泛,尤其是在广告投放方式和网络方面,例如,展示广告网络、搜索引擎广告平台、社交媒体广告平台、程序化广告平台等。一般在线广告依赖由广告交易平台、广告服务器和广告技术提供商组成的网络,以促进跨不同网站和平台的广告投放和定位。

6. 用户感知

由于社交媒体平台曝光和流量的快速增长,营销人员逐渐通过社交平台内的原生广告来有效触达目标消费者。在社交应用程序中,原生广告通常与好友的帖子一起出现在用户的信息流中,它们模仿周围自然内容的呈现风格和形式。原生广告模糊了广告和用户生成的内容之间的界限,误导用户错误地与这些广告进行互动,并随后影响他们的产品认知和购买决定。

在这种背景下,原生广告的感知与一般在线广告存在显著区别。一旦用户后续发现该内容是由市场营销人员设计并推送的,他们可能会更加失望,并产生逆反状态或其他负面心理。因此,用户普遍对营销内容持有怀疑的倾向也并不奇怪,因为促销信息总是以一种意想不到的方式触达到他们。换句话说,当用户意识到该内容不是由平台的自然算法推送的时候,他们可能会对该内容本身作出更加负面的反应。许多研究表明,由于不同的内容来源所代表的可信度不同,因此广告来源本身会显著影响原生广告的效果。其他的一些实证研究也强调了营销人员生成的内容(Marketer-Generated Content,MGC)不同的内容特征可以影响用户对广告信息的评估和行为结果,不同的内容特征包括语言、位置、披露与否、赞助的透明度和信息内容说服的程度等。可能用户更关心的是他们所看到的由算法推送的信息流内容是否是出于商业目的,因此原生广告更容易唤起人们对于自己的线上活动是否被其他营销者监视和利用的担忧。但是,过去研究对于原生广告的具体特征及不同特征组合形式对用户态度影响的相关研究仍较少。例如,原生内容相对一致的广告特征有助于减少目标阻碍和广告杂乱的影响,而社交线索可以有效缓解原生广告背景下对用户造成干扰的情况。基于注意力和目标显著性的重要作用,有学者提出了一种优化和平衡品牌、文本、图片、价格与促销机制等内容特征的整体性和一致性的方法,以获得更有利的用户行为结果。这就意味着,在原生广告中,不同标识、文字或产品之间的组合形式将带来不一样的用户感知和行为结果。行为和神经实验的数据也表明,对比效应与注意力资源的可用性,以及一个对象和其背景之间的一致性程度高度相关。有关研究表明,内容的对称性和对比性特征会因为处理更为流畅而改善用户参与的结果。具体来说,当相同的广告放置在不同的环境背景上时会产生明显不同的效果。对于商业信息或广告内容来说,用户会从不同社交平台和内容特征感知到的处理流畅度进行驱动,从而对这些商业内容产生不同的行为结果。这些特性表明,一致性特征会更多地引发用户积极的判断和使用意图。因此,在社交广告环境下,市场营销人员会努力去减弱不一致的广告特征。

尽管一致性或对比性特征的设计在消费者决策过程中起着重要作用,但现有的研究仅限于在社交平台中社交背景和商业特征之间的一致性。一个假设是,由于干扰效应,较高的内容-背景一致性会阻碍用户记忆,当其他类似的刺激出现并占据了用户的记忆时,用户的广告感知会受到负面影响。因此在线上沟通和社交媒体环境中,与广告-背景一致性相比,认知一致的内容特征和形式会有效减弱用户的注意力和回忆效应。另一种观点认为,广告与环境的一致性将有利于用户后续的认知和行为结果。例如,当广告被放置在一个协调一致的背景下时,广告的效果会得到提升,因为环境或背景可以对认知起到主导的作用。消费者会对他们感知到的与其当前情况和认知一致的内容产生积极态度,这可以进一步帮助减少认知失调的影响。此外,一些研究表明,原生广告的"掩饰"特征往往模糊了广告和其他平台自然内容之间的区别和界限,导致人们对原生广告情境下的促销信息的反馈更为积极,即使是在存在"广告"和"赞助"等标签披露措施的情形下。然而,当用户意识到该信息实际上是付费广告时,他们可能会对该信息做出更为消极的反应,欺骗性特征的设计最终导致了更严重的反应和后果。

思考题

（1）简要描述当代广告行业的主要发展趋势和演变，以及这些趋势如何为原生广告的兴起创造了机会。

（2）提供一个实际示例，说明一个品牌如何在社交媒体平台上利用原生广告的概念，将广告内容巧妙融入用户的信息流中。描述广告内容的特点，以及它如何与周围的用户生成内容相融合。

（3）到 Native Advertising Institute(https://nativeadvertisinginstitute.com/) 和 Content Marketing Institute(https://contentmarketinginstitute.com/) 的网址中寻找有关原生广告策略、案例研究和趋势的文章、报告、培训资源、指南、博客等，找出自己感兴趣的内容，并写一篇报告。

（4）基于你了解的原生广告特点和趋势，你认为在新的媒体和技术环境下，原生广告将如何进一步适应用户的需求和体验？

第2章
原生广告的常见形式与投放模式

本章重点介绍原生广告的常见形式、分布渠道和定位方式方面的知识。通过本章的学习，了解和掌握用户的兴趣、需求，选择适当的原生广告形式、分布渠道和定位策略，以实现更有效的数字营销和品牌推广。

2.1　原生广告的常见形式

表2-1列出了原生广告的常见形式及其特点。

表2-1　原生广告的常见形式及其特点

广告类型	描　　述	特　　点
内容流原生广告	在社交媒体、新闻网站或内容推荐平台中以赞助内容的形式混合在常规信息流或文章列表中。通常标注为"赞助"或"推广"，类似于常规帖子或文章。旨在个性化呈现内容，提供精准和定制化的信息，让用户保持参与和了解情况	类似常规帖子或文章； 个性化呈现内容； 提供精准和定制化信息； 增加用户参与和了解情况
搜索引擎原生广告	出现在搜索引擎结果页面中，与有机搜索结果相似但通常标记为广告。通过关键字竞标，在用户搜索特定词语时展示。旨在向用户提供相关内容，算法决定广告位置和可见性。用户可以点击与广告进行交互，并被定向到广告商的网站	类似有机搜索结果； 通过关键字竞标展示； 向用户提供相关内容； 点击与广告交互； 定向到广告商网站
推荐窗体部件	在网站上使用的内容模块或工具，根据用户的浏览行为、兴趣或上下文相关性向用户推荐和推广其他内容。常放置在文章结尾或侧边栏，提供个性化推荐以促进进一步参与，增加用户参与度，降低跳出率，推动转化或与推广内容的互动	根据用户行为推荐内容； 提供个性化推荐； 放置在文章结尾或侧边栏； 增加用户参与度和时间； 降低跳出率； 促进转化或与推广内容互动

广告类型	描　　述	特　　点
品牌相关内容	涉及创建与品牌形象和价值观相符的内容,然后在相关平台上进行推广。通常与内容创作者合作,以提供吸引人的内容,强调品牌的价值观、使命或独特卖点,建立用户与品牌的联系。通过讲故事、人物或现实生活体验突出品牌	强调品牌形象和价值观; 与内容创作者合作; 提供吸引人的内容; 建立用户与品牌的联系; 通过讲故事、人物或现实生活体验突出品牌
广告内原生内容	在传统展示广告空间的布局中整合了原生广告组件。与周围内容无缝融合,放置在内容流中,采用非干扰性放置策略。增加用户与广告互动的可能性,实现更高的点击率和转化率。透明度很重要,标记为"赞助""推广"或包含其他指示符以清楚地将其标识为广告。旨在提供与用户期望和平台整体设计相符的广告体验,实现广告商的营销目标	在传统广告空间中整合原生广告; 与周围内容无缝融合

1. 内容流原生广告

这类广告通常出现在社交媒体的信息流、新闻网站或内容推荐平台中。它们以赞助内容的形式混合在常规信息流或文章列表中,通常标注为"赞助"或"推广"。内容流原生广告可以包括图像、标题和描述,类似于常规帖子或文章。社交媒体中的信息流是指用户在其社交媒体平台上看到的不断更新的内容流。用户通过平台界面获知来自他们的朋友、关注者、他们关注的页面,以及他们在平台上连接的其他来源的内容并与之交互。

这类信息流提要通常由来自不同来源的一系列帖子或更新组成,按时间顺序或算法确定的顺序组织。这些提要中的内容可以包括文本、图像、视频、链接和其他多媒体元素。提要中显示的特定内容基于多个因素,例如,用户的联系、兴趣、过去的交互及平台的算法。信息流的目的是为每个用户提供个性化和量身定制的体验,向他们展示符合他们的偏好和参与历史的内容。这些提要旨在通过提供来自用户社交网络的持续更新、新闻、娱乐和其他相关内容,让用户保持参与和了解情况。

社交媒体平台使用算法来确定信息源中内容的顺序和优先级。这些算法考虑了各种因素,例如,帖子的新近度、用户参与度指标(点赞、评论、分享)、与用户兴趣的相关性及用户与内容创建者之间的关系。目标是向用户展示最相关和最吸引人的内容,最大限度地利用他们在平台上的时间。信息流在塑造用户的社交媒体体验方面发挥着至关重要的作用。它们是发现来自朋友、家人、品牌、新闻媒体、影响者和其他来源的内容并与之互动的中心枢纽。用户可以滚动浏览他们的提要,通过喜欢、评论或分享来参与帖子,并通过浏览他们的连接更新来发现新内容。信息流的具体设计和功能可能因不同的社交媒体平台而异。每个平台都有自己的算法、显示格式和自定义选项,以向其用户提供独特的提要体验。

内容流原生内容无论是在社交媒体平台、新闻网站还是内容推荐平台上,它们都会在用户源的自然流中显示为赞助或推广内容。例如,假设我们正在滚动浏览社交网站,发现一条帖子包含吸引人的图片和标题,并包含一些简短的描述。这篇文章的内容实际上是一个广告,但它的设计看起来和感觉就像来自朋友或我们关注的页面的常规帖子。它可能被标记为"赞助"或"推广"以表明它是广告。

同样,如果我们正在浏览新闻网站,我们可能会看到一个标有"推荐故事"或"相关文章"的提示,建议阅读更多文章。其中一些推荐文章可能是原生广告,与常规编辑内容一起出现。在此部分中,有缩略图,并附有诱人的标题和简短说明。这些推荐的故事不是随机的。它们通常与周围文章的风格、格式和基调相匹配,使它们无缝融入用户的浏览体验。换言之,这些内容是有策略地放置在内容流中的原生广告,它们与网站的整体主题和主题保持一致,与周围的新闻文章无缝融合。这类内容旨在通过将广告集成到内容的自然流中来提供无干扰且有一致性的用户体验。它们的目标是在不显得过于打扰或干扰的情况下吸引用户的注意力,从而增加与广告内容互动的可能性。

2. 搜索引擎原生广告

这些广告以赞助列表的形式出现在搜索引擎结果页面(Search Engine Results Pages,SERPs)中。它们与有机搜索结果非常相似,但通常标记为广告。广告主通过关键字竞标,在用户搜索特定词语时展示他们的原生广告。它们通常包括一个标题、描述和展示的统一资源定位符(uniform resource locator)。搜索引擎原生广告是指出现在 Google、Bing、Yahoo 等热门搜索引擎的搜索引擎结果页面背景中,与有机搜索结果无缝融合,提供更加综合和一致的用户体验。当用户在搜索引擎上执行搜索查询时,搜索引擎会在 SERPs 上显示相关结果列表。除了有机搜索结果,搜索引擎原生广告也显示为赞助商列表或付费广告。这些广告通常被标记为"广告""赞助"或"推广",以表明它们是广告。

搜索引擎原生广告有策略地放置在搜索引擎结果页面中。它们通常出现在页面的顶部、底部或侧面,与自然搜索结果分开的不同部分。放置位置可能因特定搜索引擎及其布局而异。搜索引擎原生广告通常由标题、简短说明和显示网址组成。标题旨在吸引用户的注意力,提供广告内容的简明摘要。描述提供了有关所宣传的产品、服务或信息的附加信息。显示统一资源定位符 URL,并当用户点击广告时将被定向到的着陆页的网址。从定价策略上来看,此类广告商对与其产品或服务相关的特定关键字或词组进行出价。当用户的搜索查询与广告商出价的关键字相匹配时,他们的原生广告就有机会出现在搜索结果中。

搜索引擎原生广告旨在根据用户的搜索查询向他们提供相关内容。搜索引擎的算法会考虑诸如广告与搜索查询的相关性、广告的质量和广告商的出价等因素来确定广告的位置和可见性。用户可以通过点击与搜索引擎原生广告进行交互。当用户点击广告时,他们会被定向到广告商的着陆页,他们可以在其中详细了解所宣传的产品、服务或信息。整体上来看,搜索引擎原生广告的目标是为广告商提供一种在搜索引擎生态系统中推广其产品或服务的方式,同时保持整体用户体验。通过融入有机搜索结果,这些广告可以吸引用户的注意力并将目标流量吸引到广告商的网站。

3. 推荐窗体部件

推荐窗体部件(widgets)是网站或数字平台上使用的一种内容模块或工具,用于根据用户的浏览行为、兴趣或上下文相关性向用户推荐和推广其他内容。这些小部件通常放置在网站的布局中,通常位于文章末尾或侧边栏中,并提供个性化推荐以促进进一步参与。推荐窗体部件有策略地放置在网页或应用程序界面中,为用户提供与其当前兴趣或网站主题相关的额外内容选项。推荐部件的常见位置包括文章结尾、侧边栏或主页或登录页面上的专用部分。

推荐窗体部件能够基于用户行为,例如,浏览历史记录、搜索查询或网站上的交互,以生成个性化的内容推荐。推荐部件通常采用机器学习算法来持续分析用户行为、跟踪参与模式并随着时间的推移改进内容推荐。这个迭代过程有助于根据用户不断变化的兴趣和偏好提高建议的相关性和准确性。

这些推荐可以包括文章、视频、产品、博客文章或用户可能感兴趣的任何其他相关内容。此外,推荐小部件旨在提供与用户当前会话上下文相关的内容建议。他们会考虑页面主题、用户的人口统计或偏好、流行趋势或网站的编辑指南等因素,以确保建议的内容符合用户的兴趣和期望。从交互方式来看,用户可以通过单击小部件中的建议项目来参与推荐内容,单击推荐通常会将用户引导至新网页或在模态窗口中打开推荐内容而不离开当前页面。推荐窗体部件可以作为一种推广赞助或广告内容,以及有机推荐的方式。在这种情况下,部件可以清楚地指示"赞助"或"推广",从而保证这些内容标签对用户的透明度。

推荐窗体部件的主要目的是增强用户参与度,增加在网站或应用程序上花费的时间,并促进内容发现。通过向用户提供个性化和相关的建议,这些小部件鼓励进一步探索,降低跳出率,并可能推动转化或与推广内容的互动。需要注意的是,推荐小部件的具体设计、特性和功能可能因平台、网站或应用程序而异。不同的提供商或平台可能会提供各种定制选项、布局样式和算法,从而向用户提供量身定制的推荐体验。

4. 品牌相关内容

这种类型的原生广告涉及创建与品牌形象和价值观相符的内容,然后在相关平台上进行推广。品牌内容可以采取文章、视频、播客或信息图表的形式。它们旨在与用户进行互动,并为其提供价值,同时在潜移默化中推广品牌或其产品。

品牌相关内容通常涉及品牌与内容创作者(例如,有影响力的人、出版商或媒体机构)之间的合作或协作。该品牌与内容创作者密切合作,开发能够引起创作者与用户共鸣并满足品牌营销目标的内容。品牌相关内容旨在保持真实和有机的感觉,与内容创作者的风格和用户的兴趣无缝融合。它们不应显得过于宣传或干扰,而应为用户提供价值和相关性。

品牌相关内容可以根据平台和目标受众采用多种形式。它们可以包括文章、博客文章、社交媒体文章、视频、播客、互动体验或任何其他符合品牌目标并引起观众共鸣的内容。品牌相关内容通常侧重于讲故事,旨在在情感上吸引用户并与品牌建立联系。它们可以通过叙述、人物或现实生活体验来突出品牌的价值观、使命或独特卖点。通过微妙的品牌整合,品牌的存在或信息被巧妙地整合到内容中,而不是公开的促销或广告。通常情况下,品牌相关内容是通过植入式广告、品牌提及或在内容中直观地展示品牌徽标或包装来完成其宣传广告目的。

品牌相关内容通常通过内容创建者的渠道,采取有针对性的分发策略,例如,他们的网站、社交媒体主页或短视频视频频道账号等,使内容能够接触到创作者的既定用户,而这些用户通常与品牌的目标人群保持一致。此外,品牌相关内容活动通常涉及品牌与内容创建者之间的长期合作伙伴关系。随着时间的推移,这可以实现一致的消息传递、重复曝光,以及在用户和品牌之间建立更深层次的联系。

品牌相关内容的目标是建立品牌知名度,产生积极的品牌联想,并与目标用户建立更有意义的关系。通过利用内容创作者的故事讲述和影响力,品牌可以以更具吸引力和相关性的方式吸引用户,从而培养信任和忠诚度。

5. 广告内原生内容

广告内原生内容(in-ad native)融入网页的布局和设计中。它们专门设计成与网站的视觉风格和格式相匹配,与周围内容无缝融合。广告内原生广告可以包括文本、图像或视频,通常放置在网页的内容部分。

此类原生内容的特点是指将原生广告组件放置在传统展示广告空间的布局中。

它将原生广告的元素与传统展示广告的格式和位置相结合。换言之，广告内原生广告在传统展示广告空间中整合了原生元素，例如，周围内容的外观、感觉和格式。这种集成有助于广告更自然地融入网页或应用程序界面。

此类内容强调上下文相关性，力求与周围内容上下文形成一种逻辑上的呼应，并为用户提供价值。它们旨在匹配平台或网站的美学和设计，确保无缝的用户体验。区别于传统展示广告通常以横幅或弹出窗口的形式，广告内原生内容则放置在内容流中，并利用非干扰性放置策略，以减少用户浏览体验的干扰。它们可以集成到文章列表中、段落之间或内容流中。

此类内容在格式和内容呈现方面具有灵活性，旨在吸引用户注意力并鼓励参与，而不会过度干扰。通过与周围内容无缝融合，它们增加了用户与广告互动的可能性，从而带来更高的点击率和转化率。透明度在原生广告中很重要。同样的，此类原生广告内容同样应遵守广告准则并披露其赞助性质，以保持对用户的透明度。它们可能会被标记为"赞助""推广"或包含其他指示符以清楚地将其标识为广告。此类内容的目标是提供更和谐地融入用户体验的广告，同时仍能实现广告商的营销目标。通过将原生广告元素与传统展示广告空间相结合，旨在用户体验和广告效果之间取得平衡。

需要注意的是，原生广告是一个总称，用来指代许多不同类型的广告，如赞助内容、原生营销等不同的表达方式，同时也会出现在关键词搜索（如 Google AdWords）、出版类网站和社交媒体中。因此，原生广告的具体格式、术语、形式等，可能因平台和发布商而异。原生广告的关键原则是提供一个与用户期望和平台整体设计相符的非干扰和连贯的广告体验。

2.2　原生广告的分布渠道

原生广告可以投放到一系列覆盖目标受众的平台或渠道。这些平台或渠道需要能够分发原生广告，有效接触用户，并能实现与用户互动。原生广告分发的平台或渠道的选择取决于广告商的目标、目标受众和预算。通过战略性地选择最相关和最有效的分销平台或渠道，广告商可以最大程度地扩大其原生广告活动的影响力。这一系列数字平台或渠道都有自己的特点和受众特征，我们在这里选取一些具有代表性的进行讨论和总结。

1. 社交媒体平台

微博是中国最大的社交媒体平台之一。它允许广告主在用户的信息流中展示原生广告。通过微博的广告投放平台,广告主可以选择特定的受众群体,根据用户的兴趣、地理位置、性别和其他人口统计信息进行定位。例如,一家时尚品牌可以选择在微博上展示与时尚、美妆或购物相关的原生广告,以吸引具有这些兴趣爱好的用户。微博提供了多样的原生广告形式,以适应不同的广告需求。例如,品牌可以选择在用户信息流中展示图片、视频、图文混排等形式的原生广告。这种多样性可以帮助广告主更好地展示产品、品牌或服务。微博作为社交媒体平台,用户之间有着广泛的互动和社交行为。微博的原生广告可以与用户的互动结合,如允许用户评论、转发、点赞或以广告相关的话题进行讨论。这种互动和社交性可以增强广告的品牌曝光和用户参与度。同时,微博提供了丰富的数据分析工具和优化功能,让广告主能够监测广告效果并进行优化。广告主可以跟踪广告的展示量、点击量、转化率等指标,并根据数据分析结果进行调整和改进广告策略,以获得更好的广告效果。

小红书也是中国特别知名的社交电商平台之一。小红书是一个以社交电商为核心的平台,原生广告与平台的内容和购物体验紧密结合。广告主可以将产品或品牌原生地融入用户的购物和分享体验中,通过与用户的互动和社交行为来提高品牌曝光和销售转化率。小红书提供了精细的定位选项,包括用户的兴趣、购物偏好、地理位置等。例如,一个美妆品牌可以选择在小红书上投放与美妆、护肤、彩妆等相关的原生广告,以吸引热衷于这些领域的用户。小红书以用户生成内容为基础,用户在平台上分享购物心得、体验和评价。原生广告可以与用户生成的内容相关联,如在用户的购物笔记或产品推荐中展示相关的广告内容。这种关联性增强了广告的可信度和用户接受度。小红书的原生广告形式多样,包括图片、视频、图文混排等形式。广告主可以根据产品或品牌的需求选择适合的广告形式,以展示产品特点、使用场景或品牌故事,提升品牌形象和产品认知度。小红书的用户对于用户生成内容有着高度的参与和互动行为。原生广告可以与用户的互动结合,例如允许用户点赞、评论、收藏或分享广告相关内容。这种互动性增强了广告的用户参与度和品牌影响力。同时,小红书提供了丰富的数据分析工具和优化功能,广告主可以实时监测广告效果,包括展示量、点击量、转化率等指标。基于数据分析,广告主可以进行优化和改进广告策略,提高广告的效果和投资回报。整体而言,小红书这里应用中的原生广告通过社交电商整合、用户生成内容关联、精准的目标受众、多样的广告形式、用户参与和互动,以及数据分析和优化等特点,为广告主提供了一个与用户互动、提高品牌曝光和销售转化率的机会。

领英平台是一个专注于职业和商业领域的社交媒体平台,它为广告主提供了针对特定受众的广告选项。广告主可以根据用户的职业、行业、公司规模等信息进行定位。例如,一家招聘公司可以选择在领英上展示与招聘、人力资源或职业发展相关的原生广告,以吸引正在寻找职业机会的专业人士。广告主可以将原生广告融入与用户职业发展、行业动态或商业资讯相关的内容中,吸引专业人士的注意力。领英的广告投放平台提供了精准的职业定位选项。广告主可以根据用户的职业、行业、公司规模等信息进行定向投放。这使得广告能够准确地展示给特定的受众群体,提高广告的针对性和效果。原生广告在 B2B(企业对企业)市场中具有独特的机会。广告主可以利用原生广告向目标用户展示与他们的业务需求、产品或服务相关的广告内容,从而增加潜在客户的认知和兴趣。用户在平台上分享和阅读专业内容,如文章、行业洞察和职业建议等。原生广告可以与这些专业内容整合,与用户感兴趣的行业动态或职业发展相关联,提供有价值的信息和解决方案。原生广告可以与用户的互动结合,例如,允许用户参与调查、提交联系信息或与广告相关的话题进行讨论。这种互动性增强了广告的用户参与度和品牌影响力。领英的原生广告通过职业和商业导向、职业定位选项、B2B 广告机会、专业内容整合、数据驱动的优化和专业社交互动等特点,为广告主提供了一个有效的方式来与专业人士互动,提高品牌曝光和商业机会。

还有图片类应用平台图虫、Instagram 等,这类平台是一个专注于摄影和视觉内容的社交媒体平台,用户在平台上分享和浏览摄影作品、图片和艺术品等。原生广告在图虫中可以以图片和视频等视觉形式展示,与平台的视觉内容导向相契合。广告主可以通过原生广告在图虫上推广摄影器材、摄影作品或与摄影相关的品牌。图虫允许广告主根据用户的摄影兴趣、地理位置和其他特征进行定位。例如,一个摄影器材品牌可以选择在图虫上展示与摄影器材、摄影技巧或摄影作品分享相关的原生广告,以吸引摄影爱好者和专业摄影师。原生广告可以以图片和视频等视觉形式展示在用户的信息流中,与用户分享的内容和体验相关。图片类应用可以鼓励品牌在平台上以创意和故事性的方式与用户互动,原生广告可以通过与品牌内容的整合,向用户提供有趣、有价值的品牌故事和体验。此外,在这类应用平台中,用户之间有着高度的社交互动和影响力,喜欢、评论、分享等行为在平台上非常常见。原生广告可以与用户的互动结合,例如,允许用户参与活动、与广告相关的话题进行讨论或与品牌进行互动。此外,图片类应用平台与其他社交平台有着紧密的整合。例如,广告主可以通过 Facebook 广告管理平台进行广告投放,并利用 Facebook 的广告定位和优化工具实现更精准的广告投放和效果监测。

总体而言,通过这些社交媒体平台,广告主可以利用原生广告的形式将广告内容无缝集成到用户的信息流中,吸引特定的受众。这些平台提供了复杂的定位选项,使广告主能够根据用户的人口统计、兴趣和行为进行精确的广告定向,从而提高广告的效果和投资回报。

2. 内容发现平台

内容发现平台允许广告主将原生广告作为推荐内容放置在热门网站上。这些平台通过用户行为和内容相关性算法,将原生广告展示在与用户正在浏览的文章或网站相关的位置,从而吸引用户的注意力。

表2-2列出了主要的内容发现平台,这些内容发现平台在地区覆盖范围、合作伙伴和主要特点方面存在一些差异。例如,Taboola、Outbrain、Google AdSense、Facebook Audience Network 和 Twitter Ads 都是全球性的平台,覆盖全球范围的网站和应用,而腾讯广告和百度推广则主要服务于中国市场。Taboola 和 Outbrain 应用平台与许多知名网站和媒体合作,为广告主提供展示原生广告的机会,而腾讯广告和百度推广在各自的平台和网站上展示广告,Google AdSense、Facebook Audience Network 和 Twitter Ads 则与各种网站、应用和社交媒体合作。这些平台都利用用户行为和内容相关性算法,将原生广告以推荐内容的形式展示给用户。它们都致力于提高广告的曝光和点击率,但在具体的广告展示方式、定向投放方法和广告格式等方面可能有所差异。这些内容发现平台在全球范围内提供了类似的服务,但在地区覆盖范围、合作伙伴和一些特定功能方面存在差异。这些平台为广告主提供了有效的方式来展示原生广告,并通过算法匹配和定向投放来提高广告效果。

表2-2　主要的内容发现平台

平台名称	地区	主　要　特　点
Taboola	全球	与知名网站和媒体合作,展示原生广告
Outbrain	全球	与各类媒体合作,展示相关的原生广告
腾讯广告	中国	在腾讯旗下产品和网站上展示原生广告
百度推广	中国	在百度搜索结果页面和合作网站上展示相关的原生广告
Google AdSense	全球	在谷歌合作的网站上展示与用户搜索历史和网站内容相关的原生广告
Facebook Audience Network	全球	在 Facebook 及其合作伙伴的移动应用和网站上展示原生广告,根据用户兴趣和行为进行定向投放
Twitter Ads	全球	在 Twitter 平台上展示原生广告,根据用户兴趣、关注和行为进行定向投放

　　这类内容发现平台利用用户行为和内容相关性算法来确定哪些广告应该显示给特定用户。它们收集关于用户浏览历史、兴趣爱好和其他行为数据的信息,并将其与广告主提供的目标受众信息进行匹配。通过分析这些数据,平台可以了解用户的偏好和兴趣,然后选择最相关的广告内容来展示给他们。当用户浏览文章或网站时,他们通常会注意到推荐内容的存在,因为这些内容显示在与他们感兴趣的主题或内容相关的位置。原生广告的显示位置可能是在文章的侧边栏、底部或相关文章推荐区域等地方。平台会根据用户行为和内容相关性算法的结果,选择最相关的广告进行展示。通过在热门网站上展示原生广告,内容发现平台为广告主提供了一个有效的方式来吸引用户的注意力。这些平台通过将广告与用户正在浏览的有机内容相结合,提供了更高的曝光率和点击率。同时,对于网站拥有者来说,他们可以从这些广告中获得额外的收入,而不会对用户的体验产生太大干扰。

　　总而言之,内容发现平台利用用户行为和内容相关性算法,将原生广告作为推荐内容放置在热门网站上,从而在用户浏览文章或网站时吸引他们的注意力。这种形式的广告使得广告更加融入用户的浏览体验,提高了广告的曝光率和点击率。

　　3. 出版商网站

　　许多出版商在其网站上提供原生广告机会。广告商可以与发布商合作,创建和分发与发布商的内容和目标受众一致的原生广告。原生广告无缝集成到网站的布局中,并与周围的内容相匹配,以提供有凝聚力的用户体验。许多出版商在其网站上提供原生广告机会,这是因为原生广告具有一系列的优势和好处。

　　出版商通过其网站吸引一定的受众群体,这些受众与发布商的内容和目标受众有很高的一致性。通过与出版商合作,广告商可以利用原生广告在与目标受众相关的环境中展示广告。这种一致性可以提高广告的针对性和精准度,使广告更有可能吸引到感兴趣的用户。原生广告与出版商网址网站的布局和内容风格相匹配,以至于用户很难区分广告与有机内容的界限。这种无缝集成使得广告看起来更加自然和一体化,不会打扰用户的阅读或浏览体验。原生广告融入出版商网站的布局中,让用户感到更加流畅和连贯,提供了凝聚力的用户体验。原生广告与周围的内容相匹配,不仅使其更容易被用户注意到,还增加了用户与广告互动的可能性。由于原生广告与用户正在浏览的内容风格和格式相符,用户更有可能产生兴趣并主动与广告进行互动,例如,点击广告或与之进行互动。

　　在出版商网站中,原生广告能够以与有机内容相似的形式呈现,这使得广告更容易被用户接受和理解。由于原生广告与周围内容相融合,用户更可能认为这些广告是网站提供的有价值的信息。这种认知有助于提高广告的效果和用户对广告主的认知度。对于出版商来说,提供原生广告机会可以为其网站带来额外的收入来源。通过与广告商合作,出版商可以在其网站上展示原生广告,并从广告主那儿获得广告费用。

总而言之,出版商在其网站上提供原生广告机会,让广告商能够与发布商合作,创建和分发与发布商的内容和目标受众一致的原生广告。原生广告无缝集成到网站的布局中,并与周围的内容相匹配,提供了凝聚力的用户体验。这种形式的广告能够提高广告的曝光率和点击率,增加广告效果和认知度,并为出版商提供额外的收入来源。

4. 搜索引擎结果页面

Google、Bing 等搜索引擎在其搜索结果页面中提供原生广告选项。这些广告与自然搜索结果一起显示,并与搜索引擎界面的整体外观融为一体。搜索结果中的原生广告通常包括标题、描述和相关链接,在用户搜索特定关键字时出现。搜索引擎的搜索结果页面通常由自然搜索结果和原生广告组成。自然搜索结果是根据搜索引擎的算法和相关性进行排名的有机搜索结果,而原生广告是广告主付费展示的结果。这两者会以类似的外观和布局方式混合显示在搜索结果页面上。

原生广告与搜索引擎界面的整体外观融为一体,使其看起来更加自然一致。它们与自然搜索结果具有相似的外观和格式,以便与用户正常的搜索体验相匹配。这样的一致性设计使广告更容易被用户接受,并减少用户对广告的抵触感。搜索结果中的原生广告通常由标题、描述和相关链接组成。标题是广告的主要标题,描述提供了进一步的广告信息,相关链接则指向广告主的网页或特定的目标页面。广告内容通常与用户的搜索关键字相关,以提供与用户搜索意图相匹配的广告。

广告主可以使用搜索引擎的广告平台进行定向投放,选择特定的目标受众、地理位置和关键字等。当用户搜索与广告主选择的关键字相关的词语时,与这些关键字匹配的原生广告就会显示在搜索结果页面上。这样,广告能够在用户对特定主题感兴趣的时候展示给他们,提高广告的相关性和点击率。原生广告与自然搜索结果混合显示,并且外观相似,用户更有可能注意到它们并进行点击。这种广告的曝光和点击率通常较高,因为它们与用户的搜索意图相匹配,并以用户习惯的搜索界面呈现。

5. 应用程序

原生广告可以通过移动应用程序进行分发,其中包括游戏应用程序、新闻应用程序、实用程序应用程序和社交网络应用程序。广告商可以利用应用内原生广告,根据用户兴趣、人口统计数据或应用内容相关性来覆盖目标受众。移动应用程序中的原生广告无缝集成到应用程序的界面中,增强了用户体验。

移动应用程序提供了应用内原生广告的机会。这些原生广告以与应用的界面和内容相一致的形式呈现,与应用的外观和用户体验融为一体。应用内原生广告在用户使用应用程序时出现,可以在游戏的关卡之间、新闻的文章中、实用工具的功能页面上或社交网络的用户流中展示。广告商可以利用应用内原生广告来覆盖特定的目标受众。根据用户的兴趣、人口统计数据或应用内容相关性进行定位,广告商可以将广告展示给与其产品或服务相关的特定用户群体。例如,一家运动装备品牌可以选择在运动类游戏应用程序中展示原生广告,以吸引对运动感兴趣的用户。

应用内原生广告无缝集成到应用程序的界面中,与应用的风格、布局和交互方式相匹配。这种无缝集成使得广告看起来更加自然和一体化,不会干扰用户的应用体验。原生广告的外观和交互方式与应用的原生元素一致,用户会将其视为应用提供的有价值的信息。应用内原生广告的无缝集成有助于提升用户体验。相比于插播式的广告形式(如横幅广告或插屏广告),原生广告更加融入应用的内容和界面中,不会打断用户的应用使用流程。这种广告形式旨在提供有价值的信息和体验,不会给用户带来干扰。

此外,由于应用内原生广告与应用的界面和用户体验相匹配,并且以与应用内容相关的方式展示,用户更有可能注意到它们并进行互动。这种与用户兴趣和应用上下文的相关性有助于提高广告的效果和转化率。原生广告以与应用内容一致的方式呈现,可以更好地吸引用户的兴趣和参与度。

6. 原生广告网络

原生广告网络充当广告商和发布商之间的中介,促进原生广告在多个网站、平台或应用程序之间的分发。广告商可以与原生广告网络合作,通过利用网络的分发能力和定位选项来扩大他们的影响范围并定位特定的受众群体。广告商是广告的投放方,他们希望将自己的广告推送到更广泛的受众群体,并希望广告能够更加精准地定位到潜在客户。发布商则是提供广告位的平台,他们希望通过展示广告获得收入。原生广告网络作为中介,通过技术平台和资源,帮助广告商将原生广告投放到适合的发布平台上,并确保广告能够以符合发布平台风格的方式呈现,增强用户体验。

原生广告网络拥有广泛的网络和资源,可以将广告有效地分发到多个不同的网站、社交媒体平台、应用程序等发布平台上。这样,广告商无需单独与每个发布平台合作,节省了大量的时间和资源,而通过与原生广告网络合作,他们可以一次性地将广告推送给更多的潜在受众。此外,原生广告网络通常具有先进的广告定位和投放技术,可以根据广告商的需求将广告精准地投放给特定的受众群体。这样,广告商可以确保广告只展示给那些可能对其产品或服务感兴趣的潜在客户,提高广告的点击率和转化率。

通过与原生广告网络合作,广告商可以将其广告推送到大量的发布平台和受众面前,从而扩大广告的影响范围。这对于想要提高品牌知名度、吸引更多潜在客户或拓展市场的广告商来说尤为重要。原生广告网络通常提供广告性能数据分析和优化功能,广告商可以通过这些数据了解广告的展示、点击和转化情况,从而对广告进行优化和改进,提高广告投放的效果和回报。

7. 影响者渠道

在广告和营销领域,影响者渠道是指利用社交媒体平台上拥有大量关注者和影响力的个人或内容创作者,将品牌的信息或产品自然地融入他们的内容中,以吸引目标受众并推广品牌或产品。这些拥有影响力的个人被称为"影响者"或"社交媒体影响者",他们在特定主题、行业或领域中拥有一定的权威性和影响力,他们的粉丝和观众通常对他们的意见和建议非常信赖。

原生广告的"影响者渠道"是一种利用这些影响者的社交媒体平台作为广告传播渠道的方法。在这个模式中,品牌与这些有影响力的人合作,创建符合他们的风格和受众的内容,将品牌的信息或产品融入他们的内容中,使广告看起来更像是一种自然的推荐或建议,而不是传统广告的形式。例如,YouTube、Instagram、TikTok 等平台上的影响者和内容创作者也可以作为原生广告的分发渠道。品牌与有影响力的人合作,创建符合有影响力的人的风格和受众的内容,将品牌的信息或产品自然地融入内容中。

在此渠道背景下,影响者通常拥有大量忠实的粉丝和观众,他们喜欢与这些影响者进行互动,并信任他们的建议。因此,将品牌信息融入影响者的内容中,可以获得高度的受众互动,进而提高品牌知名度和认可度。不同的影响者在社交媒体上有不同的受众群体。通过选择与品牌相关或目标受众重合的影响者合作,可以更精准地将广告传递给特定的潜在客户,提高广告的转化率。

影响者通常有自己的故事和品牌,与他们合作可以为品牌增色。将品牌的价值观和故事融入影响者的内容中,可以更有效地传达品牌的核心信息,引起受众的共鸣。通过影响者渠道,品牌可以在短时间内迅速扩大广告传播范围,因为这些影响者的内容通常会在社交媒体上迅速传播,并引起其他用户的分享和关注。

2.3 原生广告的定位方式

原生广告定位的原则就是利用社交媒体平台和内容创作者的影响力,将广告内容自然融入目标用户的浏览体验中,以增加广告的接受度和效果,从而提高品牌知名度、销售量,以及用户的参与度。

1. 确定合作者

在定位上首先需要考虑的是确定合作影响者,与社交媒体平台上拥有影响力和大量粉丝的影响者合作,让他们在自己的内容中自然地融入品牌或产品,吸引他们的粉丝关注和参与。在实现在社交化网络背景下的原生广告定位时,确保与合适的影响者进行合作是非常关键的一步。

首先,明确广告的目标和用户定位。确定希望广告达到的具体目标,例如,提高品牌知名度、增加销售量或吸引更多的潜在客户。同时,明确目标受众的特征和兴趣,以便选择与他们兴趣相关的影响者进行合作。其次,寻找合适的影响者,利用社交媒体平台或专业的影响者营销平台,搜索与品牌或产品相关领域的影响者。重点考虑那些在相关领域有影响力和拥有大量粉丝的影响者。可以查看他们的社交媒体账号、粉丝互动和内容风格,了解他们是否与自身品牌的理念和目标相符。再次,在确定一组潜在的影响者后,仔细研究他们的内容。了解他们发布的内容类型、风格和质量,确保他们的内容与我们的品牌形象和目标用户相契合。最后,注意观察他们与粉丝的互动程度,是否有积极的受众参与。

除了粉丝数量,还要考虑影响者的真实受众群体和受众参与程度。一些指标可以帮助我们评估影响者的影响力,例如,互动率、点赞数、分享数等。影响者与粉丝之间的互动越多,他们的影响力越高。在研究和评估多个影响者后,进行客观比较,选择与品牌理念相符、目标受众吻合,并且有较高影响力的影响者进行合作。一旦确定合作的影响者,制订详细的合作计划。确保与影响者达成共识,明确广告的创意、内容要求、发布时间等细节。在广告投放后,还需要持续监测广告的表现。根据广告的效果和受众反馈,评估合作的影响者是否达到了预期的效果。根据评估结果,调整后续的合作策略,以持续提高广告的效果和投资回报。

假设一家运动饮料品牌希望在 Instagram 平台上推广其新产品,挑选了几位在健身领域有影响力的健身教练和运动博主作为合作伙伴。品牌与影响者一起创作一系列有关健身和运动的精彩内容,其中自然地融入了品牌的新产品,例如,教练在健身视频中喝下运动饮料,或者博主在生活日常的照片中展示品牌的包装。

在发布广告内容时,品牌鼓励用户通过评论分享他们在健身和运动中使用产品的体验,还可以开展用户参与活动,例如,分享运动照片并标记品牌的官方账号,以赢取奖品或折扣券。通过这种原生广告的定位方式,运动饮料成功吸引了健身爱好者和广大社交媒体用户的关注,引发了大量用户的互动和分享。由于广告自然融入内容,用户接受度高,从而提高了品牌的知名度和销售量。此外,通过影响者渠道的广告传播,品牌还得到了更多新用户的认可和信任,为品牌的长期发展打下了基础。

2. 设计创意内容

定位原生广告的另外一个途径是设计创意内容,制作有趣、引人入胜的原生广告内容,与平台上的其他内容风格相符,避免过于商业化的语言和形式,增加受众的接受度。

首先,需要深入了解目标用户和平台的特点,如目标受众的兴趣、需求、喜好和价值观,平台的风格、类型,等等。通过市场调研、消费者洞察和数据分析,了解用户喜欢的主题、话题和内容类型,为设计创意广告内容提供有价值的线索。此外,还需要不同的社交媒体平台有不同的用户特征和内容风格。熟悉广告平台的特点,包括用户行为、内容类型和趋势,以确保广告内容与平台上的其他内容风格相符,并能吸引用户的目光。

其次,需要在故事叙述、创意表现和情感呈现方面符合内容定位。例如,采用故事叙述的方式,将广告内容打造成一个有情节和情感的故事。故事能够引起用户的共鸣,让他们更容易与广告产生情感连接,从而增加用户的接受度和参与度。在创意表现上,设计独特、创意的广告表现形式,如动画、插画、视频、漫画等。创意的表现形式能够吸引受众的眼球,使广告在平台上脱颖而出,与传统的商业化广告形式有所区别。恰当运用幽默和情感元素,能够更好地吸引用户的注意力并引起共鸣。幽默能够让广告更加轻松有趣,情感能够触动用户的心弦,使其更容易接受广告内容。

最后,在定位内容设计上,可以充分引导和利用用户生成内容,例如,用户分享的照片、视频和评论,将其巧妙融入广告内容中。用户生成内容不仅能增加广告的真实性和可信度,还能增强用户的参与感和认同感。确保广告内容不过度强调产品特点和推销语言,而是更加注重情感和用户价值。通过提供有趣和有用的内容,增加用户的参与和积极反应,从而达到更好的广告效果。在设计创意广告内容后,进行测试,对比不同版本的广告在用户中的表现。根据测试结果,优化和调整广告内容,以获得最佳的效果。

假如某时尚品牌希望在社交平台上推广其新款鞋子。通过一系列图片和短视频,讲述一个年轻人追求自由和梦想的故事。广告内容以年轻人在不同场景中穿着鞋子展现出自信和活力,传达品牌与年轻一代的契合度。在广告中添加一些幽默元素,例如,搞笑的文字标语或可爱的动态效果,以吸引用户的笑声和共鸣。同时,通过展示年轻人追求梦想的情感片段,增加用户与广告内容的情感连接。鼓励用户分享他们穿着品牌鞋子的照片和视频,并在广告中引用部分优质用户生成内容。这样可以增加广告的真实性和可信度,让受众更容易与广告产生共鸣。

广告内容应侧重于展现品牌的价值观和与年轻一代的共鸣,而非过度强调产品特点和推销语言。通过向用户传递正能量和梦想追求,吸引他们对品牌产生兴趣。通过以上的创意内容设计,该时尚品牌成功地在 Instagram 上实现了有趣、引人入胜的原生广告内容,并与平台上的其他内容风格相符。这样的广告定位方式增加了用户的接受度和参与度,有助于提高广告的效果和品牌影响力。

3. 社交化互动

社交化互动是在广告内容定位方面非常重要的一种途径。通过鼓励用户积极参与广告,可以增加广告的传播范围,并建立积极的用户互动。这样的互动有助于提高广告的曝光度和传播效果,增加品牌知名度,同时也增强了品牌与用户之间的亲密联系。

在设计广告内容定位时,应考虑如何引起用户的互动兴趣,制订明确的互动策略,例如,提出问题、引导分享、鼓励评论或邀请参与用户生成内容活动等。在广告内容中增加互动元素,例如,在图片或视频中加入醒目的呼吁行动按钮、引人注目的标语或社交媒体分享图标等。

在广告发布后,积极鼓励用户参与互动。可以通过明确的指引,提示用户在评论区留下自己的看法、分享广告内容到社交媒体,或者点赞与其他用户的评论互动等。同时,对于用户的评论和互动,品牌需要积极回应,表达感谢、解答问题或提供进一步的互动机会。

品牌方可以设立一些互动活动,奖励积极参与的用户,例如,提供优惠券、赠品或参与抽奖活动。这样能够吸引更多用户参与,并增加广告的传播范围。同时,品牌方,可以持续观察广告的互动情况和效果,分析用户参与的程度和形式,了解哪些互动策略最为成功,以便进行优化和改进。

社交化互动是一种广告策略,旨在鼓励用户积极参与广告内容,并与广告进行互动,例如,通过评论、分享和点赞等方式。这种互动性的广告形式对于广告内容的定位和传播效果都具有重要意义。通过社交化互动,用户可以在社交媒体平台上与广告内容进行互动,如分享广告、点赞或评论,这将扩大广告的传播范围。当用户积极参与并分享广告时,广告的曝光将大大增加,有可能吸引更多的潜在用户。

社交互动有助于建立品牌形象,促使品牌与用户之间建立积极的互动关系。当用户评论和参与广告时,他们会感觉更亲近品牌,并可能与品牌产生情感联系。积极的互动有助于塑造品牌形象,增加品牌认知度和好感度。社交媒体平台通常拥有大量活跃用户,而且这些用户会频繁地与内容互动。通过社交化互动,广告可以在用户的社交圈中传播,从而提高广告的曝光度和可见性。当广告内容被用户积极地评论、分享和点赞时,品牌的名字和信息会在用户之间广泛传播。这种品牌信息传播有助于增强品牌的知名度,使更多的人了解和熟悉品牌。

思考题

(1) 列举并简要描述至少三种原生广告的常见形式。针对每种形式,说明它如何融入特定的媒体平台或内容类型,以吸引受众的注意力。

(2) 在2.2节中提到了原生广告的分布渠道。假设你是一家时尚品牌的营销经理,考虑到你的目标受众和品牌特点,你会选择哪些分布渠道来展示原生广告?解释你的选择原因。

(3) 假设你拥有一家新兴的健康食品公司,你计划通过原生广告吸引更多健身爱好者的关注。根据2.3节中的定位方式,描述一种适合公司品牌的定位策略。指出你将如何利用用户的兴趣和行为来制订广告内容。

(4) 考虑到媒体环境和技术的不断变化,预测未来可能出现的一种创新原生广告形式。解释这种新形式如何融合现有的媒体趋势和技术,以便更好地与用户互动并传递品牌信息。

第**3**章
如何设计原生广告

本章通过对平台研究、目标考量、用户研究、设计一致性及原生广告的设计原则的学习，掌握选择适当平台、明确目标、了解用户、保持设计一致性，以及遵循设计原则等关键知识点，学习创建具有吸引力、有效果的原生广告。

3.1　平　台　研　究

设计原生广告的整体原则是设计与平台的外观和内容无缝融合的原生内容。设计的主要目标是使广告看起来不那么具有侵扰性，并且对用户更具吸引力。

首先，需要对原生广告的平台进行分析，了解不同平台的社交关联模式、内容呈现方式和用户期望。综合考虑平台的视觉风格、排版、配色方案和整体用户体验。不同的社交平台具有不同的特点、用户群体和内容风格，因此需要针对每个平台制订独特的广告策略，以确保广告的效果最大化。

在原生广告内容设计上，要仔细研究每个社交平台的特点和功能。例如，Facebook 是一个综合性社交平台，用户群体广泛，可以在其中发布多种类型的内容，包括文字、图片、视频等；Instagram 主要以图片和短视频为主，适合视觉内容的展示；LinkedIn 则是一个专业性社交平台，适合商务和职业相关的内容。

其次，需要了解该平台中用户的特征。了解每个社交平台上的目标用户特征，包括年龄、性别、地理位置、兴趣爱好等。根据目标用户的特点，调整广告内容和形式，以吸引他们的注意力和兴趣。由于社交平台上的用户习惯和内容风格各不相同，设计者要确保广告内容与平台上的其他内容风格相符，避免在用户的浏览体验中显得突儿。例如，在 Instagram 上发布的广告内容应该注重视觉效果和创意，与用户在该平台上追求美感的心态相吻合。还要研究该社交平台的社交互动特性。社交平台上用户更倾向于参与和互动,因此广告应该设计有趣、引人入胜的创意,鼓励用户参与评论、分享和点赞等互动行为。增加互动性可以提高广告的传播范围,使广告获得更多的受众。

假设我们正在为一个时尚品牌设计一个本地广告活动,并且我们已经确定了两个广告平台:一个时尚博客和一个图片类应用平台。时尚博客通常以博客文章的形式呈现,混合了图像、文本,有时还包含视频。时尚博客会使用各种字体和排版样式来营造与众不同的外观。因此,确保原生内容的可读性并与博客的整体设计保持一致非常重要。考虑时尚博客的配色方案并选择与博客的调色板保持一致,将有助于原生广告显得更具凝聚力和完整性。对于时尚博客,我们可以设计类似于赞助博客文章的原生广告,它可以结合展示不同时尚服装的高质量图像,并配以信息丰富且引人入胜的文字。设计应与博客的视觉风格、排版和配色方案保持一致,使其与其他内容自然融合。

图片类应用平台(如 Instagram、图虫等)属于视觉驱动的平台,高质量的图像和视频在其中发挥着重要作用。在此类平台中,内容通常以正方形或垂直格式呈现。图片类应用平台鼓励视觉吸引力和创意内容,并允许在图像上覆盖最少的文字。在图片类应用平台中,字幕和主题标签通常用于补充视觉效果,且字体样式通常干净且易于阅读。从用户体验上来看,图片类应用平台主要是一个移动平台,因此在原生内容的设计上需要针对移动设备进行优化,这一点至关重要。

对于 Instagram,我们可以设计一个展示穿着品牌服装的模特图像。图像可以是正方形或垂直格式,具有最少的文本覆盖。标题可以提供有关产品的独特功能或限时优惠。通过透彻了解该平台独特的设计指南、内容格式、排版、配色方案和用户体验,我们可以定制我们的原生广告以无缝适应该平台。这可确保我们的广告与用户产生共鸣,并感觉像是他们浏览体验的自然组成部分。

假设一家时尚品牌希望在社交媒体上推广其新款服装系列。在社交广告设计中,该品牌深入了解了不同平台的特点和用户特征。在 Facebook 上发布的广告主要针对年龄在 25～40 岁之间的女性,该平台上的用户比较综合,适合发布品牌故事和相关活动的宣传。在 Instagram 上发布的广告主要针对年轻女性,注重视觉效果和创意,适合展示时尚的图片和短视频。在 LinkedIn 上发布的广告主要针对职场女性,适合发布关于商务和职业的内容,如专业的时尚职场穿搭指南。在广告内容中,该品牌设计了有趣、有创意的图片和短视频,吸引目标用户的注意。同时,在广告文案中鼓励受众参与,例如,邀请用户在评论区分享自己对服装系列的喜爱,或者在自己的社交媒体上分享广告内容并标记品牌官方账号。这样的互动策略增加了广告的传播范围,并与用户建立了积极的互动关系。通过深入理解社交平台的角色和作用,该时尚品牌成功地在不同社交平台上实现了有针对性的广告内容定位,提高了广告的效果和投资回报。这样的社交广告设计策略,有助于品牌在社交媒体上建立积极的品牌形象,并与目标用户建立更紧密的联系。

3.2　目　标　考　量

明确定义广告目标是原生广告能否有效发挥功能的先决条件。确定目标是提高品牌知名度、产生潜在客户、增加销售额还是实现其他特定目标,这将有助于塑造原生广告的设计和消息传递。明确定义广告目标可以为广告策略提供明确的方向,不同的广告目标需要采取不同的广告手段和内容创意。例如,如果目标是提高品牌知名度,广告内容应该注重品牌故事和品牌形象的展示;如果目标是增加销售额,广告内容则需要侧重产品特点和促销优惠。明确的广告目标能够指导广告内容的设计和传递,使广告更加具有针对性和有效性。

明确定义原生社交广告的目标需要考虑品牌的整体营销战略和社交媒体的特点,确保广告目标与品牌的长期目标一致。例如,原生广告内容可以定位品牌认知与曝光,从而增加品牌知名度、提高品牌曝光度,让更多的用户了解品牌及其核心价值。原生广告内容同样也可以聚焦社交媒体互动,鼓励用户在社交媒体上与品牌进行互动、点赞、评论和分享,建立与用户的情感连接。原生广告内容还可以促进潜在客户生成,吸引潜在客户,增加潜在客户的数量,为后续的营销和销售活动打下基础。原生广告内容可以聚焦网站流量增加,将社交媒体受众引导到品牌网站,提高网站访问量,增加用户转化率。原生广告内容也可以督促销售和转化,促进社交媒体用户进行购买、预订、下载或其他目标转化行为。原生广告内容通过社交媒体与现有用户保持联系,提升用户忠诚度和回购率。

一个社交广告活动可能涵盖多个目标,而具体的目标选择取决于品牌的需求和战略。在设定广告目标时,应该确保目标具体、可衡量和与品牌战略一致,这样才能更好地规划广告策略和评估广告效果。表3-1为原生内容设计主要目标分类及其功能。

表 3-1　原生内容设计主要目标分类及其功能

目 标 分 类	功　　　能
品牌认知与曝光	提高品牌知名度,增加品牌曝光
社交媒体互动	鼓励用户进行评论、点赞、分享等互动行为
潜在用户生成	吸引潜在用户,增加潜在用户的数量

续 表

目 标 分 类	功 能
网站流量增加	将用户引导到品牌网站,增加网站访问量
销售和转化	促进用户进行购买、预订、下载等转化行为
提升客户忠诚度	与现有用户保持联系,提升用户忠诚度和回购率

社交媒体广告投放通常需要一定的预算,而明确的广告目标能够帮助优化广告成本效益。通过设置明确的广告目标,可以更精准地定位目标用户和投放渠道,从而提高广告的点击率和转化率,降低广告的成本。广告目标的明确定义也为后续的广告效果评估提供了依据。通过设定明确的目标,可以更容易判断广告是否取得了预期的效果。在广告投放后,可以根据目标用户的行为数据和转化率等指标,对广告的效果进行评估,进而优化广告策略和内容。此外,明确的广告目标和定位能够提高品牌价值和认知。在社交媒体中投放广告,不仅仅是为了短期的销售效果,更重要的是提高品牌的长期价值和认知。通过明确定义广告目标,可以让品牌在社交媒体上形成一种持续的存在感,增加用户对品牌的认知和信任,从而建立忠诚的用户群体。

明确的广告目标有助于更精准地定位目标用户,并与用户建立情感连接。社交媒体平台提供了丰富的用户定位工具,通过设定明确的广告目标,可以更有效地筛选出与品牌目标相符的用户群体,提高广告的投放精准度。在社交媒体上建立与用户的情感连接是非常重要的。通过明确定义广告目标,可以让广告更加贴合用户的兴趣和需求,激发用户的情感共鸣,增加品牌与用户之间的亲近感和认同感。

3.3 用 户 研 究

进行彻底的用户研究,以了解目标用户的人口统计、偏好和行为。这些知识将指导原生内容的设计决策,确保广告与目标用户产生共鸣。

在竞争激烈的市场中,了解目标用户是谁是至关重要的。通过用户研究,可以确定最有可能购买产品或服务的消费者群体,从而更好地定位目标市场。研究目标用户的需求意味着广告商可以更好地了解他们面临的问题和期望,从而为他们提供更好的解决方案。这将有助于开发出更具吸引力的广告,使用户感到广告商真正理解并关心他们的需求。

　　此外,用户研究有助于了解不同用户之间的差异,从而能够实施个性化的营销策略。根据用户的兴趣、喜好和行为定制广告内容,可以提高广告的点击率和转化率。了解用户的心理和行为特征有助于设计更有针对性的广告,以吸引用户的注意力并促使他们采取行动,这将增加广告的效果,并最终提高广告投资的回报率。通过用户研究,可以排除不太可能对发布广告感兴趣或对产品及服务没有需求的人群,这样可以避免广告预算浪费在不相关的用户上,而是将资源集中在潜在用户身上。

　　可以利用一系列方法进行用户研究。市场调查和数据分析方法是最常见的用户研究方法之一。通过在线或离线调查,广告商可以收集关于用户人口统计、兴趣、购买行为等方面的数据。然后,通过数据分析,可以得出关键见解和模式,指导广告商的设计和营销策略。也可以通过社会媒体检测和洞察了解目标用户。社交媒体是了解目标用户的重要渠道之一。通过监测社交媒体上的对话和互动,广告商可以更深入了解用户的观点、偏好和需求。

　　还可以通过组织目标用户小组讨论的方式,深入了解用户的看法和观点。这种定性研究方法可以提供与定量研究不同的见解,并帮助企业和研究者更好地理解用户的心理。或者针对产品进行用户测试。通过对产品或广告的用户测试,将为企业和广告商提供用户对于产品或广告的实际反应和反馈。

　　最后可以通过竞争分析的方法,通过研究竞争对手的目标用户定位和广告策略来为自身提供必要的参考。竞争分析也是用户研究的一部分,竞争分析将帮助企业了解市场上的竞争环境,找到自身的差异化优势。通过了解竞争对手的目标用户,企业可以明确自己的目标用户,避免过度重叠,寻找到未被充分满足的市场细分,从而降低竞争压力。竞争分析还可以了解竞争对手在广告和营销方面的策略和实践,有助于企业了解竞争对手在目标用户心目中的形象和定位,看到竞争对手的优势和劣势,从而为自己制订广告策略提供参考。竞争分析可以帮助企业了解市场上的动向和趋势。通过观察竞争对手的行动和反应,企业可以预测市场的发展趋势,并相应地调整自己的营销策略,以保持竞争优势。表3-2列出了用户研究的主要方法与功能。

表 3-2　用户研究的主要方法与功能

研 究 方 法	功　　　能
市场调查和数据分析	通过在线或离线调查收集用户的人口统计、兴趣、购买行为等数据,分析揭示关键见解和模式,指导设计和营销策略
社会媒体洞察	监测社交媒体上的对话和互动,了解用户的观点、兴趣和需求,社交媒体是了解目标用户的重要渠道之一,有助于洞察用户行为和心理

研 究 方 法	功 能
焦点小组讨论	组织焦点小组讨论深入了解用户看法和观点,这种定性研究方法提供与定量研究不同的见解,帮助更好地理解用户心理
竞争分析	研究竞争对手的目标用户定位和广告策略,了解市场竞争环境,找到自己的差异化优势,可以更好地吸引目标用户,并进行更有针对性的营销
用户测试	进行产品或广告的用户测试,收集用户的实际反应和反馈。通过用户测试,了解产品或广告的优势和不足,优化设计和营销策略,确保最大程度地满足目标用户的需求

3.4 设 计 一 致 性

创建与平台保持视觉一致性的原生广告,匹配颜色、排版和整体美感以无缝融合,目标是使广告看起来像是用户体验的自然组成部分。

1. 引人入胜的标题

制作引人注目的标题,吸引注意力并鼓励用户进一步阅读。它应该简明扼要、内容丰富,并且适合目标用户的兴趣。社交媒体平台上信息爆炸,用户通常只会花几秒钟浏览每个帖子或广告。因此,一个引人入胜的标题在这个短暂的时间内必须能够迅速引起用户的注意和吸引他们的兴趣。它应该是短而有力的,能够立即吸引目标受众的眼球,让他们停下来关注广告。

首先,好的标题应该简洁明了,不能冗长或晦涩难懂。简单的词语和短语往往更容易被人们记住和理解。同时,标题也应该包含足够的信息,让用户大致了解广告内容,产生兴趣进一步了解更多。虽然标题要简明扼要,但不能牺牲内容的丰富性,要确保标题传递了关键信息或利益点。一个好的标题应该让用户在第一次接触时就能够明白广告的主要信息,留下深刻印象。

另外,标题必须与目标用户的兴趣和需求相关。了解目标用户的喜好、需求和痛点是非常重要的,这样可以创造出更符合他们兴趣的标题,增加他们与广告互动的可能性。不同的受众群体可能对不同类型的标题产生共鸣,因此根据不同的广告目标用户,可以灵活调整标题的风格和内容。

吸引用户的注意力是广告成功的第一步,而标题在其中扮演着至关重要的角色。一个好的标题能够迅速吸引用户的眼球,让他们产生兴趣并愿意进一步了解广告内容。为了确保标题的吸引力,必须将其与目标用户的兴趣和需求相关联。这就要求广告设计者深入了解目标用户的特点、喜好、需求和痛点,以创造出更符合他们兴趣的标题,增加他们与广告互动的可能性。

总的来说,好的标题应该简洁,易记易懂,同时包含足够的信息,让用户了解广告内容并产生兴趣。它应该突出关键信息,激发用户的好奇心,并吸引他们进一步了解广告的细节。好的标题是广告中吸引用户的第一步,它能够让广告在众多信息中脱颖而出,引起用户的注意和兴趣,从而增加广告的效果和影响力。

2. 高质量的图像

社交媒体平台之中的原生广告通常是以图像或视频为主要形式展示的。为了吸引目标用户,图像或视频的内容应该与广告所传达的信息和目标用户的兴趣相关。选取与广告内容相关的素材能够让用户更容易理解广告,产生共鸣,并增加与广告的互动。

在社交媒体上,用户通常以快速浏览的方式浏览内容。因此,视觉吸引力是引起用户注意的关键。选择高质量、视觉上吸引人的图像或视频可以迅速吸引用户的目光,使他们停下来观看广告内容,并进一步了解产品或服务。使用更好的视觉效果可以确保图像或视频在社交媒体上呈现出清晰、锐利的外观,无论在手机屏幕还是计算机屏幕上都能够产生强大的视觉冲击力。这样的视觉效果有助于吸引用户的目光,让他们更愿意停留在广告中,并对广告内容产生兴趣。

在移动网络环境中,根据图像内容和特点,选择合适的图像格式也是重要的。JPEG 格式在图像压缩方面表现良好,但在压缩过程中会丢失一些细节。PNG 格式虽然保留了更多细节,但文件可能较大。应根据具体情况,选择适合的图像格式来平衡质量和文件大小。

采用响应式设计的广告可以根据屏幕大小和分辨率进行自适应调整。这样,无论用户使用的是大屏幕手机还是小屏幕手机,广告都能够适应屏幕尺寸,并提供最佳的视觉体验。响应式设计可以在保持视觉吸引力的同时,根据移动网络环境自动调整加载的图像大小和质量。

在发布广告之前,进行移动设备和移动网络上的测试是非常重要的。测试广告在不同移动设备上的加载速度和视觉效果,以确保在移动网络环境下提供良好的用户体验。如果发现加载速度过慢或图像质量不佳,可以根据测试结果进行优化,调整图像大小、压缩质量等参数。

假设　家旅游公司在社交媒体上推广一次激动人心的度假活动。在广告中,他们想要强调目的地的美丽自然景观和豪华度假酒店的奢华体验。为了吸引目标用户的注意力,他们选择了两个图像。图像 A:山水风光,绿树成荫,湛蓝的湖泊和壮丽的山脉;图像中央是一家高级度假酒店,环境优美、舒适休闲。图像 B:金色的日落和海浪的拍打,快乐的游客正在沙滩上玩耍、拍照,向观众传递快乐和温馨的感觉。这两张图像色彩鲜艳,清晰锐利,都展示了目的地的吸引力和奢华度假酒店的优势。当用户在滚动浏览时,这些引人注目的图像会迅速吸引他们的目光,激发他们的兴趣。

3. 清晰的品牌

尽管原生广告与平台融为一体,但保持清晰的品牌非常重要。原生广告的设计目标是融入社交媒体或其他平台的用户体验,使广告内容看起来更加自然和无缝。然而,原生广告的目的仍需要确保用户能够清晰地识别广告与品牌相关联,以实现品牌认知和品牌建设。

品牌识别是指用户能够识别广告和品牌之间的关联,从而将广告内容与特定品牌联系起来。保持清晰的品牌意味着广告中应该包含品牌的徽标、标志、颜色或其他视觉元素,以确保用户在浏览广告时能够立即识别出这是与品牌相关的内容。品牌认知是建立品牌在消费者心中的认知和印象,这对于增强品牌忠诚度和品牌影响力非常重要。

在社交媒体等平台上,用户经常接触各种内容和广告。如果原生广告没有清晰的品牌标识,用户可能无法区分该广告与其他竞争对手的广告。确保广告中包含与品牌相关的视觉元素可以使原生广告在竞争激烈的市场中脱颖而出,增加品牌在用户中的辨识度。

此外,品牌认知有助于建立品牌信任。如果用户在多个平台上多次看到与该品牌相关的广告,他们会对该品牌产生信任感和熟悉感。这有助于提高用户对该品牌的信赖,促进转化和购买决策。在不同的平台上使用一致的品牌视觉元素有助于建立统一的品牌形象。无论用户在哪个平台上看到该原生广告内容,他们都能立即将广告与该品牌联系起来,从而形成一种一贯的品牌体验。

例如,某公司正在推广一款新的运动饮料品牌。他们在社交媒体上投放原生广告,广告中包含了品牌徽标、品牌颜色、品牌字体,并使用品牌主色调来突出广告中的关键信息,确保广告与品牌的整体视觉形象一致,用户一眼就能辨认出这是属于这个品牌的广告。这种一致性和清晰性有助于增强品牌认知和品牌信任,使广告在用户心中留下深刻的印象,并提高广告的转化率和效果。

4. 信息内容

原生广告应该向用户提供有价值的信息,而不是纯粹的促销。为用户创建教育、娱乐或解决问题的内容。确保内容与品牌的信息和声音保持一致。原生广告的目标是在用户体验中融入广告内容,而不是打断或干扰用户的浏览。因此,广告内容应该具有价值,能够为用户提供有用的信息,帮助他们解决问题、获取知识或满足需求。提供有价值的信息有助于增强用户对广告的积极感受,使他们更愿意与广告互动或进行转化。

原生广告应该致力于为用户提供教育、娱乐或解决问题的内容。这些类型的内容通常比纯粹的促销更有吸引力,更符合用户在社交媒体上的期望。教育性的内容可以帮助用户学习新知识、新技能,娱乐性的内容能够增加用户的兴趣和参与度,而解决问题的内容则能满足用户的需求,增加对品牌的信任。

原生广告应该提供有价值的内容,但也不能忽略品牌信息和内容。广告内容应该与品牌的核心价值、品牌故事和品牌个性保持一致。这样可以确保广告在提供价值的同时,传递品牌的身份和理念,从而增强品牌认知和品牌忠诚度。

表 3-3 列出了不同类型的信息内容及其效果,供读者学习参考。

表 3-3 不同类型的信息内容及其效果

类 型	内 容	目 的	效 果
教育性内容	使用视频或图文介绍某种营养素对人体健康的重要性,解释获取方式	教育用户,传达健康食品的好处,提供健康建议	提高用户对健康饮食的认知,增强品牌信任,提升品牌忠诚度
娱乐性内容	使用小视频展示使用产品的人在日常生活中保持活力和快乐	吸引用户兴趣,提高用户参与度,增加广告分享率	增加用户与广告的互动,扩大品牌传播范围
问题解决内容	使用问答文章或视频解答健康饮食中的常见问题	满足观众需求,解决问题,增加品牌信任,增强品牌忠诚度	提高品牌在用户中的权威性,增加品牌忠诚度

5. 响应式设计

响应式设计应无缝适应移动设备、平板计算机和桌面显示器。在各种设备上测试广告,以确保它们在每个平台上的外观和功能都良好。

优化原生广告的设计,使其能够无缝适应不同设备,意味着广告内容和布局应根据设备的屏幕尺寸和显示特性进行自适应调整。例如,在手机上需要更简洁、垂直布局的广告,而在平板计算机或桌面显示器上需要内容丰富和水平布局的广告。只有这样,广告才能够在不同设备上呈现出最佳的显示效果。

在发布原生广告之前,在各种设备上进行测试是必要的。通过测试,可以确保广告在每个平台上的外观和功能都良好。测试包括检查广告是否有显示偏差、图像是否清晰、文本是否可读等。如果广告在某些设备上表现不佳,必须进行调整和优化,确保广告在所有设备上都能良好展示。

无论用户使用何种设备访问广告,都应提供一致的用户体验。从而增加品牌的专业形象和用户满意度。

例如,某电子产品公司为了推广一款新的智能手表,适应社交媒体上的不同设备,他们在移动设备上,采用简洁明了,重点突出,垂直布局的广告。为了提高用户互动率,在广告中做了一个醒目的"了解更多"按钮,让用户可以点击并了解更多产品信息。在平板计算机上采用水平布局广告,允许更多的内容展示,包括产品特点、功能和价格等详细信息。用户可以通过滑动浏览更多内容,了解手表的各种特性。在桌面显示器上,进一步优化广告,显示更多精细的图像和更多的文字内容,使用户能够全面了解产品,并促进购买决策。通过这些优化,该公司可以确保其原生广告在不同设备上呈现出最佳的外观和功能,提供一致的用户体验,最大程度地吸引潜在的用户。表3-4总结了不同设备的优化布局和特点。

表 3-4　不同设备的优化布局和特点

设备类型	广 告 布 局	特　　　点
移动设备	垂直布局	简洁明了; 重点突出; 做了"了解更多"按钮,鼓励用户点击并了解更多产品信息
平板计算机	水平布局	允许更多内容展示; 包括产品特点、功能和价格等详细信息; 用户通过滑动浏览更多内容,了解手表的各种特性
桌面显示器	进一步优化,显示更多精细的图像和文字内容	显示更多精细的图像; 提供更多文字内容; 让用户全面了解产品,促进购买决策

6. A/B 测试

广告中的视觉元素,如图像、颜色、字体等,对广告的吸引力和视觉效果起着至关重要的作用。通过试验不同视觉元素的变体,可以确定哪些视觉元素更能引起用户的注意,并在广告中产生更好的视觉冲击力。试验不同版本的原生广告,以确定最有效的设计、消息传递和视觉元素。通过创建多个变体和分析性能指标来优化我们的广告工作来进行 A/B 测试。

A/B 测试是一种通过创建多个广告变体,并对它们的性能指标进行分析,以优化广告效果的方法。不同的设计和消息传递方式可能对观众产生不同的影响。通过试验不同版本的原生广告,可以对比不同设计风格和信息传递方式的表现,从而找出最能引起用户兴趣和共鸣的方式。这种测试可以帮助广告主了解哪种设计和信息传递方式对目标用户更具吸引力和有效性。

在 A/B 测试中,广告主创建多个广告变体,每个变体都有一些不同的设计、消息传递或视觉元素。这些变体将在实际投放中随机展示给不同的用户群体。通过对比这些变体的性能指标,如点击率、互动率、转化率等,可以了解哪个版本的广告表现最佳。广告主需要密切关注广告的性能指标,以确定哪个版本的广告在实际投放中表现更好。这些性能指标是评估广告效果的关键数据,帮助广告主做出更明智的决策和优化广告策略。通过 A/B 测试,广告主可以得出关键见解,并确定最佳的广告设计和元素组合,从而优化广告工作。这样可以提高广告的点击率、互动率和转化率,增强广告效果,实现更好的广告回报率。

例如,某健身器材公司在 F 平台进行广告 A/B 测试。F 平台允许广告主创建不同的广告变体,并在不同的用户群体中展示这些广告,然后对它们的性能指标进行分析,以找出最有效的广告形式。该企业想要提高广告的点击率和转化率。

为了进行 A/B 测试,该公司创建了两个不同的广告变体。变体 A:在广告中使用了一张身材苗条、正在使用健身器材的女性图片,广告文案强调"轻松燃脂,健康享瘦"。变体 B:在广告中使用了一个运动员的动作照片,广告文案强调"挑战自我,成为更好的自己"。

然后,公司将这两个广告变体分别展示给不同的目标用户,比如年龄、兴趣、地理位置等不同的群体,并对它们的性能指标进行跟踪和分析。经过一段时间的投放后,公司发现变体 A 的点击率更高,转化率也更好,相比之下,变体 B 的表现不如变体 A。基于这些数据,该公司决定优化广告效果,将更多的广告预算投入到表现较好的变体 A 中,同时继续尝试其他创意和文案以进一步优化广告效果。

通过这个 A/B 测试,该公司成功地找到了最有效的广告形式,并且在广告投放中取得了更好的效果。这样的测试方法让广告主能够不断优化广告内容和形式,从而提高广告的效果和回报。这也展示了 A/B 测试在广告优化中的重要性,它帮助广告主做出数据驱动的决策,增加广告的成功概率。

7. 内容披露

原生广告应始终明确披露它们是赞助内容,这有助于保持与用户的透明度并建立信任。原生广告通常以与平台上的其他内容相似的形式呈现,用户难以区分广告与非广告内容。明确披露广告是赞助内容可以保持与用户的透明度,让他们明确知道这是一条付费的推广信息。透明的披露有助于建立观众对广告主的信任,因为用户会认为广告主愿意以诚信的方式与他们进行交流。

标记广告的方式对用户有着重要的影响,它直接关系到用户对广告内容的认知和接受程度。使用明确的标记方式,如"广告""赞助"或"推广",可以增加广告的透明度,让用户清楚地知道这是一条付费广告。透明标记有助于建立信任,让用户了解广告主的意图,减少隐瞒或误导的可能性。明确标记广告可以帮助用户在浏览内容时快速区分广告和有机内容。如果标记不明确或不容易察觉,用户可能会将广告内容误认为是有机内容,导致对广告的拒绝或不满。

使用合适的标记方式能够引导用户关注广告内容本身,而不是试图隐藏广告目的。透明标记有助于用户理解广告的主旨,增加与广告的互动可能性。如果标记方式不清晰或有欺骗性,用户可能会感到被误导,产生负面情绪,甚至产生逆反心理,从而对广告和广告主产生不信任感。在某些社交媒体平台或广告发布渠道中,标记广告为"广告""赞助"或"推广"可能是法规或平台政策的要求。遵守这些规定可以避免违反相关法律法规,确保广告的合规性。

不同的标注方式会对用户产生不同的影响。明确透明的标记方式有助于建立信任,提高广告的认知度和接受度,引导用户关注广告内容本身,并避免触发用户的逆反心理。同时,也有助于广告主遵守平台规定和相关法规,确保广告的合规性。整体上,遵循平台关于如何适当披露赞助内容的指南是必要的,以确保广告合规,并避免可能的违规行为和处罚。

在很多国家和地区,披露赞助内容是法律要求的,广告主必须遵守相关法律规定。此外,透明披露也符合道德标准,让用户有权知道哪些内容是广告,哪些内容是独立的、客观的信息。如果原生广告没有明确披露其是赞助内容,可能会误导用户,让他们以为这是自然的、非付费的内容。这样的误导行为可能会损害广告主的信誉和品牌形象,也可能导致用户对广告的不满和抵制,从而降低广告的效果。

某化妆品公司在社交媒体上投放原生广告,以推广其最新的美妆产品。为了明确披露赞助内容,他们在广告的开头或结尾添加了"广告"或"赞助"标签,以示广告的付费推广性质。通过这样的披露,用户在看到广告时会立即意识到这是一条赞助内容,并且与自然的、非广告内容有所区分。这种透明披露有助于保持用户的信任和透明度,让用户明确知道这是一条付费的推广信息。同时,该化妆品公司也遵循了社交媒体平台关于广告披露的指南,避免了可能的违规行为。通过坚持明确披露赞助内容,该公司建立了与用户的信任,增加了广告的可信度和影响力。

3.5　原生广告的设计原则

原生广告的设计原则是指在社交媒体和其他平台上展示原生广告时应遵循的一系列设计准则和最佳实践。这些原则旨在确保广告与平台内容融为一体，同时能够吸引用户的兴趣，提高广告效果，增加品牌认知和转化率。广告应该根据目标受众的兴趣和需求进行定位和设计。了解受众的喜好和行为习惯，将广告内容和呈现方式与其相关联，可以增加广告的吸引力和效果。原生广告应该向用户提供有价值的信息，而不仅仅是纯粹的促销内容。内容可以是教育性的，向用户传授知识或技能；也可以是娱乐性的，吸引用户兴趣和参与；还可以是解决问题的，满足用户的需求。

1. 原生广告的视觉设计

原生广告的视觉设计是指在社交媒体和其他平台上展示原生广告时，广告内容在视觉方面的设计要素和布局。这些设计要素旨在吸引用户的目光、引起兴趣，并与平台上的其他内容相融合，以提高广告效果和品牌认知。原生广告的视觉设计是一种重要的营销手段，通过视觉元素的合理搭配和表现形式，增加广告的吸引力和影响力，从而更好地与用户连接。

如上节所讲，图像、视频、品牌是至关重要的。在原生广告的视觉设计中，选择合适的图像或视频，这些内容应该与广告的主题和内容相关，能够吸引目标受众的兴趣和共鸣。高质量、高分辨率的图像和视频能够增加广告的视觉冲击力，吸引用户的目光。品牌元素是广告中标志性的视觉符号，如公司的徽标、品牌颜色和字体等。在原生广告的视觉设计中，适当地加入品牌元素可以帮助建立品牌形象，并让广告在用户心中与品牌关联。

广告的布局和排版应该简洁明了，突出主要信息，并确保信息传递的清晰性。对于移动设备，尤其需要注意信息的呈现方式，以适应有限的屏幕空间和用户的浏览习惯，应当避免过多的复杂元素和杂乱的设计。简洁的布局能够帮助观众快速理解广告内容，避免信息过载，提高广告的阅读率和互动率。

布局和排版应该将主要信息突出展示，让用户在一瞥之间就能获取关键信息。在有限的时间内吸引用户的注意并传达核心信息，是吸引用户与广告互动的重要因素。布局和排版应该确保信息传递的清晰性，使广告的内容易于理解。混乱的布局可能导致信息混淆，让用户对广告产生误解，降低广告的效果。

在视觉设计上要注重用户移动设备的屏幕大小和浏览习惯。在移动设备上浏览广告是日常生活中的常态，因此广告的布局和排版需要特别注意适应在有限的屏幕空间上,确保信息的清晰传递,同时提供良好的用户体验。在移动设备上,用户通常倾向于快速浏览内容,而不是深入阅读。因此,广告的布局和排版应采用易于浏览的结构,将关键信息放在最显眼的位置,让用户在快速浏览时也能获取主要信息。

2. 原生广告的文案设计

原生广告的文案设计是指在社交媒体和其他平台上展示原生广告时,广告内容的文本部分的设计和编写。文案设计是一种重要的营销手段,通过用词精准、内容吸引人的方式,向目标受众传达品牌信息、产品特点、服务优势等,从而引起用户的兴趣和共鸣,增加广告的效果和转化率。

广告的标题和文案应使用精准的用词,确保信息传递的准确性和清晰性。避免使用过于复杂或晦涩的词汇,让广告内容易于理解,让用户能够迅速抓住关键信息。应该简明扼要、内容丰富,并且能够吸引用户的注意力,鼓励他们进一步阅读或与广告互动。一个引人入胜的标题可以让广告在众多信息中脱颖而出。

文案设计应突出产品或服务的核心卖点,强调其独特性和优势。通过简洁而有力的描述,让用户快速了解广告所推广的产品或服务的价值。通过突出核心卖点,广告能够直接传达产品或服务的价值,让用户快速了解其独特性和优势。简洁而有力的文案描述可以有效地传达产品或服务的价值。用户对广告内容进行快速浏览时,能够迅速领悟到产品或服务的优势,从而引起他们的兴趣。

通过文案设计,可以触发用户的情感共鸣。采用生动、情感化的语言,让广告能够引发用户的情感共鸣,增加品牌与用户之间的连接,增强对品牌的好感和认同。通过触发用户的情感共鸣,文案设计有助于建立品牌与用户之间的连接。当用户对广告内容产生共鸣时,他们更有可能与品牌产生情感联系,提高品牌的忠诚度和品牌认知。通过精心设计的文案,广告能够更好地传达产品或服务的价值,引起用户的兴趣和共鸣。这样的广告效果更显著,更有可能吸引用户进行互动和转化。

广告的文案应该包含呼吁行动的元素,即促使用户采取具体行动的邀请,如"点击了解更多""购买立享优惠"等。这样的呼吁行动可以增加广告的转化率。广告的呼吁行动鼓励用户采取具体行动,如点击链接、了解更多信息、订阅邮件、购买产品等。这样的呼吁行动可以促进用户与广告互动,增加他们与广告的参与度。呼吁行动为广告赋予了明确的目标,将用户引导进入转化路径。如果广告的目标是促使用户购买产品,呼吁行动可以直接引导用户进行购买。如果目标是增加品牌认知,呼吁行动可以鼓励用户了解更多关于品牌的信息。呼吁行动为广告的转化效果提供了可衡量的标准。通过追踪呼吁行动的执行情况,可以准确地衡量广告的转化率,并根据数据优化广告策略。

不同的社交媒体平台有着不同的文化和用户习惯,因此广告的文案设计应根据平台的特点进行调整。适应不同平台的文案设计能够更好地吸引目标受众。文案设计的语言风格应该与品牌的定位和目标受众相匹配。选择合适的语言风格,能够增加广告的亲和力,让用户更容易接受广告内容。

思考题

(1) 选择一个社交媒体平台(如微博、微信、Instagram、Twitter 等),说明你会如何研究该平台的特点并确保你的原生广告目标与该平台的用户行为和特点相对应。

(2) 目标考量是确保广告与品牌一致性的关键因素,选择一个虚构的品牌(如健康食品品牌、时尚品牌等),描述你如何制订一个明确的广告目标,以使其与该品牌的核心价值和战略目标保持一致。

(3) 受众研究是塑造原生广告内容的关键因素。选择一个特定受众群体(如年轻专业人士、家庭主妇等),提供至少两个洞察或特征,然后构思一个原生广告的创意,以吸引受众并与受众共鸣。

(4) 为什么确保原生广告与周围内容的外观和感觉一致是成功的原生广告策略的关键要素? 提供一个现实生活中的例子来支持这个观点。

(5) 从 3.5 节中选择两个视觉设计原则(如简洁性、品牌一致性、色彩运用等),并解释它们在创作原生广告时的作用。举例说明如何应用这些原则来增强广告的吸引力和影响力。

第 **4** 章
原生广告的投放与效果评估

本章重点介绍如何定制原生广告内容、制定排期、选择投放平台、设计投放策略，以及评估广告效果等关键知识点，从而帮助我们能够在实际应用中更精确地规划、执行和评估原生广告活动，实现更好的品牌推广和营销效果。

4.1 原生广告的内容定制

如何根据平台特点和目标受众定制原生广告内容，以达到最佳效果。不同的社交媒体平台有着不同的用户群体和特点。通过根据平台特点和目标受众定制原生广告内容，可以增加广告的吸引力，提高观众参与度，并达到最佳的广告效果。

每个社交媒体平台都有其独特的特点和用户习惯。在制定原生广告内容前，首先需要深入研究每个平台的特点，了解用户在该平台上的兴趣、互动方式及使用行为。对拟投放广告的社交媒体平台进行详细研究，了解这些平台的用户群体特点、年龄分布、地理位置等基本数据。在研究每个社交媒体平台时，要着重关注目标受众，了解他们在各个平台上的兴趣和喜好，他们最常使用的平台，以及他们在平台上的互动行为。研究每个社交媒体平台的用户互动方式，包括喜欢、评论、分享、转发、点击链接等。了解用户在不同平台上的互动习惯，有助于定制广告内容，提高用户参与度。

不同的社交媒体平台支持不同类型的内容，如图片、视频、短文、长文等。了解每个平台上的用户对不同内容类型的喜好，以便选择合适的内容类型来制作原生广告。根据对每个社交媒体平台的深入了解，开始定制原生广告内容。根据平台特点和用户习惯，选择合适的文案、图片、视频等元素，使广告更加贴近目标受众。不同社交媒体平台上的用户习惯和内容呈现方式各有不同。为了达到最佳效果，需要根据每个平台的特点优化广告内容。例如，在 Twitter 上，文案需要简短明了，吸引用户的目光；而在 Instagram 上，图片和视觉效果更为重要。

确定广告的目标受众是非常重要的，因为不同的平台吸引不同类型的用户。根据目标受众的特征和需求，定制广告内容，以确保广告能够吸引目标受众的兴趣。在不同的社交媒体平台上，用户对语言和风格的接受程度可能有所不同。根据平台的文化和用户习惯，采用合适的语言风格，让广告更加贴近用户，增加共鸣。不同的社交媒体平台支持不同的广告格式，如图片广告、视频广告、幻灯片等。根据平台的特点和用户互动习惯，选择最适合的广告格式，使广告能够在用户流量中脱颖而出。根据平台上用户的活跃时间和广告投放时段，选择最佳的广告投放时机。同时，也需要注意广告投放的频率，避免过度投放导致用户疲劳和不满。社交媒体平台提供了许多互动特性，如投票、抽奖、问答等。利用这些特性，增加用户与广告的互动，提高用户参与度。定期检查广告的效果和观众反馈，根据数据和反馈，进行必要的调整和优化。不断改进广告内容，以适应不断变化的社交媒体环境。

深入了解目标受众的特征和需求，研究者可以通过市场调查、用户调研和数据分析等方式来获得。了解目标受众的年龄、性别、地理位置、兴趣爱好、消费习惯等特征，以及他们对产品或服务的需求和期望。通过定性和定量研究方法，深入了解目标受众的行为、态度和观点。这可以包括焦点小组讨论、问卷调查、用户访谈等。这些信息将有助于更好地理解目标受众的心理和需求，为定制广告内容提供更多洞察。根据目标受众的兴趣和喜好，选择广告内容和创意。了解目标受众喜欢的主题、内容类型、媒体形式等，可以帮助我们选择更符合他们兴趣的广告元素。广告内容中突出产品或服务的独特特点，强调与目标受众需求相关的优势。通过将广告内容与目标受众的需求紧密结合，吸引他们的兴趣和关注。确保广告内容能够满足目标受众的需求和期望。例如，如果目标受众是寻找解决方案的用户，广告内容应突出产品或服务的解决问题的能力。定制广告内容是一个不断改进的过程。根据反馈和数据分析，定期优化广告内容，确保广告始终能够吸引目标受众的兴趣和关注。

4.2　原生广告的排期

如何选择原生广告投放的时间点和频率，从而确保广告能在最佳时机触达目标受众呢？这需要了解目标受众在不同时间段的在线活跃情况。根据社交媒体平台提供的数据和分析工具，了解用户的活跃时间，即什么时候他们最有可能浏览和参与社交媒体。表4-1列出了原生广告评估的一些关键数据指标和评估方法。

表4-1 原生广告评估的关键数据指标

指 标	解 释	公 式	计算方法和解释
点击率	点击率是广告展示次数与实际点击次数之间的比率	点击率=(实际点击次数/广告展示次数)×100%	计算广告投放期间实际点击广告的用户数与广告被展示给用户的次数之间的比率,并以百分比形式表示
展示量	展示量是广告被展示的次数,也称为印象数	无	广告被展示给用户的次数,即广告的曝光次数。展示量仅反映广告的曝光度,不直接反映广告的效果
转化率	转化率是指广告触发预期行动的用户比率	转化率=(转化次数/广告点击次数)×100%	计算广告被点击后实际转化的用户数与广告被点击的总次数之间的比率,并以百分比形式表示
互动数	互动数表示用户与广告进行的互动次数	无	计算广告投放期间用户与广告进行的互动次数,包括点赞、评论、分享等。互动数衡量广告受众参与度
花 费	花费是广告投放所需的费用总额	无	计算广告投放期间的总费用,包括广告投放平台的费用和广告制作成本等。花费是广告主需要考虑的投入

大多数社交媒体平台提供广告投放的数据报告和分析工具。通过使用这些工具,可以找到广告表现最佳的时间段,了解何时获得最多的点击和参与。假设使用某社交平台作为广告投放平台,如何利用其数据报告和分析工具找到广告表现最佳时间段呢? 首先,登录该广告管理平台。在该平台上选择最感兴趣的广告组。广告组是一组共享相同预算、投放时间和受众定位的广告。

在广告组概览中,可以看到广告组的关键性能指标,如点击率、展示量、花费等。点击"查看报告"或类似按钮,进入广告报告页面。在广告报告页面上可以根据需要选择特定的时间段,例如,一周、一个月或自定日期范围。在所选时间段内观察广告表现的关键数据指标,如点击率、转化率、互动数等。这些指标可以帮助了解广告在不同时间段的表现情况。

这些关键数据指标在广告评估中起着重要作用。点击率和转化率是衡量广告效果和受众吸引力的关键指标,较高的点击率和转化率意味着广告对用户产生了积极影响,实现了预期的营销目标。展示量可以反映广告的曝光度和覆盖面,但仅仅高展示量并不代表广告效果好。互动数衡量了广告在社交媒体平台上的传播效果和受众参与度,是衡量广告社交效果的重要指标。花费则是广告主需要考虑的费用投入,需要与广告效果和回报进行综合评估,以确保广告投放的经济效益。综合考虑这些指标可以帮助广告主做出数据驱动的决策,优化广告内容和投放策略,提高广告的效果和回报。

使用广告报告工具,可以对比不同时间段的广告表现。通过选择多个时间段的表现并进行对比,可以看到广告在不同时间段的表现趋势和差异。根据数据报告和分析,找到广告表现最佳的时间段。注意广告在哪些时间段获得了最多的点击和参与,以及在哪些时间段表现较差。根据数据的变化,调整广告的投放时间。将广告集中在表现较好的时间段投放,以最大程度地吸引受众的兴趣和互动。广告表现可能会随着时间和受众行为变化而改变。因此,持续监测广告表现并根据数据进行优化是非常重要的。

如果目标受众位于不同的时区或地理位置,投放广告时需要考虑这些因素。确保广告在他们最可能在线的时间段投放,以增加广告的曝光率。在广告管理平台中,可以选择目标受众的地理位置和时区,确保广告投放设置涵盖我们目标受众所在的不同地区和时区。

如果目标受众位于不同的时区,要考虑他们所处时区与我们所在时区之间的时间差异。确保广告在他们的本地时间最可能在线的时间段投放。在多个时区背景下,可以考虑分批投放广告。根据不同地区的在线活跃时间,将广告投放时间分成几个批次,以确保广告在每个地区的最佳时机在线。

可以根据产品或服务的性质和特点,选择合适的投放时间。例如,餐厅可以在用餐时间前投放广告,电商平台可以在周末或特定促销活动时投放广告。也可以考虑特定活动和节日季节性因素,选择在相关时间段投放广告。例如,元旦、春节或购物节等特定时期可能是推广促销的最佳时机。应定期审查广告的效果和投放时间数据,根据观察到的趋势和反馈,持续改进广告的投放时间和频率。

研究竞争对手的广告投放时间和频率。在不同时间点和频率上,尝试找到与竞争对手区分开的最佳投放时机,以吸引更多的目标受众。要确定主要竞争对手是哪些品牌或公司,了解他们的广告类型、内容、目标受众定位,以及投放时间和频率,比较不同时间点和频率的广告效果,尝试找到他们没有覆盖或投放不多的时间段,以获得竞争优势。将广告集中在与竞争对手不同的投放时间段,以增加广告在目标受众中的曝光率。这样可以确保广告在用户在线的时候被看到,增加与目标受众的互动和转化。竞争对手的广告策略可能会随着时间的推移而改变。因此,定期监测竞争对手的广告投放情况,并根据需要及时更新广告投放策略。

4.3 原生广告的投放平台

原生广告的投放有一系列可以选择的平台,其中最重要的类型就是社交媒体平台(如微博、小红书等)。社交媒体平台拥有庞大的用户群体,可以让广告触达广泛的目标受众。社交媒体平台提供强大的广告定向功能,可以根据兴趣、地理位置、年龄、性别等多维度定位受众,提高广告的精准度。社交媒体广告通常具有互动性,可以吸引用户的参与和评论,增强品牌与用户之间的互动。社交媒体平台提供丰富的广告数据和分析工具,帮助广告主实时监测广告表现并进行优化。由于广告主众多,社交媒体广告的竞争非常激烈,可能导致广告成本上升。用户可能会对过度频繁的广告投放产生疲劳感,影响广告的点击率和效果。

由于社交媒体平台拥有庞大的用户基础和广告投放的广泛吸引力,许多企业和品牌都将社交媒体作为重要的广告渠道。这就导致了广告主之间的激烈竞争,特别是在特定领域或特定目标受众群体中,竞价上升意味着广告主需要支付更高的费用来获得曝光和点击,这可能对广告主的广告预算构成挑战。广告主可以通过更精准的广告定向,将广告投放给最有可能感兴趣的目标受众,提高广告的点击率和转化率。设计引人注目且有吸引力的广告创意和内容,吸引更多目标受众的注意力,从而在激烈竞争中脱颖而出。

搜索引擎广告平台(如 Bing Ads 等)是基于关键词触发广告投放的模式。当用户在搜索引擎中输入与广告主所选择的关键词相关的搜索查询时,相关的广告就会展示给用户。由于某些热门关键词拥有大量的竞争者,广告主需要竞价来获得更好的广告排名,使其广告在搜索结果中的显示位置更靠前。竞价越高,广告显示的可能性就越大。这种激烈的竞争可能导致某些关键词的广告费用非常昂贵,特别是在一些具有高商业价值的关键词上。广告主可以选择使用一些较长的、不那么热门但更精准的关键词,可以找到更专业的潜在客户群体,减少与竞争者的直接竞争,降低广告投放成本。

一些搜索引擎广告平台提供扩展选项,如站点链接扩展、电话号码扩展等,可以在有限的广告文案中增加更多的联系方式和附加信息,提供更全面的广告内容。广告主可以通过优化广告指向的落地页内容来展示更多的创意内容和产品信息,满足用户的深入了解需求。

内容推荐平台(如 Taboola、Outbrain 等)通常以原生广告的形式,将广告内容推荐给用户,使得广告更加融入用户浏览的内容流。内容推荐平台根据用户的兴趣和行为推荐广告,提高广告的个性化和精准度。内容推荐平台有较大的潜在受众基础,有助于广告主吸引新的潜在客户。

在内容推荐平台上,原生广告与网站或应用上的非广告内容在外观和样式上非常相似,很难立即区分。这种设计是为了增加广告的自然性和用户体验,但同时也可能导致一些用户不经意间误点了广告。这样的误点击并不是用户真正对广告感兴趣,而是由于广告和内容的相似性造成的,导致广告的点击率上升了,但实际上并没有带来实际的转化和效果。在原生广告中,加入明显的广告标识,以告知用户这是一个广告。这有助于避免误点击,让用户在点击前意识到这是一个广告,从而提高广告点击的质量。广告文案应准确传递广告内容,避免使用过于模糊或引人误解的词语,确保用户在点击广告前对广告内容有一定的了解。

应用内广告平台(如 AdMob 等)在移动应用程序内展示,能够直接触达目标受众,提高广告的曝光率。应用内广告平台利用应用数据进行广告个性化定向,增加广告的吸引力和效果。某些应用内广告形式支持互动,如插页广告和激励广告,可以增加用户参与度。

应用内广告平台可以在移动应用程序内直接展示广告,这意味着广告可以直接触达应用用户,提高广告的曝光率。由于广告在应用程序内展示,广告主可以更准确地将广告展示给感兴趣的潜在客户,从而增加广告的曝光和点击。应用内广告平台利用应用数据进行广告定向,可以根据用户的兴趣、行为和其他特征来投放相关的广告。通过个性化定向,广告可以更加贴近用户的需求和兴趣,提高广告的吸引力和效果,增加用户对广告的点击和转化率。

应用内广告通常受到应用开发者的限制,广告形式和内容可能受到限制。一些应用开发者可能会限制广告的频率、位置和形式,以保持良好的用户体验。这可能会影响广告主在应用内广告平台上的创意表现和广告投放策略。广告主可以与应用开发者密切合作,了解应用的限制和要求,并根据应用的特点调整广告的形式和内容,以确保广告与应用环境融洽,提高广告的效果。

4.4　原生广告的内容推荐策略

内容推荐策略的实施要点在于设计与内容风格相符的广告创意,加入明显的广告标识,避免误导用户,定期监测数据,优化广告投放策略。这个策略的优点在于广告与内容融为一体,自然融入用户浏览体验,增加用户接受度和点击率;精准定向,根据用户兴趣和行为投放广告,提高广告效果。该策略的缺点在于广告标识不明显,用户可能误以为是真实内容而产生误点,影响广告的真实点击率。

由于广告与内容融为一体,使得用户在浏览内容的过程中很难分辨出广告。这种无缝融合让广告更容易被接受,增加了用户对广告的兴趣,从而提高了广告的点击率和参与度。这样的融合可以增加用户对广告的接受度,减少了对广告的抗拒感。内容推荐广告通常依赖于平台的个性化定向功能,根据用户的兴趣、行为、地理位置等多维度信息,将广告精准地投放给感兴趣的目标受众。这样的精准定向可以提高广告的曝光率和转化率,将广告传递给最有可能产生兴趣和行动的用户。

内容推荐广告的无缝融合特性,使得广告与周围的内容形式非常相似,导致广告标识不明显。这可能让用户很难分辨出广告,误以为广告是正常的内容,从而可能误点击广告,导致广告的真实点击率降低。为了增加用户接受度和点击率,广告在形式上融为一体,以吸引用户的注意力并提高点击率。然而,为了达到无缝融合的效果,广告标识可能被相对淡化,导致用户辨识广告和内容之间的区别变得困难。

这样的设计特点导致广告标识不明显,用户可能在没有明确认知的情况下误以为广告是真实内容,从而误点击广告,影响广告的真实点击率。这种模糊的辨识可能导致用户将广告误认为是正常内容,从而在不自知的情况下点击广告。当用户发现广告标识不明显或广告融入内容过于自然时,可能会怀疑广告的真实性和诚信度。这种怀疑会降低用户对广告主的信任,并对广告的内容和宣传信息产生负面看法。

如果用户误点击广告并打开了广告页面,但实际上对广告内容没有兴趣或购买意向,这会导致广告的点击率虚高。这样的结果会降低广告主的投资回报率,影响广告的整体效果。虚高的点击率可能让广告主对广告的实际效果产生误判,导致投放决策和优化措施不准确,从而浪费广告预算。

在一些地区和平台上,相关法规和广告准则要求广告必须明确标识,以保护用户的权益和消费者权益。如果广告标识不明显,可能违反相关法规和准则,可能导致广告被禁止或受到处罚。因此,在实施这个策略时,需要特别注意广告标识的清晰度和可辨识性,以维护广告的透明度和用户体验。

4.5　原生广告的效果评估

在进行原生广告的效果评估时,设定明确的广告目标是非常重要的。

1. 品牌认知

以品牌认知为目标的原生广告主要是提高品牌的知名度和认知度。这意味着广告希望让更多的人知道品牌的存在,熟悉品牌的名称、标识和核心价值。品牌认知是建立品牌形象的基础,对于长期品牌建设非常重要。品牌认知是建立品牌知名度的关键。当消费者了解品牌并熟悉其名称和标识时,他们更有可能在购买决策中将品牌作为首选。

品牌认知有助于树立品牌的差异化优势。消费者熟悉品牌后,能够更容易将品牌与竞争对手区分开来,形成对品牌的独特认知。品牌认知对于提高品牌忠诚度至关重要。消费者对品牌有了认知和了解,更容易建立情感连接,从而增加对品牌的忠诚度。品牌认知有助于建立品牌信任。消费者通常更倾向于购买他们熟悉和信任的品牌,而品牌认知可以帮助建立这种信任。

实现品牌认知的效果评估可以关注广告曝光、一致的品牌形象等方面。在目标受众广泛接触的媒体上投放广告,以增加品牌的曝光率。广告投放可以包括电视、社交媒体、网络广告、户外广告等。在广告中展示一致的品牌形象,包括标识、色彩、口号等,让消费者对品牌有稳定的认知。效果评估上可以关注是否提供有价值的内容,如教育性文章、视频和娱乐内容,以吸引目标受众并与他们建立联系。通过强调参与公益活动、赞助活动等,提高品牌的社会形象,增加品牌在公众心目中的认知和好感。

评估品牌认知的效果可以通过调查问卷,了解消费者对品牌的认知和了解程度。也可以通过网络分析,监测网上搜索量和品牌提及量,了解品牌在互联网上的曝光度。同样也可以关注于社交媒体指标,监测社交媒体上的品牌关注度、分享和评论等指标,了解品牌在社交媒体上的影响力。还可以关注于广告效果分析,通过广告效果分析工具,监测广告的曝光率、点击率和转化率等,评估广告对品牌认知的贡献。

品牌认知是品牌建设的基石,它帮助企业在竞争激烈的市场中建立独特的品牌形象,并赢得消费者的信任和忠诚。通过恰当的广告策略和评估方法,企业可以有效地提高品牌认知,并取得品牌建设的成功。

2. 转化率提高

以转化率提高为目标的原生广告主要是促使用户采取具体的行动,例如,购买产品、注册账户、填写表单等。这意味着广告希望将潜在客户转化为实际客户,实现销售和业务目标。广告转化率是衡量广告效果的重要指标,它表示在广告触达一定数量的受众后,实际完成预期目标(如购买产品、填写表单、注册会员等)的比例。

广告转化数是指通过广告实际完成预期目标的用户数量,例如,实际购买产品的人数、填写表单的人数等。广告触达数是指广告实际展示给的受众数量,可以是广告在社交媒体上的曝光量、广告在网站上的展示量等,具体取决于广告投放的平台和形式。

通过计算,我们可以得到广告转化率(conversion rate)的百分比。如果一个广告在某个社交媒体平台上展示给1 000人,其中有20人实际点击广告并购买了产品,那么广告的转化率为:广告转化率=(20/1 000)×100%=2%。广告转化率的意义在于帮助广告主和营销团队了解广告的实际效果。较高的广告转化率表明广告在吸引目标受众并促使他们完成预期目标方面效果较好,而较低的广告转化率则可能需要进一步优化广告内容、定位和目标受众等。通过不断监测和优化广告转化率,广告主可以提高广告投放的效果,达到更好的广告回报和品牌推广效果。

以用户互动为目标的原生广告主要是增加用户的参与度和互动程度,其包括用户点击广告、参与调查或问卷、评论和分享广告等。用户互动可以提高用户与广告的连接程度,增加广告的传播范围和影响力。这种广告的主要目标是鼓励潜在客户采取具体的行动,从而实现销售和业务目标。此类广告的成功衡量标准是转化率,即广告触发了多少用户完成了预期的行动。

实现销售和业务目标,这是企业的核心目标。通过促进用户采取行动,将潜在客户转化为实际客户,从而增加销售和业务。这类广告通常针对具有明确购买意图的用户,因此转化率可以衡量广告的效果和精准度,以便优化广告投放策略。此外,增加用户的参与度和互动程度,鼓励用户与广告内容进行更深入的互动。用户互动可以包括用户点击广告、参与调查或问卷、评论和分享广告等。广告主在投放原生广告时通常有一个明确的目标,如增加销售额、扩大用户基础、提高品牌认知等。

为什么转化率广告也要要以用户互动为目标呢?因为基于用户互动可以提高品牌曝光和认知。用户的互动行为可以增加广告的传播范围和影响力,有助于更多用户了解品牌和产品。增加用户与广告的连接程度,用户的积极互动表明他们对广告内容感兴趣,有可能导致更深入的了解和信任。需要指出的是,这两种目标并不是相互排斥的,可以根据广告主的实际需求和广告的性质来选择。在某些情况下,转化率和用户互动可能都是重要的,因为广告既需要吸引用户的注意力,又需要鼓励他们采取行动。

3. 数据追踪

数据追踪工具包括点击率、转化率、观众参与度等。在微博等社交媒体平台上,广告主通常会使用各种数据追踪工具来收集广告效果数据,以便评估广告的效果和效益。这些数据可以帮助广告主了解广告的表现,优化广告投放策略,并对广告的成功与否做出明智的决策。

(1) 点击率(Click-Through Rate,CTR)是衡量广告点击次数与广告展示次数之比的指标。它表示广告触发了多少用户点击了广告,进一步了解广告的吸引力和受众兴趣。CTR 的高低可以反映广告内容是否与目标受众相关,并且能否引起他们的兴趣。

点击率通过将广告点击次数除以广告展示次数并乘以 100 来得出,以百分比表示。计算公式为 CTR=(广告点击次数/广告展示次数)×100。CTR 是评估广告在特定受众群体中的吸引力和兴趣度的指标。高 CTR 表示广告在受众中引起了更多的点击,意味着广告内容对目标受众相关和吸引人。相反,低 CTR 可能暗示广告内容不够吸引人或者没有成功吸引目标受众的注意。

点击率的高低可以反映广告内容是否与目标受众相关。如果广告内容与目标受众的兴趣、需求或特征相符,那么用户更有可能点击广告,从而提高 CTR。因此,CTR 的分析可以帮助广告主评估广告是否针对正确的受众,并在必要时进行优化。总的来说,CTR 是广告效果评估中的一个重要指标,它能够告诉广告主广告在受众中的吸引力和兴趣程度。通过监测和分析 CTR,广告主可以了解广告的表现如何,是否需要调整广告内容或投放策略,以提高广告的效果和吸引更多潜在客户。

我们可以追踪触发用户完成预期行动的比率。这些预期行动可以是购买产品、注册账户、填写表单等。通过追踪转化率,广告主可以了解广告对实际业务目标的影响,比如多少用户通过广告最终成为了实际客户。在广告投放过程中,广告主通常会设定一些明确的目标,希望用户通过广告完成特定的行动,这些行动即为预期行动。这些预期行动可以因广告的目标和类型而异,例如在电子商务广告中,预期行动可能是用户购买产品;在在线服务广告中,预期行动可能是用户注册账户;而在营销活动广告中,预期行动可能是用户填写表单或参与调查等。

在广告投放过程中,广告主通常会设定一些明确的目标,希望用户通过广告完成特定的行动,这些行动即为预期行动。这些预期行动可以因广告的目标和类型而异,例如,在电子商务广告中,预期行动可能是用户购买产品;在在线服务广告中,预期行动可能是用户注册账户;而在营销活动广告中,预期行动可能是用户填写表单或参与调查等。

(2) 转化率是通过将完成预期行动的用户数量除以广告的总点击次数后乘以 100 得出的,以百分比表示。计算公式为:转化率=(完成预期行动的用户数量/广告的总点击次数)×100。转化率是一个重要的指标,因为它可以帮助广告主了解广告对实际业务目标的影响。通过追踪转化率,广告主可以了解多少用户通过广告最终完成了预期行动,从而成为了实际客户或采取了其他重要的行动。

转化率的分析可以提供关键的洞察力,帮助广告主了解哪些广告更成功地促使用户采取预期行动,哪些广告需要进一步优化,广告主可以根据转化率的表现,调整广告的内容、呈现形式、定位受众等,以提高广告的转化率和实现更好的业务成果。投资回报率(ROI)评估:转化率与广告投资之间存在密切关系。当广告的转化率较高时,意味着广告产生了更多实际的业务成果,从而提高了广告的投资回报率。因此,转化率是评估广告投资回报效果的重要指标之一。

总的来说,转化率是一个关键的广告效果指标,它帮助广告主衡量广告的实际业务影响,并提供了优化广告内容和投放策略的数据依据。通过追踪和提高转化率,广告主可以更有效地实现广告目标,将潜在客户转化为实际客户,并获得更好的广告回报。

(3) 观众参与度(engagement)是指用户与广告内容进行互动和参与的程度,这包括用户对广告的评论、分享、点赞、收藏等。观众参与度高意味着广告引起了用户的兴趣和关注,增加了广告的传播范围和影响力。这些互动行为可以包括但不限于:评论(用户在广告下方留下文字评论或回复其他用户的评论)、分享(用户将广告内容分享到自己的社交媒体或其他渠道,让更多人看到)、点赞(用户喜欢广告内容并点击"赞"按钮来表示支持或喜爱)、收藏(用户收藏广告以便以后查看或参考)。

观众参与度是一个重要的广告效果指标,因为它反映了广告对目标受众的吸引力和影响力。当广告引起用户的兴趣和关注,促使他们与广告内容互动时,观众参与度就会较高。观众参与度的高低可以间接衡量广告内容是否具有吸引力、与受众兴趣相关,并且能够产生积极的情感共鸣。观众参与度高的广告表明广告成功吸引用户互动,这有助于扩大广告传播范围,提高广告的影响力,并加强品牌与用户之间的联系。因此,广告主应当关注和优化观众参与度,以实现更好的广告效果和品牌推广效果。

观众参与度高的广告通常会被更多用户注意到和分享,从而增加广告传播范围和影响力。当用户互动并参与广告内容时,他们可能会转发、分享或评论广告,这有助于扩大广告的传播范围。广告在用户之间被分享和传播,进一步提高了广告的影响力,并将广告推广到更广泛的受众群体中。广告主可以通过分析观众参与度数据来了解哪些广告内容或主题更受用户喜欢和参与,从而对用户参与度进行优化。借助这些洞察,广告主可以优化广告内容、改进创意或调整投放策略,提高用户互动和参与度,增加广告的成功可能性。

为了收集这些广告效果数据,微博等社交媒体平台通常提供了广告投放管理平台,其中包含各种数据追踪工具和分析功能。广告主可以在该平台上实时监测广告表现,查看点击率、转化率、观众参与度等指标的数据。此外,社交媒体平台还提供了更详细的用户行为数据,如广告的受众定向效果、受众特征和行为习惯等,这些数据可以帮助广告主更好地优化广告投放策略,并针对具体目标受众进行精准的广告投放。总的来说,使用各种数据追踪工具来收集广告效果数据,包括点击率、转化率、观众参与度等,对于广告主来说至关重要。这些数据可以提供关键的洞察力,帮助广告主了解广告效果、优化广告内容和投放策略,从而实现更好的广告回报和业务成果。

思考题

(1) 选择一个虚构的品牌,描述你将如何根据目标受众的特点和兴趣,定制一则原生广告的内容。考虑受众的需求和喜好,提供关于内容创作的具体细节。

(2) 假设你是一个咖啡品牌的市场营销专家,你计划在社交媒体上投放一则原生广告,请基于广告排期的重要性,选择一个社交媒体平台,描述你会选择的最佳广告投放时间段,并解释其原因。

(3) 基于上个问题中咖啡品牌的例子,阐述你会如何评估该平台是否适合你的品牌,提供关于受众、内容类型、广告形式等方面的考虑过程。

(4) 假设你是一个新的健康生活方式应用的营销经理,你计划通过原生广告增加应用下载量,请描述你会如何制订一个成功的原生广告投放策略,包括预算、定位方式和投放时间。

(5) 从 4.5 节中选择一种方法(如点击率、转化率、社交分享等),解释它在评估广告效果时的作用,为什么这种方法对于了解广告的成功与否是重要的? 提供一个实际案例来支持你的解释。

第5章
原生广告的一致性特征与用户逆反

本章深入介绍原生广告的一致性特征、来源类型、标识形式、定制方式、心理逆反、个体差异等关键知识点,从而能够帮助我们在实际应用中更加有效地利用这些知识,创造更具有吸引力和影响力的原生广告,并在面对用户逆反时灵活应对。

5.1 一致性特征

认知一致性理论范式表明,认知一致性是一种像饥饿或口渴一样的基本需求,它描述了当人们遇到一个与他们的预期或信念相反的特定状态时的后果。也有学者指出,一致性意味着两个物体或活动之间的相似性程度。一致性概念也意味着当信念系统存在潜在错误时,为解决不一致的核心思维和行为动机而服务。

人们在生活中需要一致性,大致可以分为三个步骤:

(1) 人们期待一致性。就像人类社会的法律一样,人们在生活中有着强烈的一致性倾向,我们希望一切事情都能按照我们所期待的方式发生,这是因为一致性能够提供一种安全感和可预测性,让人们感到事物是有秩序、可信和可控的。一致性可以帮助人们更好地理解和适应周围的环境,从而减少不确定性和焦虑感。

(2) 矛盾会导致不一致感。不一致感是事情发生的令人惊讶、与预期不一致,是一种不舒适的状态。当现实与预期不符时,人们可能会感到困惑、失望或焦虑,因为他们之前的认知和信念与现实发生了冲突。不一致感可能来自自身的经验和观察,也可能来自他人的言论和行为。

(3) 不一致感总是促使我们去恢复一致性感受。不一致感是一种不愉快的经历,我们总是希望消除这种体验。为了减少不一致感带来的不适,人们会采取各种行动,以使事物恢复到与他们之前的认知和期望相一致的状态。这可能涉及改变自己的信念和态度,调整对事物的看法,或者寻求信息来解释和理解不一致的原因。

总的来说,人们对于一致性有着强烈的期待,希望一切事物都能按照自己所预期的方式发生。当事物发生矛盾或不相符合时会导致不一致感,人们会感到不舒适和焦虑。为了消除不一致感带来的不适,人们会努力寻求恢复一致性感受的方式,以使事物与他们之前的认知和期望相一致。在广告和营销中,了解并满足消费者的一致性倾向是非常重要的,因为一致性可以帮助建立信任和认同,从而增加广告的有效性和影响力。

认知一致性理论一直被认为是社会心理学的一个主要概念框架,其假设和影响几乎适用于所有领域,并且该理论也被引入了心理科学领域(如文化心理学、组织心理学、神经科学等)和其他领域(如经济学、管理学、社会学、哲学等)。认知一致性理论的主要贡献之一是从根本上将人类的心理描绘从满足需求、追求享乐的动物转变为解决问题、创造意义的生命。人类不再被描述为被环境所控制的无意识生物,而是被描述为寻求一致性的认知生物,并试图构建一个有意义的世界。在广告感知参与的背景下,一致性可以解释为:在参与过程中,服务提供者所设定的参与情境与消费者的期望是一致的。当产品的属性与这些属性之间的背景关系是相冲突的时候,消费者可能会进行更多的信息搜寻和查证来确保一致性,因为目前获得的信息与他们的期望是有差异或不一致的。

人们对原生广告的感知和态度可能与广告特征和原生广告的背景之间的一致性相关。由于原生广告的欺骗性,在这些社交平台上的用户起初可能有这样的想法,即这些信息流内容是由平台算法进行自然推送的,但当他们发现其内容特征和社交背景之间不一致时,他们很可能会产生负面的态度和对察觉不一致性所带来的紧张状态。例如,在名人代言或广告中,一致性会被用来评估代言人和被代言实体之间的一致程度。换句话说,一个个体特征与被代言实体高度一致的发言人能够创造更高水平的关联,这也会带来更好的用户接受度和更积极的用户态度。

广告特征和社交背景之间相似和一致程度会影响用户感知,而认知一致性理论可以用来对这种一致性进行解释。对于认知一致性理论的核心概念,可以将其其定义为:当个人的内部系统(信仰、思想、态度、价值观、行为和感觉)相互支持时,当个人的内部系统被外部证据支持的时候,我们就达到了一致性状态。而当事情不像预期的那样有序发生时就会产生一种不一致的感觉,即"紧张状态"(tension state),这促使个体尽力实践来减少这种紧张感,从而达到一致的状态。

在社交平台上,广告特征(如广告内容、语言、图像等)和用户的社交背景(包括用户的兴趣、价值观、社交圈子等)之间的相似和一致程度会影响用户的感知。当广告的特征和社交背景与用户的内部认知系统相符合时,用户会感到一种认知上的一致状态,即认为这些广告是合适的、与自己相关的,进而产生积极态度和兴趣。相反,当广告的特征和社交背景与用户的内部认知系统不符合时,用户会感到一种认知上的不一致状态,即认为这些广告不适合在该社交平台出现,可能产生抵触和忽略广告的行为。这种一致状态可以使个体感到安心和自信。而当个体的内部认知系统与外部环境的信息和证据不符合时,个体会感到一种认知上的不一致状态。这种不一致状态会引发一种紧张感,促使个体采取措施来减少这种紧张感,以达到认知上的一致状态。

当用户感到广告的特征和社交背景与自己的认知系统不一致时会产生紧张感。为了减少这种紧张感,用户可能会采取一些措施,如忽略广告、屏蔽广告或者对广告产生消极态度。这样,用户试图通过调整自己的认知系统或拒绝接受与之不一致的广告,以达到认知上的一致状态。认知一致性理论解释了广告特征和社交背景与用户感知之间的关系。当广告与用户的认知系统一致时用户感到舒适和满意;而当广告与用户的认知系统不一致时用户感到紧张和不满。这种认知上的一致性与不一致性会影响用户对广告的态度和行为,对于广告主来说,了解用户的认知系统和社交背景,根据不同用户定制广告内容和推送策略,可以更好地提高广告的接受度和效果。

原生广告通过与平台的风格和内容形式高度一致,旨在最小化对用户社交体验的干扰,以获得用户更好的认同感和态度。然而,一旦用户后续发现该内容是由市场营销人员设计并推送的,他们反而会更加失望并产生逆反状态或其他负面心理。因此,用户普遍对营销内容持有怀疑的倾向也并不奇怪,因为促销信息总是以一种意想不到的方式触达到他们。换句话说,当用户意识到该内容不是由平台的自然算法推送的时候,他们可能会对该内容本身作出更加负面的反应。广告来源和不同内容特征对原生广告的效果产生何种影响呢?不同的广告来源会显著影响原生广告的效果,而内容特征,如语言、位置、披露与否、赞助的透明度和信息内容说服的程度等也会影响用户对广告信息的评估和行为结果。

虽然一致性或对比性特征的设计在消费者决策过程中起着重要作用,但现有的研究仅限于在社交平台中社交背景和商业特征之间的一致性。一个假设是,较高的内容-背景一致性会阻碍用户记忆,当其他类似的刺激出现并占据了用户的记忆时,用户的广告感知会受到负面影响。因此在线上沟通和社交媒体环境中,与广告-背景一致性相比,认知一致的内容特征和形式会有效减弱用户的注意力和回忆效应。另一种观点是,广告与环境的一致性将有利于用户后续的认知和行为结果。例如,当广告被放置在一个协调一致的背景下时,广告的效果会得到提升,因为环境或背景可以对认知起到主导的作用。消费者会对他们感知到的与其当前情况和认知一致的内容产生积极态度,这可以进一步帮助减少认知失调的影响。此外,实践证据表明,原生广告的"掩饰"特征往往模糊了广告和其他平台自然内容之间的区别和界限,导致人们对原生广告情境下的促销信息的反馈更为积极,即使是在存在"广告"和"赞助"等标签披露措施的情形下。然而,当用户意识到该信息实际上是付费广告时,他们可能会对该信息做出更为消极的反应,欺骗性特征的设计最终导致了更严重的反应和后果。

5.2　一致性特征的影响

原生广告通过与平台的风格和内容形式高度一致,最大程度地减少对用户社交体验的干扰,以赢得用户更好的认同感和态度。然而,尽管这种广告隐藏在平台中,用户最终还是能够察觉到这种营销手段,并识别出这种说服性广告。通常会触发用户的负面心理,影响后续的点击或购买意愿。在社交媒体环境中的原生广告,平台开发者通常会提供用户对该广告进行意见反馈的选项(如点赞喜欢、关闭此广告、投诉广告等),以了解用户对该原生广告的态度,并用于后续改进广告设计及平台推送机制策略。

然而,绝大部分用户在面对私人社交环境中的原生广告时,并不会主动产生反馈行为。他们对原生广告产生习惯性忽略,导致用户的心理反应和下一步的行为变得不可预知。这也是品牌、平台与学术研究者共同关心的"冰山下"的问题所在。因此,目前的关注点在于研究不同广告内容特征的呈现形式,以及这些特征之间的一致性水平,以深入了解它们如何影响用户的心理逆反状态和对产品的感知。

在面对这一问题时,品牌和平台需要更深入地了解用户群体的需求和心理反应,以设计更具吸引力和有效性的原生广告。了解用户的心理反应对于设计原生广告至关重要。品牌需要了解用户的情感需求、关注焦点和行为习惯,以便创造出能够触动用户情感、引起共鸣的广告内容。同时,也要避免触及用户的敏感点,避免产生负面情绪和反感。学术研究者可以进行更广泛的调查和实验,以探索用户对原生广告的态度和行为的变化模式。通过共同努力,我们可以更好地理解原生广告在社交媒体环境中的影响,为广告主提供更具效益的营销策略,同时满足用户的期望和需求。

当用户在浏览具有不同内容特征的原生广告时,能够感知到该广告内容与其所处社交背景之间的一致性程度,以及该广告各特征之间的一致性水平。一致性的信息特征能够在现存的预期下被用户流畅地处理。广告结构因素通常被用于识别和分类广告,并且是逆反状态的直接触发因素。信息格式涵盖了广告呈现的所有方面,这被认为是对个体结构性视觉的一种刺激。大量的相关研究探讨了营销和广告领域中不同广告特征的匹配和组合及其后续影响(如品牌态度、点击意向、购买意向等)。

影响者-产品一致性(influencer-product congruence)可以通过产生更高的情感动机推断来提高用户的产品感知态度,降低用户对广告的识别程度。影响者-产品一致性是指影响者与所推广的产品或品牌之间的契合程度。当影响者的形象、领域、风格等与产品或品牌的特点相一致时,可以增加受众对产品的信任和认同。当影响者与产品一致时,受众会更容易对影响者产生共鸣和情感认同。这种情感认同可以激发受众的情感动机,使其更愿意接受影响者所推荐的产品或品牌。

当受众对影响者产生情感认同时,会倾向于认为影响者所推荐的产品或品牌是值得信赖和优质的,从而提高其对产品的感知态度。影响者-产品一致性可以降低受众对广告的识别程度。当影响者与产品一致时,广告会更加融入影响者的内容和风格中,使得受众很难分辨出其中的广告成分,从而降低了对广告的警惕性。

影响者-产品一致性可以通过产生更高的情感动机推断来提高用户的产品感知态度,降低用户对广告的识别程度。这种情感认同和融入感使得用户更容易接受影响者推荐的产品,从而增加了影响者营销的效果。然而,需要注意的是,品牌和影响者在进行合作时,应确保产品和影响者的形象确实是一致的,避免产生虚假宣传和误导用户的情况。

在原生广告情境下,一致性程度对于消费者的反应至关重要。通过高度一致的形式和内容,原生广告更容易被误认为是个人的编辑内容,从而增加了消费者对广告的信任和接受程度。这种视作个人内容的倾向使得消费者更愿意与广告进行互动,从而提高了广告的效果和转化率。如果原生广告被认为与自然编辑环境一致,并被认为是自然生成内容,一致性就可以有效降低平台用户的逆反程度。

5.3 原生广告的来源类型

原生广告来源所导致的有效性和用户心理逆反心理是广告设计和发布过程中需要考虑的重要因素。为了实现最佳广告效果,一个策略是根据不同的内容场景选择最合适的内容信息来源。在这里,"来源"指的是广告的发布者,可以是品牌方、明星个体,或者是社交平台上的意见领袖。这些来源作为原生广告的发送者可能会对目标用户的态度和后续行为产生影响。不同广告来源所生成的内容信息会基于其可信度和互动方式对消费者产生显著不同的影响。此外,研究也发现不同内容来源对于社交媒体广告的说服力存在显著差异。

如果原生广告的来源与用户已有的认知和信任感相符,用户更容易接受广告信息,从而增加广告的有效性。如果原生广告的来源让用户感到不熟悉或不信任,可能会触发逆反心理,导致用户对广告产生抗拒和厌恶。用户可能会觉得广告干扰他们的阅读或浏览体验,从而对广告产生负面情绪。

原生广告的设计应该使其看起来像普通的内容,而不是明显的广告。如果原生广告的来源与平台上的其他内容风格和格式不一致,用户可能很容易识别出它是广告,从而减少其有效性。不同的用户对不同来源的广告有不同的喜好和态度。因此,在广告设计过程中,需要考虑用户的喜好和习惯,以提供更个性化和符合用户心理的广告体验。因此,原生广告来源对广告的有效性和用户心理逆反心理有着重要的影响。品牌和平台在设计和发布原生广告时,应该深入了解用户的需求和心理反应,选择与用户喜好相符的来源,以提高广告的接受度和效果。

在即时通信平台和社交媒体平台的原生广告中,明星来源和品牌或商家来源是两个重要的广告来源。明星来源通常通过使用该明星的真实头像和名字,创造出明星出现在用户个人信息流的情景。这通常是明星代言的一种形式。过去的实践证据表明,明星被认为比市场营销人员更可信,能够产生更积极的品牌回想和广告或品牌态度。因此,使用明星作为原生广告内容来源已经扩展到社交媒体和即时通信平台。学者们也开始研究明星来源在原生广告中对用户评估产品和品牌的影响。例如,在Twitter 领域,对于拥有大量关注者的明星,其作为来源的原生广告会对消费者参与,以及其对被推荐产品的购买意图产生积极影响。

在社交媒体上的品牌商家来源指的是由品牌官方账号进行原生广告的发布,这是由营销人员发起的一种传统广告形式。从社交媒体原生广告的不同来源类型和内容类型的影响上来看,相较于主流明星,来自小众明星的经验型内容原生广告会使用户产生更好的点击意图。而对于促销型内容的原生广告,两种广告来源对用户反应没有显著差异。

社交应用上的广告来源会影响用户的逆反心理。鉴于来源在状态逆反中的重要性,来源类型(即商家与明星)对心理逆反的影响会因为各种特征和情景因素而不同。一个可能的边界条件是产品类型,因为来源类型和产品类型的一致性会影响用户在社交平台上的状态逆反水平和对产品、品牌的感知。这意味着产品类型和来源类型被认为是否匹配或一致的程度很可能对后续用户的心理感知和态度行为起到关键影响作用。

5.4　职业化特征与标识形式

职业化特征指的是广告中使用专业的、正式的语言、图像和设计风格,使广告看起来更加专业、权威和正式。职业化特征让广告看起来更加专业和正式,用户往往会认为这样的广告来自可信的品牌或机构,增加了广告的可信度和可靠性。用户更倾向于相信这样的广告所传递的信息。职业化特征让广告看起来具有权威性和影响力,用户会认为这是由专业人士或有经验的专家创建的广告。这种感知会增加广告的影响力,使用户更倾向于采纳广告中的观点或建议。

职业化特征有助于塑造品牌的形象,让品牌看起来更加专业和值得信赖。这对于品牌的长期发展和用户忠诚度至关重要。职业化特征可以帮助广告准确地定位目标客户群体。专业、正式的广告语言和设计风格可能更适合面向专业人士或高端用户的产品或服务。职业化特征可能会增加广告的吸引力和可读性,提升用户的浏览体验。用户更愿意与看起来专业的广告进行互动,并更有可能对广告做出积极的反应。

然而,职业化特征并不适用于所有类型的广告和目标受众。有些品牌可能更倾向于采用亲和力、幽默或创意性的广告风格,这取决于品牌定位和目标受众的特点。因此,在设计广告时,需要根据品牌形象和目标受众的需求来选择合适的广告特征,以获得最佳的用户感知和反应效果。

在即时通信平台或社交媒体中,品牌发布原生广告时,其账户头像是品牌标识的一种表现形式。品牌标识和品牌名称是识别和区分不同企业或市场供应物的重要设计元素。品牌标识通常是品牌的视觉符号,它在营销传播中起着强化品牌识别和激活品牌联想的作用。根据设计中包含文字及图形情况的不同,品牌标识可以分为纯图形、纯文字、文字加图形三种形式。图形标识可以进一步分为具象和抽象两种形式。具象图形是与现实世界相关的图形,而抽象图形则没有与现实世界直接联系。研究发现,相较于抽象和人工的品牌标识,消费者对于具体和自然的品牌标识会有更强烈的反应,因为具象图形能唤起消费者更积极的情感反应。

例如,头像作为品牌特征,可以给用户传达账号的个性、专业性和可信度。如果头像是一个真实的照片,用户往往更容易信任这个账号,并对其发布的内容产生更多的信任感。相比之下,如果头像是一个模糊的图像或没有明确身份的图标,用户可能会对这个账号的内容持怀疑态度。头像可以影响用户对账号的影响力和认同感。如果头像与账号的内容主题或品牌形象相符,用户更有可能对这个账号的观点产生认同,从而增强了账号的影响力。反之,如果头像与内容主题不符,用户可能会感到困惑或不信任。

对于品牌账号来说,头像是品牌形象的重要组成部分。一个有吸引力、与品牌形象相符的头像可以帮助塑造品牌形象,增加用户对品牌的好感和忠诚度。精心设计的头像能够吸引用户的眼球并引起兴趣,使用户更愿意关注该账号发布的内容。头像的吸引力和与目标受众的相关性可以影响用户是否愿意点击进入账号,浏览更多内容。头像直接关系到用户对账号的第一印象。一个清晰、有吸引力的头像可以提升用户的浏览体验,让用户更愿意停留在该账号上,并与其内容互动。

近年来,为了贴近社交软件的分享和社交属性,更好地模仿平台及其语境的分享生态和常规账号特征,许多品牌和商家开始使用更为具体的图形标识或人物标识,而非简单的品牌字母标识,以唤起消费者更高的身份认同和信任。在生活中,人们往往会对陌生的对象有着刻板印象,通常会基于外貌特征来对个体的内在特质做出推论,进而影响个体的决策。在工作环境中,员工的穿着和表现会影响顾客的行为和对组织及其提供的服务的期望。类似地,在社交媒体平台内的原生广告也适用这一原理。具有吸引力的广告发布者往往更受欢迎,并产生更高的消费者满意度和购买意向。这意味着特定场景内人物的穿着和外表对于用户或消费者来说会留下极大的印象并产生一定影响,其职业化程度的高低会带来完全不一样的感知和印象。标准化的制服样式和颜色增加了患者对于护士专业性的感知和对护士本人的认可。例如,已有的证据表明,西装是专业性和正式的信号,而女性领导的穿着和外表能够进一步说明她们的职业身份和专业性。另外,在广告标识情境下,穿着正式的商务装让人觉得权威、值得信赖、能干,而穿着休闲装让人感觉友好和亲切。

在社交媒体环境下,当用户被触达一条原生广告时,该广告来源标识的外表也会让用户产生不同的感受和认知。一个穿着西装的男子和一个穿着休闲装的男子会给人带来完全不同的身份猜测和感受。对于社交媒体情景下的原生广告,其来源标识职业化特征的高与低,或者是标识外表的正式与非正式,会让被触达的用户从第一印象上就产生截然不同的想法和感知。西装笔挺的人物形象更容易让人觉得这是付费植入于个人信息流的营销广告,而休闲装亲切的人物外表会让人觉得更像是平台内的普通用户或好友。不同原生广告标识的职业化特征或来源外观对于用户反应的影响也会随着各种情景因素和广告特征的变化而变化。一个可能的边界条件就是内容类型,它会影响用户对社交媒体来源可信度和后续点击意向。因此,在设计原生广告时,广告发布者需要充分考虑不同来源标识的外表特征,以确保广告在目标用户中产生积极的认知和反应。

5.5　系统定制还是用户定制

事实上,用户们经常在社交媒体平台上所看到的原生广告是一种系统定制广告,也被称为个性化广告。个性化原生广告是指系统自动跟踪和收集个人信息,并根据用户的人口特征、偏好和地理信息等数据提供符合其偏好的原生广告内容。这种广告形式下,系统会自动推送个性化的广告,用户很少需要进行直接参与。所谓个性化定制,则是调整网页内容和布局,从而在正确的时间以正确的格式将正确的内容交付给正确的人。因此,用户在接收系统定制的个性化广告信息时,相当于扮演了一个相当被动的角色。

个性化定制是指根据用户的个体差异和需求,为其提供量身定制的产品、服务或内容。这种定制化的方式旨在满足每个用户独特的偏好、兴趣和需求,使用户获得更加个性化、满意度更高的体验。个性化定制在现代科技和数据分析的支持下,将大数据、人工智能和算法等技术应用到产品开发、服务提供和内容创作过程中的一种策略。通过收集、分析和理解用户的数据,包括历史行为、兴趣爱好、购买记录等,平台或品牌可以根据这些数据来量身定制产品和内容,以满足每个用户的个性需求。

个性化定制可以提升用户的体验和满意度。用户感受到产品或服务是专门为自己设计的,会更加喜欢并愿意与之互动。通过个性化定制,品牌可以建立更紧密的用户关系,增加用户的忠诚度。用户会认为该品牌真正了解他们的需求,因此更倾向于长期支持和选择这个品牌。个性化定制能够更好地满足用户的需求,从而提高转化率。用户看到更符合自己兴趣和需求的产品或内容,更有可能进行购买或参与。通过为用户提供个性化的体验,可以减少用户流失。用户会更加愿意留在平台或品牌上,因为他们获得了更有价值的内容和服务。

个性化定制的广告和营销策略更能吸引目标受众的注意力,从而提高广告的点击率和转化率。因为广告是根据用户的兴趣和需求进行定制的,用户更可能对其产生兴趣。个性化定制是一种能够增强用户体验、提高用户忠诚度和增加转化率的有效策略。通过了解用户需求并根据其个性化特点进行定制,品牌和平台能够更好地与用户建立联系,并实现更好的业务结果。

定制化意味着用户自发的信息定制,用户通过这种方式积极制定和选择他们想要接收的内容类型。在社交平台内,用户定制或主动影响媒体和广告内容的权限是一个令人愉快和充满参与感的过程。大规模定制的核心思想是提供一个基于网络的用户工具包,允许个人消费者设计符合其自身偏好的产品,然后专门为他进行生产。以往领域内研究将"定制化"这个概念定义为,由消费者主动完成营销组合元素的选择和修改,而不是由公司来完成。这意味着用户不再只是接收和回应信息,而是获得了根据他们的喜好影响或创造内容的能力,使用户自我成为信息的来源。

定制化对用户心理产生积极影响,增加了对参与感、相关性、交互性、新颖性和对内容的积极评价的感知。此外,用户定制能够使用户获得完全符合其偏好的产品,从而获得更积极的产品评价。然而,定制化产品可能会在消费者中产生或多或少的积极产品感知,这取决于消费者的自我-形象一致水平。针对用户定制广告的研究还处于起步阶段,但有证据表明,在原生广告内容背景下,随着广告定制程度的增加,消费者对公司的信任感和对广告的积极态度均会提升。

目前,许多界面都提供了定制化的可能性,包括在桌面、网页和视频游戏中的简单字体或颜色的更改。尽管对用户定制产品或服务组件、价格和网站的应用和研究已经相对完善,但对于定制广告,尤其是用户定制广告的研究仍处于起步阶段,并且对于用户定制和系统定制原生广告之间的对比研究也较少。更深入的研究可以帮助我们更好地理解不同类型广告对用户行为和心理产生的影响,从而为广告营销策略的制订提供更科学的依据。

不同的个性化定制类型会对用户产生不同的影响,这些影响取决于定制的方式和实施的程度通过推荐系统为用户提供个性化的产品、内容或服务建议,表 5-1 对不同类型的定制化及其影响进行了总结。推荐个性化定制会使得用户感到更加方便和满意,因为他们可以快速找到符合自己兴趣的内容,减少信息过载的感觉。这种定制也有助于增加用户的忠诚度,因为他们觉得平台真正了解他们的需求。然而过度依赖推荐可能导致用户陷入"信息茧房",只看到与自己兴趣相关的内容,而忽视了其他可能有趣的内容。

内容个性定制化根据用户的兴趣和需求,定制网站或应用程序中的内容。用户会感到更加受到关注和重视,因为内容与他们的兴趣密切相关。这种定制也有助于提高用户的参与度和留存率。然而,过度的内容个性化可能导致用户陷入"信息过滤气泡",只接触与自己观点相符的内容,而忽略其他视角。而广告个性化定制则是根据用户的兴趣和行为定制广告内容,使其更具吸引力和相关性。用户可能更愿意与这些广告互动,从而提高广告的点击率和转化率。如果广告个性化不当,可能导致用户感到侵入性或过度追踪,从而降低用户对广告的接受度。

服务个性化定制则是根据用户的偏好和需求提供个性化的产品或服务。用户会感到更加满意和重视,因为他们得到了特别定制的服务体验。如果服务个性化不当,可能导致用户感到过度依赖和无隐私,从而对服务的可信度产生负面影响。个性化定制可以带来更好的用户体验和用户满意度。需要注意的是,过度的个性化可能导致用户信息封闭和过度追踪的问题,因此在实施个性化定制时需要平衡用户体验与用户隐私之间的关系,确保用户感受到个性化服务的同时也保护其隐私权利。

表 5-1　不同类型的定制化影响

类　型	可能的积极影响	可能的消极影响
推荐个性化定制	用户方便快捷地找到符合兴趣的内容,增加用户满意度和忠诚度	用户可能陷入"信息茧房",忽视其他有趣内容
内容个性化定制	内容与用户兴趣相关,增加参与度	用户可能陷入"信息过滤气泡",忽略其他视角
广告个性化定制	广告更具吸引力和相关性,提高点击率	不当个性化可能导致用户感到侵入性或过度追踪
服务个性化定制	提供个性化的服务,增加用户满意度	不当个性化可能导致用户感到过度依赖和无隐私

在广告推荐中,系统定制和用户定制是两种不同的个性化定制方法,那么我们选择哪一个更合适呢?系统定制是指广告推荐系统根据用户的历史行为、兴趣和偏好等信息,自动选择和推送广告内容给用户。这种方法主要依赖于算法和数据分析,广告推荐系统根据用户的行为模式和数据模型进行广告匹配。这种方法的优点在于系统定制是自动化的过程,无需用户干预,广告系统根据数据和算法自动进行推荐,节省了用户的时间和精力。系统定制适用于大规模的用户群体,广告系统可以同时为多个用户提供个性化推荐,覆盖广泛。这种方法的缺点在于特别依赖数据准确性。系统定制需要大量准确的用户数据来进行推荐,如果用户数据不准确或不完整,可能导致推荐效果不佳。其次,系统定制缺乏情感因素,系统定制主要依赖用户的历史行为等数据,可能忽略了用户的情感需求和心理反应。系统定制适用于大规模的广告

推荐场景,例如社交媒体平台、电子商务网站等,可以为广大用户群体提供个性化推荐服务。

用户定制是指用户可以根据自己的兴趣、喜好和需求,自行选择和定制所希望看到的广告内容。这种方法主要依赖于用户的主动选择和设定。其优点是允许用户根据自己的兴趣选择广告内容,更加符合用户的个性化需求。并且在这一过程中,用户定制增加了用户的参与度,用户可以根据自己的需求设定广告内容,提高了用户满意度和投入感。这个策略的缺点是用户工作量大,用户定制需要用户自行选择不适用于大规模的广告推荐场景。用户定制适用于订阅邮件、个性化广告插件等,可以满足用户对广告内容个性化的需求。

5.6　原生广告与心理逆反

心理逆反是指人们在面对限制、强制或压力时产生的反抗和逆反心理。心理逆反现象早在 20 世纪 50 年代就被学者们观察到,并逐渐引起心理学家和社会学家的关注和研究。20 世纪 50 年代,研究者们观察到消费者在面对限制和强制性广告时表现出逆反心理。随后,社会学家和心理学家开始对这一现象进行深入研究,并提出了心理逆反的理论构建。

心理逆反理论认为,当个体感到受到限制、强制或压力时,会产生一种反抗的心理状态。这种心理逆反可以表现为违背规则、抵制压力或拒绝被他人操控。这一理论不仅适用于消费行为中的广告影响,还可以应用于社会行为、教育、家庭关系等方面。在广告营销领域,心理逆反成为一个重要的研究主题。广告设计者需要考虑如何避免触发消费者的逆反心理,从而提高广告的效果和接受度。对广告内容、语言、布局等方面的研究,有助于更好地理解消费者的心理反应,避免产生心理逆反现象。

随着心理逆反理论的深入研究,学者们提出了更多相关理论和模型,如逆反气质模型、反制行为理论等。这些理论的提出和应用,有助于指导广告营销策略的制订和实施,减少心理逆反的可能性,提高广告的效果和接受度。心理逆反研究是一个涉及广泛的学科领域,它深入探讨了人们在面对限制和压力时的心理反应和行为表现,对于理解消费者行为、广告营销和社会交往等方面具有重要意义。

逆反是指在各种情境下对说服性信息产生影响的现象,不仅在政治和警告标签方面有影响,在市场营销和广告研究中也被广泛应用。广告的说服性信息常常被用来迷惑消费者,如互联网上的弹出式广告会强制性地曝光给用户,导致用户感觉自己的选择自由被侵犯,从而引发心理逆反。同样,个性化广告可能威胁到消费者对个人信息使用方式的自由认知,引发更高程度的逆反。

当用户意识到社交媒体平台上的原生广告具有说服和操纵意图,比如这些广告被秘密地穿插在他们在社交媒体上的个人信息流中,他们更容易采取严厉的行为来进行应对,并对广告或广告内产品产生负面情绪或态度。以上描述的过程可以用心理逆反来进行解释,该理论说明了个体为什么,以及如何抵制或反击说服性的信息。

心理逆反理论认为个体珍视他们的自由、选择和自主权,当他们意识到个体的自由行为在一定程度上受到限制或威胁时,会产生一种厌恶的动机反应,这种旨在重新恢复受限的自由或消除威胁的动机即称之为心理逆反。该理论由四个基本要素构成:自由、对自由的威胁、反抗和自由的恢复。心理逆反是一种激励状态或厌恶性的动机状态,因此也被称为状态逆反。它使个人对自由受到威胁采取行动,以重申其自主权。

当个体在接收到有说服力的信息后产生心理逆反时,会以相反的方向抵制或改变其态度或行为,以恢复受到威胁或失去的自由。这种状态逆反包括负面认知和愤怒的组合,它包含了认知和情感两个维度,即负面感知和愤怒,因此需要对这两个子结构分别进行测量。愤怒包括对威胁自由的内容信息作出的从被刺激到盛怒的负面情绪,而负面认知则代表对这些威胁信息进行反驳或抵制的想法。

即时通信平台或社交媒体中的原生广告不仅可以减少广告成本,还能够降低广告回避,因此是传统广告侵扰的一种解决方案。然而,由于这些广告形式的显著优势,用户对原生广告的参与度很高,也可能引发用户的负面反应。原生广告的隐蔽性和强制露出的特征导致逆反心理与嵌入社交媒体平台的广告特别相关。当用户在个人即时通信应用或社交媒体中发现强制性的广告推荐或感受到强大的压力去接受这些广告时,他们会认为这妨碍了他们自由选择和行为。这些不希望在个人信息流中看到赞助内容或广告的用户会感到被欺骗和威胁,从而对广告产生强烈的反感并引发逆反状态。

原生广告在内容流中的展现方式并不像传统广告那样突兀,而是以一种自然的方式呈现,更符合用户的使用习惯和期待。然而,由于原生广告的隐蔽性,用户可能会感觉受到了误导或被欺骗,产生逆反心理。当用户在没有意识到的情况下与原生广告进行互动时,他们可能会对广告的出现感到不满,对广告主持有负面情绪,甚至对整个平台产生负面评价。

　　社交媒体平台是用户分享和获取信息的重要场所,用户对其内容有较高的认同感和情感投入。当原生广告伪装成平台的内容时,它们与用户的使用场景高度契合,使得用户更容易接受或被误导。这种强制露出的特征让原生广告更容易被用户接触,但也增加了用户感知广告不透明性和伪装性的可能。

　　因此,本节将心理逆反纳入讨论范围内,探讨内容特征和呈现形式的原生广告是否会引发用户的心理逆反。原生广告的隐蔽性和强制露出的特征使其与社交媒体平台的内容紧密相关,但也增加了逆反心理的风险。广告主和平台需要谨慎平衡广告的呈现方式,确保广告既能有效传达信息,又能避免误导和逆反心理的产生,以维护用户体验和信任。

5.7　用户逆反的个体差异

　　个体特征描述了个体持久和稳定的倾向,如人口统计学信息和人格特征。在用户逆反的研究中,特质逆反和个体感知独特性是需要重视的两个个体特质维度。

1. 特质逆反

　　特质逆反(trait reactance)是一种心理学概念,指的是个体在面对限制、干扰或压力时产生的反抗和对立情绪。这种逆反心理由个体内在的个性特质和心理特点所引发,并非外部刺激导致的暂时性反应。在特质逆反中,个体感到自己的自由受到威胁或受限,他们对外部压力或规则产生强烈的不满和反感。当个体感觉自己的选择权或自主性受到威胁时,他们可能会出现抵制和反抗行为,以恢复他们的自由和控制权。

　　特质逆反可以表现为情绪上的反感、反对和愤怒,也可以表现为行为上的反抗和违抗。个体可能会坚持自己的立场,拒绝听从他人的建议或规定,并采取与预期相反的行动。这种心理反应可能会在个体感到被强制执行或强加的时候尤为明显。特质逆反在广告和营销领域也具有重要影响。当广告过于强调产品或服务的优势,或者试图对消费者施加强烈的影响时,特质逆反可能会导致消费者产生反感,对广告产生抗拒,甚至做出相反的消费决策。广告和营销活动需要注意避免激发消费者的特质逆反心理,而是更注重与消费者的需求和心理状态相符合,尊重消费者的选择权,以建立更积极的品牌关系。

　　过去对于心理逆反的相关研究,考虑的个体差异通常集中在特质逆反上。特质逆反是指个体是否容易引发状态逆反的人格特质,特质逆反高的个体更容易产生逆反动机,并在自由受到限制时表现出更强的逆反反应。许多实证结果证实了个体的特质逆反程度能够对状态反应进行预测。例如,逆反倾向较高的消费者在体会到空间限制感时,倾向于做出更多非常不同和独特的选择,而这些影响在逆反倾向性低的人中并不存在。

2. 个体感知独特性

个体感知独特性是指个人对自己在某些方面与他人不同的认知和感知,是指个体对自己的认知和看法,以及个体区别于他人的独有特质。每个人都是独一无二的,具有自己独特的特点、经历、观点和价值观。个体感知独特性是指个人对这种独特性的主观认知和体验。在心理学和社会学中,个体感知独特性是一个重要的概念,涉及个体对自己身份认同和自我意识的理解。个体感知独特性与自尊和自我概念密切相关。当个人感知到自己有独特的特质和价值时,通常会对自己产生更积极的态度,提高自尊,增强自信心,并更愿意展示自己的个性和独特之处。

个体感知独特性也可以在社交比较和社交认同中发挥作用。当个人感知到自己在某些方面与他人不同,可能会在社交中寻求归属感和认同,或者突显自己的独特之处来获得他人的认可和尊重。在广告和营销领域,个体感知独特性也是一个重要的概念。广告营销活动通常会强调产品或服务的独特之处,以吸引消费者的注意和兴趣。个体感知独特性可能会影响消费者对广告的反应。如果消费者感知到广告中的产品或服务与其他竞争对手有明显的差异和独特之处,他们更有可能被吸引和愿意尝试购买。

个体感知独特性在个人认知、自我概念、社交认同和消费决策等方面都发挥着重要作用。它是个人认知和行为中的一个重要因素,同时也是品牌和营销活动中需要考虑和利用的因素。在社交媒体广告中,如果广告能够与用户的个性特征相契合,即满足其感知独特性,用户会觉得广告更符合自己的需求和兴趣,从而更加愿意接受和认同广告内容。这种感知的一致性有助于降低用户对广告的防御心理,减少心理逆反的产生。

在大规模定制背景下,相较于那些拥有较低独特性需求的个体,那些表现出高度独特性需求的消费者更重视自我设计产品的感知独特性。同样,在电子化定制情境下,个体对于独特性的需求对其后续定制服务态度有很大影响。参与者越是认为自己的个人特征是独特的,且与他人不同,他们就越是会对自动信息提供者表现出抗拒和逆反状态。

在社交媒体广告背景下,个体感知独特性在用户逆反感知方面具有重要的预测作用,这是因为个体感知独特性与广告内容和平台背景之间的一致性程度会影响用户对广告的态度和反应。当用户感知到广告内容与其个性特征或社交媒体平台的背景相一致时,他们更有可能认为广告是与他们自身有关的内容,而不是简单的商业宣传。这种一致性感知会降低用户的心理逆反程度,使其更愿意接受广告信息。

相反,如果广告内容与用户的感知独特性不符,用户可能会感受到广告的侵扰感和不一致性,进而产生心理逆反。用户可能认为广告不是为他们所定制,而是强行推送的内容,从而觉得自己的自由选择受到了限制。这种逆反感知会导致用户对广告产生负面情绪,拒绝接受广告信息。

因此,个体感知独特性在社交媒体广告背景下具有重要的预测作用,它影响着用户对广告内容的认知和态度,从而影响用户的心理逆反程度和对广告的接受程度。对于广告主和营销者而言,了解目标用户的感知独特性,将广告内容与用户的个性特征相契合,有助于提高广告的有效性和用户对广告的积极反应。

思考题

(1) 一致性特征是原生广告的关键因素之一,解释一致性特征是如何影响原生广告的可信度和吸引力的。提供一个实际的例子,说明一家品牌是如何通过保持一致性来加强其原生广告效果的。

(2) 从品牌创建的内容和与内容创作者合作的内容中选择一个类型,并解释你选择这种类型的原因,讨论该选择如何与品牌策略相吻合。

(3) 职业化特征与标识形式是原生广告的重要特征标识,为什么在原生广告中合适地标识广告内容很重要? 具体解释一些原生广告为什么需要呈现职业化的特征,才能增加其影响力和可信度。

(4) 系统定制和用户定制存在显著的应用区别,基于你了解的情况,提供一个实例,并说明何时系统定制更适合,何时用户定制更有效。

(5) 解释 5.5 和 5.6 节中探讨的原生广告与心理逆反及用户逆反的个体差异之间的关系。提供一个场景,说明为什么某种原生广告形式可能引发某些用户的心理逆反,而其他用户可能没有类似的反应。

第 **6** 章
用户参与：社交需求还是社交冒犯

本章深入学习和研究用户卷入、卷入度细分、社交需求、社交规范和营销参与的社交违反等关键知识点，更好地了解用户在原生广告中的行为和心理，优化广告策略，创造更有价值和受欢迎的广告体验。

6.1 社 交 需 求

社交网络中的强连接能够引发用户的卷入，从而使得相似的行为、观念和情绪在好友之间传递。通过利用用户之间的社交关系，可以间接地促进用户与品牌广告的互动。我们将从关系需求与展示需求两个角度出发来讨论社交需求对用户卷入的影响因素：一方面是广告信息能满足用户建立或维持关系的需要；另一方面是能够满足用户的展示需求，能够提供个人展示的机会。

在线社交网络允许用户自定义他们的形象、分享他们的状态、寻求信息并成为社区的一部分。个人使用这些平台来满足这些需求。探究人们在社交平台上的行为涉及两个基本问题：人们使用社交媒体的动机和他们使用社交媒体的个人结果，而关系需求（relatedness need）恰好结合了这两个问题。因为它是人类三种基本心理需求之一，定义为在人际关系中体验亲密和联系的需求。自我决定理论（self-determination theory）指出，人类有三种最基本的心理需求：自主性、能力和关系。这三个需求对于维持人们的幸福感至关重要，当某项活动满足用户对自主性、能力或关系的需求时，用户可能会有更高的幸福感，并且更有可能参与该活动。

自我决定理论相关研究经常将需求满足视为将特定社会环境与这些环境产生的积极结果联系起来的中介结构，当个体对自我需求与所处环境有充分认识与了解后，会主动采取行动。如果人们真的需要某样东西，当需求未得到满足时，他们会有动力主动地采取措施来满足该需求，就像身体需求未满足时人们想要得到食物、水或睡眠一样自然。

1. 用户参与的关系需求

用户对关系的需求，即在情感上与他人保持亲近和联系的基本需求，社会互动和交流正是人们参与社交平台的主要动机。关系需求指的是与他人建立关系和保持相互关心的动机。研究表明，许多用户加入平台社区的目的就是为了消除孤独感，期望遇到志同道合的人，接受陪伴和社会支持。用户可以通过平台和其他用户的想法、观念或其他资源获取文化资本、情感支撑，并将其视为自我价值的一部分。在这个过程中用户自我效能感得以提升，认为自己与他人的联系更紧密，关系质量更高。当这些基本需求被满足时，人们会感受到满足感，并从改善的心理健康和表现中受益。

因此，关系需求在社交媒体使用行为中起到重要作用。人们追求社交平台上的社会互动和交流，不仅是为了获取信息和娱乐，更重要的是满足与他人建立和维护关系的内在渴望。这种社交需求驱动着用户在社交平台上积极参与，对社交媒体的使用行为和心理健康产生着深远的影响。了解关系需求的满足对于理解和优化社交媒体平台的功能和用户体验具有重要意义。

在社交平台中，当其他人积极与他们互动、"喜欢"他们的帖子时，个人对关系的需求会得到满足。因为在这些情况下，用户会觉得其他人尊重他们并关心他们发布的内容，获得较强的社交连接。然而，当这些需求被削弱时，人们将体会到需求挫折，进而引起不适，在极端情况下甚至会导致心理扭曲。这些结果的出现与个体在通过获得满足需求的体验而感到满足的能力方面的差异无关。对于社交平台中的营销生成内容也是如此，当用户内容、广告内容能增加与朋友的联系、引起共同话题时，会更倾向于关注内容，卷入程度会更高。

2. 用户参与的展示需求

自我概念是社会心理学中一个非常重要的概念，它是由社会媒体的社会维度特征衍生出来的。在社交媒体的交流和互动过程中，人们逐渐形成了对自我的认知和理解，这就是自我概念。自我概念可以理解为个体对自己的认知和理解，包括对自己身份的定义和认同。它是个体对自己是谁、自己的特点和特征的总体认识。在社交媒体上，人们通过自己的个人资料、发布的内容，以及与他人的互动来构建和展示自己的自我概念。

自我概念可以从社会维度中的两个方面进行理解：独特性和相同性。独特性指的是个体对自己的独特特点和个性的认知，即自己在某些方面与他人的差异和独特之处。通过社交媒体，人们可以展示自己的兴趣、爱好、技能和特长，从而凸显自己的独特性。相同性则指的是个体将自己与他人进行比较和相对定位的能力。在社交媒体上，人们会与他人进行交流、互动和比较，从而了解自己与他人在某些方面的共性和相似之处。这种比较和定位有助于形成个体对自己在社会中的地位和角色的认知。

通过社交媒体，人们可以通过与他人互动和比较来丰富和完善自我概念。他们可以在社交网络中展示自己的特点和独特性，同时也可以与他人进行连接和共鸣，形成共同的兴趣和认同。在这个过程中，自我概念会逐渐形成和演化，对个体的自我认知和社会定位产生影响。总的来说，自我概念是社会心理学中的重要概念，通过社交媒体的交流和互动，人们可以构建和展示自己的自我概念，同时也通过与他人的比较和连接来丰富和完善自我认知。自我概念的形成和演化是社交媒体交流的重要动力之一。

自我呈现理论解释了人们希望别人如何看待他们，以及他们自己的自我呈现形象会在多大程度上影响他人并受他人影响。自我呈现理论是社会心理学中的一个重要理论，它解释了人们在社交交往中如何呈现自己的形象，并如何受他人评价和影响。该理论主要关注个体在社会交往中如何塑造自己的形象，以及这种自我呈现形象如何影响他人对其的评价和反应。

在社交互动中，人们常常通过自我呈现来影响他人对自己的看法和态度。他们有意识地选择在特定场合展现自己的某些特质、行为或形象，以使自己在他人眼中获得更多的认同、赞许或尊重。自我呈现的目的是为了达到一定的社交目标，如获得他人的喜欢、建立良好的人际关系或争取更多的社会资源。

自我呈现的形象不仅仅是通过言语和行为来表达，也包括通过外表、穿着、社交圈子等多方面来展示自己的特点。个体会根据社交场合和受众的不同，选择不同的自我呈现策略，以求得最好的社交效果。

同时，他人对个体的自我呈现形象作出评价和反应。这种评价和反应可能会影响个体的自我认知和自我评价。如果他人对个体的自我呈现形象给予积极评价和认可，个体会感到满足和自信，从而巩固和强化自己的自我形象。相反，如果他人对个体的自我呈现形象给予负面评价或拒绝，个体可能会感到沮丧和不安，甚至会调整自己的自我呈现策略。

因此，自我呈现理论提供了一个框架，帮助理解人们在社交交往中如何塑造自己的形象，以及这种自我呈现形象如何影响他人对自己的看法和反应。这个理论有助于我们理解个体在社交互动中的动机、行为和心理状态，并为研究人际关系、社交行为和自我认知等方面提供了重要的解释。

自我呈现的主要目的有两个：一个是影响他人的思想或行为以期获得正反馈；另一个是在他人面前塑造一个与期望身份一致的个人形象。这些社会印象是通过称为印象管理的过程来维持的，即始终如一地执行一系列以目标为导向的连贯和互补的行为。自我呈现是人们在社交交往中有意识地选择和展示自己的形象和特质，以影响他人对自己的看法和态度。个体希望通过自我呈现来获得他人的认同、赞许、喜欢或支持。

个体在自我呈现时会选择展示自己的积极特质、优点或成就，以引起他人的注意和赞赏。这种影响他人的目的在社交互动中非常普遍，因为人类是社会性动物，他们需要与他人建立良好的人际关系，得到社会群体的认同和支持。他们可能会强调自己的能力、智慧、魅力、成功等，以求得他人对自己的正面评价和积极反应。同时，个体也会避免展示自己的缺点、弱点或不足，以防止他人对自己产生负面评价或批评。

个体在社交交往中会考虑自己期望展现给他人的身份或角色，塑造一个与期望身份一致的个人形象。他们希望在他人面前呈现一个与自己期望的身份或角色一致的形象。这个期望身份可以是个体对自己的理想化形象、社会角色或他人对自己的期望。例如，一个职场新人可能希望在同事和领导面前塑造一个有能力、值得信赖、积极进取的形象，以符合职场成功者的期望。或者一个年轻的家长可能希望在亲戚和朋友面前展示自己负责、照顾家庭的一面，以符合作为父母的角色期望。

个体会通过自我呈现来展示与期望身份一致的特质、行为和形象，以增强他人对自己的认同和认可。这样的自我呈现有助于维护和增强个体在社会群体中的地位和角色，并促进个体在社交交往中获得更多的支持和合作机会。总的来说，自我呈现的目的是为了影响他人对自己的看法和态度，并在他人面前呈现一个与期望身份一致的形象。通过巧妙的自我呈现，个体可以在社交交往中获得更多的正反馈和支持，从而提升个人形象和社交地位。

因此，人们会战略性地去控制他人如何看待他们，即有选择地提供有关他们自己的信息并仔细包装这些信息，以构建和维护所需的社会形象并对其他人产生所需的影响，可以称之为展示需求。但是这样的目的并不是通过肤浅的、欺骗性的或操纵性的活动来欺骗或伤害他人，而是与他们有效和充分地互动和交流。自我呈现的建构通常分为两步：首先是个人选择想要展示哪种类型的个人形象，随后是决定以何种方式去呈现。

社交媒体中原生广告的效用还与用户的展示需求有关。社交媒体中的自我呈现是一种常见、具体的社交行为,本质上是个体将自我呈现的"舞台"从线下转移到线上的新型表达方式。相较于现实生活中印象管理,社交平台上的自我表达让用户有充分的时间去思考如何进行,如很多人通过精修图、分享高端消费来展现个体形象,塑造出一个接近社交期望的自己,以此来增进与他人之间的联系。用户会充分利用社交平台提供的信息控制和管理技术作为手段来呈现自我并影响他人的看法,最终在具体的社交媒体体系中构建独特的个人形象,是使用社交媒体的主要动机之一。

自我呈现也可以满足个人希望自己被他人和社会所需要的情感诉求。依据马斯洛的需求层次理论,每个人都有被尊重和认可的向往,以满足内心被他人需要和肯定的价值诉求。社交网络自我呈现还能作为对现实生活中与他人互动的补充,使得他人全方面地了解个体,与用户的感知身份价值呈正相关关系。同时,自我呈现是动态的,即选择除了考虑稳定性,个体的呈现策略的还会依据个体所处情境和意识而改变。

当用户发现提供新视角、合适资源和身份匹配的广告时,会认为是一个适合自我呈现的好机会。自我一致性理论发现,与接受者自我形象相匹配的广告对消费者的态度和行为意图有积极的影响,更容易促进用户的卷入社交平台的卷入度与规范会影响用户的自我表达意愿,从而影响对平台中广告的卷入度与接受度。

用户的社交需求是从其自身动机出发,源自用户对社会交流、关系连接、信息共享、个人展示等社交行为的诉求。而信息的社交价值是从信息的价值传递出发,衡量的标准是信息内容能在多大程度上契合用户的社交需要。当广告信息能满足用户的社交需要时(如是用户自我展示的良好途径、能够引发社交话题等),则称其具有较高的社交价值,两者之间存在紧密的联系。

总体上,社交平台的本质是真实的用户群体及这些群体所承载的人际关系所形成的交互网络,真正的人际关系是其核心价值,因此需要重视社交价值的传递和社交功能的体现。信息的社交价值会促进用户的卷入或影响用户的行为意愿。品牌营销信息的社交互动价值和品牌互动价值,均会正向影响社交媒体中粉丝对品牌页面的点击量与评论参与度,能够增强网站黏性。例如,微信情境下社交价值会促使用户产生适应性分享行为,进一步推动平台中的优质信息的传播。

无论是用户自身需求出发的社交需求,还是信息自身传递的社交价值,都体现的是平台的社交属性。在社交平台的实际使用过程中,信息本身的价值导向和价值体现才是平台和品牌方可以进行有效操控、改进、提升的部分,也是原生内容的价值更契合实践应用的部分。

6.2 用 户 卷 入

尽管营销人员希望在社交媒体平台上实现推广目标，但这些平台最初是为社交目的而设计的，而非营销工具。因此，用户更倾向于从社会角度评估他们对广告的参与态度。"卷入"是社交媒体广告研究中非常重要的指标，因此用户参与的重点在于用户卷入效果与影响因素上。卷入度分为认知卷入和情感卷入，前者与用户理性信息处理相关，后者强调感受和情绪状态的成就。在用户卷入研究方面，与用户营销卷入相关的研究往往将用户卷入作为自变量，认为其能促进用户购买、增强品牌忠诚与信任等。然而，对其影响要素、内在机制和作用路径的研究较少，缺乏系统性的实证研究，并未充分结合信息流情境。

卷入度的概念在相关研究尤其是广告心理领域备受关注，有众多学者对其进行了多方面的探索，并将其作为考察传播效果的一项重要指标。已有文献认为"卷入"是社交媒体的广告研究和评估中的关键考量，因此将重点放在了用户卷入效果与影响因素上，探究消费者广告卷入度可以实际应用于决定广告内容定位，制订投放方案，衡量广告效果。在强调交流的信息时代，社交媒体的发展为消费者和品牌提供了交流的连接点，卷入度代表了用户能够直接基于原生内容与品牌对话，使消费者与好友主动讨论、分析品牌的广告信息。

用户对广告的卷入定义是对广告信息所付出的关心程度或接触广告时的心理状态。消费者对信息的认识处理策略随着广告卷入的水平不同而变化。卷入度高者会积极寻求广告中的商品信息，广告回忆度高，理解深刻；而卷入度低者是被动的信息接收模式，广告回忆度低，理解程度浅。当个体卷入水平提高时，对外界刺激产生理性判断的倾向也会增加，这使得个体对刺激进行评估和思考时投入更多认知资源；当卷入水平低时，个体更多依赖于外周线索的影响，不会付出精力对信息进行深层次的认知加工。

网络环境中的冗余信息分散了受众注意力，只有匹配用户需求的内容才能有效吸引注意力。用户参与社交网络的主要目的是满足社交需求，尤其微信朋友圈是主打熟人交友的强关系链社交平台。社交网络卷入程度会对用户的信息共享、关系质量和社交生活满意度产生积极影响。满足用户社交需要的广告内容会使用户对其有更正向的态度。

用户在社交媒体上的自我呈现意图使其更愿意接受广告并与之互动，以构建和维护所需的在线身份，满足自我展示的需求。社交互动和交流是参与社交平台的主要动机，关系需求指的是情感上与重要他人保持亲近和联系的基本需求。借助用户之间的社交关系，相似的行为、观念和情绪在好友之间传递，能间接地促进用户与品牌广告互动。

对社交的"违反"主要从广告信息与社交平台的适配性和一致性层面,以及广告信息对社交平台的侵入性和威胁性层面进行分析。大多数用户将社交网络视为交换信息的方式,此类信息共享能建立自我形象并获得社会资本。用户认为违反共享语言的广告信息干扰了社交网络的共识,形成负面态度。同时,需要考虑控制威胁在这一机制中的影响。当人们感知到对个人控制的威胁时,可能会表现出逆反心理,影响用户对广告的态度和参与程度。特别是在微信朋友圈等强关系社交平台上,控制威胁会成为重要的考量因素。用户受到较高程度控制威胁时,对平台中的广告内容会产生更大的抗拒与排斥,进而影响用户卷入,影响不同的卷入路径。

6.3 卷入度的细分

根据先前的研究成果,广告卷入的路径可以细分为认知卷入和情感卷入。前者与用户对客体信息处理的理性状态相关联,强调个人的信息处理活动和理想化状态的实现。而后者则强调一个人的感受和某些情绪状态的成就,并涵盖由物体引起的所有情绪、情感和感觉。

在卷入度测量上,认知卷入度的测量包括诸如重要的、相关的、意义重大的、有价值的、需要的等方面。而情感卷入度的测量包括有趣的、令人兴奋的、吸引人的、引人入胜的和涉及的等方面。这两个维度可以用来测量卷入的动机状态。一个人既可以在情感上也可以在认知上卷入广告,对不同的内容会有不同的卷入度。

也有学者将卷入度分为产品卷入与个人卷入两类。前者指个体对产品的重视度,后者指个体察觉到的与其内在需要相关联的程度。产品卷入与个人卷入是两种不同类型的广告卷入度,指个体在广告中对不同方面的重视程度和感知程度。表6-1总结了已有文献中关于原生广告卷入的不同路径、特点和关注点。

表6-1 原生广告卷入的不同路径、特点和关注点

广告卷入的路径	特 点	关 注 点
认知卷入	与理性状态相关,强调个人信息处理和理想化状态的实现	包括诸如重要的、相关的、意义重大的、有价值的、需要的等方面
情感卷入	强调个体感受和情绪状态的成就	包括有趣的、令人兴奋的、吸引人的、引人入胜的和涉及的等方面

广告卷入的路径	特　　点	关　注　点
产品卷入	指个体对产品的重视度	关注于个体对产品本身的认知和感知,包括产品的特点、功能、优势等方面
个人卷入	指个体察觉到的与其内在需要相关联的程度	是否与其个人需求、价值观、兴趣等相关联

产品卷入是指个体对广告中所推广的产品或服务的重视程度。当个体在观看广告时,他们对广告中所呈现的产品或服务是否感兴趣,是否认为该产品或服务对自己有用或有价值,以及是否愿意考虑购买或尝试该产品或服务。产品卷入关注于个体对产品本身的认知和感知,包括产品的特点、功能、优势等方面。例如,当一个广告展示了一款新型智能手机的功能和性能优势,如果观众对智能手机感兴趣,并认为这款手机具有吸引人的特点,他们就表现出了较高的产品卷入。产品卷入能够影响个体对产品的态度和购买意愿,因为如果个体对产品感兴趣和看重,他们可能会考虑购买或采取进一步的行动。

个人卷入是指个体察觉到的与其内在需要相关联的程度。个人卷入关注于个体在广告中感受到的情感和情绪状态,以及广告是否与其个人需求、价值观、兴趣等相关联。个人卷入强调个体的情感反应和情绪体验。例如,当一个广告展示了一组家庭幸福的场景,如果观众对家庭价值观和幸福生活感兴趣,他们可能会产生较高的个人卷入。个人卷入能够影响个体对广告的喜好和情感反应,如果广告与个体的内在需求和情感状态相关联,他们可能对广告产生积极的情感反应。

以往关于广告卷入度的影响机制的相关研究中,经常将产品卷入度作为调节变量,并在语音和文本两种不同的广告媒介中验证了这一结论。用户卷入会正向影响对品牌的信任与忠诚,有助于建立长期的关系。产品卷入和个人卷入在广告效果和用户反应方面都起到重要的作用。产品卷入可以促使用户对广告中的产品产生兴趣和愿望,从而提高购买意愿。个人卷入可以增加用户对广告的喜好和情感认同,使其与广告内容产生情感共鸣。综合考虑这两种卷入,广告设计者可以更好地满足受众的需求和心理反应,从而提高广告的效果和用户满意度。

产品卷入和用户卷入都会影响消费者购买意愿的产生与购买行为过程。卷入度贯穿于消费者的整个思想,作用于他们对信息的选择、加工与处理过程,并影响最终的决策行为。用户卷入维度更适合于个人卷入,除了个人卷入是国内外研究的热点外,其概念更符合本研究的用户"需要"的情景。基于效果层次模型的框架,原生内容的用户卷入与他们转发与购买意愿之间具有显著的影响关系。为促进用户更多地卷入,信息流背景下的营销内容从最开始单一、直白的产品与品牌信息向更丰富、委婉的品牌故事与社会相关活动发展,从原先的产品与品牌导向向着社交导向转变。

信息流广告已成为在线社交网络传播过程中的重要组成部分,是企业营销的实用工具,而用户的卷入程度是评估其效果的重要指标,具有研究的实用价值。用户的卷入程度直接影响着广告的效果,如果用户对广告产生较高的卷入,他们更可能对广告内容产生积极的认知和情感反应,从而增加了对产品的兴趣和购买意愿。

用户卷入对于评估广告效果是非常重要的,它能帮助企业了解广告的传播效果和用户反应,为广告策略的优化提供依据。用户卷入程度是评估广告效果的重要指标之一,通过衡量用户对广告的认知和情感反应,企业可以了解广告的吸引力和影响力。对广告效果进行研究和评估对企业决策具有重要的实用价值。通过深入研究用户的卷入程度,企业可以了解用户对广告的感知和态度,发现广告策略中的问题和不足之处,进而优化广告设计和传播方式,提高广告效果和营销效率。

国内外对社交媒体广告效果的研究中,规范地展开定量研究,去解决实际问题并得出具有普适应用结论的文章较少,而较多的是描述性、综述性文章,针对广告业、广告投放策略和发展趋势等方向的。这是因为社交媒体平台在不同国家和地区有不同的特点,用户群体、使用习惯、社交文化等因素都可能导致广告效果的差异。因此,对社交媒体广告效果进行定量研究时需要考虑这些多变的因素,增加了研究的复杂性。

此外,已有研究中适应性结论较少还有以下一些原因。社交媒体平台通常控制着用户数据的访问和使用权限,研究者难以获取准确的广告投放数据和用户反馈数据。缺乏准确的数据可能影响研究的可靠性和有效性。广告主和营销团队在社交媒体平台上采用多样的广告投放策略,涉及广告内容、目标受众、广告形式、投放时间等方面的选择。每种策略可能对广告效果产生不同的影响,因此研究广告效果需要考虑到这些多样性。

此外,不同的受众在社交媒体广告中对广告内容和形式的接受程度有所不同。他们的兴趣、态度、购买意向等因素都会影响广告效果。因此,研究社交媒体广告效果时需要考虑到受众个体差异的影响。在社交媒体广告领域,一些学术研究更关注广告业的发展趋势、广告投放策略的优化,以及对广告市场的描述性和综述性研究。而相对于定量研究,这些方向的研究可能更容易获得数据和信息,因此较为普遍。

尽管目前有一些研究致力于定量研究社交媒体广告效果,并试图解决实际问题并得出普适应用的结论,但由于上述复杂性和挑战,这样的研究相对较少。然而,随着社交媒体广告的不断发展和广告效果研究的深入,未来可能会出现更多针对广告效果的定量研究，以更好地指导广告主和营销团队的实际决策。用户的卷入程度作为广告效果的重要指标之一，对于研究广告效果和优化广告策略具有实用价值。通过更好地理解用户的卷入程度，企业可以更加精准地制订广告策略，提高广告的吸引力和效果。

6.4　社交规范：共识语言

共识语言（shared language）指的是广告信息与社交平台的适配性和一致性层面，以及广告信息对社交平台的侵入性和威胁性层面。具体而言，广告的"共识语言"是指广告信息与社交平台上的用户内容相契合和一致。当广告内容与用户的朋友圈动态、兴趣爱好、社交关系等相符合时，就形成了共享语言。这种共享语言能够让广告信息看起来更加贴近用户，增加广告的可接受性和认可度。相反，如果广告内容与用户的社交平台内容不匹配，或者广告信息对用户来说显得不合时宜、不相关或过于侵入性，就会造成广告信息的"共享语言"缺失，引发用户的负面反感和抵制情绪。

"共识语言"在社交媒体广告效果方面扮演着重要的角色，如果广告信息能够与用户的社交环境和内容融洽共处，用户更有可能对广告内容产生认同感和接受度，从而增加广告的影响力和效果。相反，如果广告内容与用户的社交环境格格不入，可能导致用户对广告产生抗拒，甚至影响到用户对广告主题的态度和行为。

1. 共识语言的影响

共识语言在社交媒体广告中有助于建立情感联系、促进信息传递、增加广告效果和传播，从而对广告的成功产生积极的影响。广告主和营销团队需要认真考虑目标受众的共识语言和喜好，更好地实现广告的目标。

共识语言是人们之间相互理解和沟通的基础，特定的语言风格、词汇和表达方式会影响广告信息在受众中的传递和理解。通过使用受众熟悉和认可的共识语言，广告更容易引起受众的注意并且被正确理解。使用共识语言可以增加广告和受众之间的情感联系，因为人们倾向于与使用相似语言的个体建立更多的信任和亲近感。这种情感联系有助于提高受众对广告主品牌的信任和好感，从而增加广告的效果。

共识语言也有助于激发用户对广告的共鸣，使得广告内容更容易被分享和传播。当广告内容使用与受众共识的语言时，受众更倾向于将其分享给其他人，从而扩大广告的影响范围。不同地区和文化有着不同的共识语言和交流方式。对于跨文化传播的广告来说，采用合适的共识语言是非常重要的。这有助于避免由于语言差异导致的误解和不适当的反应。社交媒体平台提供了个性化定制广告的能力,通过了解用户的兴趣和喜好,将广告内容以共识语言的形式呈现给用户,可以提高广告的吸引力和点击率。

因此,对于社交媒体广告来说,理解和把握"共识语言"是十分重要的。广告主需要根据不同社交平台的用户特点、社交环境和内容,精心策划广告内容,以确保广告与用户的共享语言相契合,从而提升广告的吸引力和效果。社交互动常被用来检验网络关系的影响、认同和互惠程度,代表网络社交关系的质量,而共享语言常常被用来确定成员之间的理解程度。

共识语言包含社会资本的认知维度,即社会网络中个人之间的共享理解,个人利用这种理解来构建自己的词汇并提高沟通效率,可以看作社交网络中的一种潜在共识。研究表明内在奖励、关系社会资本和共享语言是影响参与者分享知识的主要因素。

共识语言已被认为是个人在社交平台上行为的主要认知驱动因素,如信息共享行为和知识生成。在社交媒体环境中,人们通常希望与他人建立联系,获得认可,并参与到一个共同的社交群体中。使用共识语言有助于增强社交认同,让个人感到更加归属于某个社交群体,从而促进信息共享行为和知识生成。

2. 共识语言的驱动

共识语言有助于增强社交互动和交流。人们倾向于与使用相似语言的人进行更密切的社交互动,这有助于促进信息共享和知识生成。当个人使用共识语言时,能够更容易地找到志同道合的朋友,并与他们共享信息、交流观点和共同创造知识。

共识语言的使用往往带来更多的社交反馈,如点赞、评论、分享等。这些社交反馈对个人来说具有积极的心理激励作用,增加了他们在社交平台上参与信息共享和知识生成的动机。人类天生具有社交和交流的需求。在社交平台上,个人通过使用共识语言来满足这种社交和交流的内在需求。这种内在需求推动了个人在社交平台上主动参与信息共享和知识生成的行为。

人们需要一种"和谐感",这使他们对自我一致的信息或符合自己信仰和态度的信息更加敏感。共享语言促进了对社交网络中集体行为方式的共同理解,能够有助于提高沟通效率。群体规范意味着接受其他用户的信念或行为的过程,因为其与个人的价值体系一致,这种共识的社会影响是决定是否采用技术的重要因素,即用户选择使用某个社交平台的前提就是基于普遍认同的群体规范与社会共识。

社交网络的主要目的是为用户提供社交交流和信息分享的平台。在这个环境中,人们通常希望与他人保持有效的社交沟通,分享有趣的内容,建立和维护社交关系。然而,如果平台上出现了过多的商务信息或缺乏沟通效率的内容,这些信息就可能被视为噪音。噪音是指那些不符合用户期望和兴趣的内容,会干扰用户的正常社交交流和信息分享。因此,能够传达社交沟通内容和有效沟通的信息在社交网络中更受欢迎,而噪音则被认为干扰社交网络共识。

3. 共识语言与原生内容

原生广告是指在社交网络中以一种隐含或融入式的方式出现的广告形式。这种广告形式通常不像传统广告那样显眼和直接,而是以更加自然和无缝的方式融入用户的社交内容中。然而,对于一些用户来说,嵌入式广告可能被视为侵入性的,因为它们打破了社交平台的共识,可能打扰用户的社交体验。当用户感受到广告对社交网络共识的干扰时,他们可能会开始进行道德判断,考虑广告的合适性和符合社交平台的价值观。如果广告被认为与社交平台的价值观和共识不一致,用户可能会对广告产生负面情绪,甚至产生抵触心理。

社交网络中能传达有效社交沟通内容和避免噪声的信息更受欢迎,而不符合社交网络共识的商务信息和嵌入式广告可能会激发用户的道德判断。用户会考虑广告是否干扰了社交网络的共识和价值观,从而影响他们对广告的态度和行为。因此,在社交网络广告中,平衡有效沟通和避免干扰共识的噪声是很重要的,以便更好地满足用户的需求并增强广告的效果。因此,不能传达社交沟通内容和缺乏沟通效率的商务信息被视为干扰社交网络共识的噪声,此类有关产品和品牌的嵌入信息,会激发个人对社交平台的道德判断。

大多数用户将社交平台视为基于共同兴趣与他人交换信息的一种方式,此类信息共享使用户能够建立自我形象并获得社会资本。这种广泛接受的共识进一步增加了相互理解的可能性,而当营销者利用社交网络进行社交商务和营销推广时会违反这些网络中的共识。人们认为社交沟通和广告信息之间的冲突会导致对共享语言的侵犯,从一定程度上打破了该平台中的社会共识,引起个人对原生广告的回避行为。

6.5　营销参与的社交违反

在社交媒体上,用户参与的前提是遵从该平台的群体规范与社交共识,即遵循平台所制订的行为准则和社交交流规则。这种遵从性是为了保持平台的秩序、稳定和用户体验的良好。用户在社交网络中构建和维护自己的社交形象,并试图与他人保持一致,以获得社交认同和归属感。当营销信息在社交媒体上发布时,其内容和形式可能与社交平台的共享语言不一致。共享语言是指社交网络中用户普遍认可和遵守的交流方式、内容和风格。如果广告信息的语言和内容与共享语言相冲突,它可能被视为不符合社交媒体的社交规范和价值观。

这种广告信息的冲突可能破坏用户的自我一致性。在社交网络上,用户通常会试图塑造一个与自己期望的身份和形象一致的个人形象。如果广告信息与用户的自我形象不一致,用户可能会感到不舒服,认为这种广告不适合自己,并对其产生消极态度。此外,广告信息违反共享语言和社交共识还可能干扰社交平台上的社交交流。用户在社交媒体上希望与他人建立和保持积极的社交互动,如果广告信息打破了共识,可能会干扰用户的社交体验和交流,甚至被视为对用户的干扰和侵入。

社交媒体的用户在参与平台时遵从了群体规范与社交共识,形成了自我一致性。广告信息如果违反了社交平台的共享语言和社交共识,可能会引起用户的消极态度,影响广告的传播效果,并可能导致用户对广告的抵触和不满。因此,对于品牌和营销者来说,在社交媒体上发布的广告内容应当与平台的共享语言相符合,以保持用户的积极体验和提升广告的有效性。

社交广告的出现使用户感知到对社交空间的信息内容失去了一定的控制感。用户在社交平台上通常希望与朋友、家人等重要他人进行真实、有意义的社交交流,而广告的干扰可能会破坏这种社交体验。广告可能打断用户的社交互动,让用户感觉被打扰和侵入,从而降低了用户对社交平台的满意度。

对于那些受到高控制威胁的群体,他们可能更加重视结构和秩序的需求。高控制威胁指的是个体感知到自己的控制感受到威胁,即他们认为自己的自由和权利受到限制或威胁。为了恢复这种已经受限或被威胁的自由,这些个体可能会追求更多的秩序感和结构感。在社交平台上,广告的干扰可能会被视为一种打破秩序和结构的因素,从而引起用户的不满和抵触。由于广告可能对用户的社交体验产生负面影响,导致用户对广告的感知产生负面态度,对广告内容产生抵触情绪。这种负面感知会影响用户对广告的注意力和态度,降低他们与广告互动的意愿和积极性。

从广告信息与社交平台的适配性和一致性层面来看,基于广告消息的数量和覆盖范围,用户对广告违反共享语言的程度能够反映个人对其内容的态度。当广告信息与社交平台的适配性和一致性较高时,用户更容易接受和欢迎这些广告,因为广告内容与用户的兴趣和价值观相符,同时也符合社交平台的氛围和共识。

然而,如果广告信息与社交平台的适配性和一致性较低,广告就有可能违反共享语言。例如,在一个充满幽默和轻松氛围的社交平台上,如果广告内容过于严肃或商业化，就可能被视为违反共享语言。

当广告违反共享语言时，用户会感知到广告与社交平台的不协调，这可能会引起用户对广告的负面态度。用户可能会觉得广告与社交平台的氛围不匹配，对广告内容产生抵触情绪，甚至忽略或屏蔽广告。因此，通过观察用户对广告违反共享语言的态度，可以反映出广告与社交平台的适配性和一致性程度，以及广告在社交平台上的接受度和有效性。

品牌和营销者在进行社交广告投放时，需要注意广告与社交平台的适配性和一致性，避免违反共享语言，提升广告的接受度和用户体验。通过深入了解社交平台的用户群体和氛围，量身定制适合的广告内容，可以增加广告与社交平台的契合度，提高广告的效果和转化率。

社交平台作为一个信息传播的平台，广告数量非常庞大。广告的过量投放会导致用户接收到大量广告信息，而这些信息可能与用户的兴趣和需求不符，造成信息过载。信息过载使得用户感到不适，对广告的接受度降低，容易产生疲劳感，从而选择回避广告，以减少信息的干扰和负面影响。如果广告内容使用了与社交平台不符的语言、表达方式或价值观，用户会认为广告不适合在这个平台上出现，产生不协调感。这种违反共享语言的广告，会使用户对广告内容产生抵触情绪，不愿意接受这些广告，甚至会屏蔽或忽略它们。

对于品牌和广告主来说，他们需要在社交平台上谨慎投放广告，避免过度投放和违反共享语言的情况。相反，他们应该注重广告的适度和与平台氛围的契合，以提高广告的接受度和有效性，避免用户产生广告回避行为。此外，还可以借助用户数据和个性化推荐技术，将广告内容精准地投放给目标受众，提高广告的相关性和吸引力，从而更好地吸引用户的注意和兴趣。

思考题

（1）用户卷入是原生广告的重要成功因素，解释为什么了解用户在广告中的卷入程度对于营销活动的成功至关重要。提供一个现实案例，说明如何通过提高用户卷入程度来增加广告的效果。

（2）根据 6.3 节所学内容，请从浅层次到深层次，列举并解释至少三种不同的卷入度级别，并说明如何根据卷入度制订相应的原生广告策略。

（3）选择一个虚构的产品或品牌，描述你会如何利用用户的社交需求米设计一个吸引人的原生广告（考虑广告、互动、分享等方面内容）。

（4）在社交规范和共识语言内容中，选择一个社交规范并解释它在原生广告中的作用。提供一个现实案例,并说明如何运用共识语言来增强广告的可信度和与受众的互动。

(5) 解释为什么一些营销行为会引发用户的社交违反反应。为了减轻和避免用户的不满和负面反应,请提供至少两种预防策略。

第 7 章
原生广告的个性化

本章深入研究原生广告的个性化,包括个性化的重要性、个性化广告的数据收集与分析、人工智能与机器学习在个性化中的应用,以及构建个性化广告基础的用户画像。通过学习这些内容,能够帮助我们理解和掌握如何运用数据和技术,为广告策略增添个性化元素,提高广告的相关性和影响力,以更好地满足用户的需求。

7.1 个性化原生广告

在当今数字化时代,个性化原生广告已成为广告行业中的一项重要策略和趋势。个性化原生广告是一种根据用户的个人特征、兴趣、行为和偏好,为其提供量身定制的原生广告内容和信息的营销手段。通过收集和分析大量用户数据,个性化原生广告能够准确地识别和了解用户的需求和兴趣,从而为其呈现更加相关和有吸引力的原生广告内容,提升用户体验,增加原生广告的转化率和效果。

数字营销和社交媒体成为企业推广和品牌传播的重要渠道。在这个数字时代,用户对广告的期望也在不断变化,他们希望看到与自己兴趣和需求相关的广告内容。个性化广告正是应运而生的一种营销策略,它能够根据用户的个人特征和行为习惯,为其提供量身定制的广告内容和信息,从而提高广告的点击率和转化率,提升用户体验,增强品牌影响力。

个性化原生广告的实现依赖于先进的数据收集和分析技术,以及人工智能和机器学习等技术的应用。通过收集用户在网络上的浏览记录、搜索行为、社交媒体活动等数据,原生广告主和营销者能够建立用户的画像,了解其兴趣爱好、购买行为、所在位置等信息,从而实现原生广告的个性化定向投放。

个性化原生广告在数字营销中的重要性不可忽视。传统原生广告通常是原生广告主一对多的原生广告展示,忽略了不同用户的个性化需求和兴趣,导致原生广告的效果不尽如人意。而个性化原生广告能够精准地定位目标受众,根据用户的个人特征和行为习惯,为其呈现更加符合其需求和兴趣的原生广告内容,从而提高原生广告的点击率和转化率,提升原生广告投放的效果。

个性化原生广告的实现原理主要包括数据收集与分析、人工智能和机器学习的应用,以及用户画像和行为定向等关键步骤。首先,原生广告主和营销者需要收集用户在网络上的各种行为数据,包括浏览记录、搜索关键词、社交媒体活动等,从而了解用户的兴趣爱好、需求和行为习惯。然后,通过人工智能和机器学习等技术,对这些数据进行深度分析和挖掘,从中提取出用户的特征和模式,建立用户的画像。最后,根据用户的画像和行为特征,将原生广告内容进行个性化定制,为不同用户提供定制化的原生广告信息。

个性化广告的优势在于提升用户体验和广告的转化率。由于广告内容与用户的兴趣和需求高度契合,用户更有可能对广告产生兴趣,主动点击广告,甚至进行购买行为。同时,个性化广告也有助于增强用户对品牌的忠诚度和信任感,提升品牌的影响力和口碑。个性化广告也面临一些挑战。首先,个性化广告的实现需要大量的用户数据,涉及用户隐私和数据安全问题,因此必须确保用户数据的合法收集和保护。其次,个性化广告需要精确的数据分析和预测能力,依赖于人工智能和机器学习等技术,因此对广告主和营销者的技术能力提出了较高要求。此外,个性化广告的过度定制可能导致用户的反感和抵制,因此需要在个性化程度和用户体验之间找到平衡点。

个性化原生广告是数字营销领域的一项重要策略,通过精准的定位和个性化定制,为用户提供符合其兴趣和需求的广告内容,提升用户体验和广告的转化率。随着数据技术和人工智能的不断发展,个性化广告在未来将发挥更加重要的作用,成为广告行业的主要趋势之一。但同时也需要广告主和营销者注重用户隐私保护和数据安全,保持合理的个性化程度,以确保个性化广告的可持续发展和用户的满意度。

7.2 个性化广告的重要性

个性化广告能够帮助广告主和营销者有效地管理广告预算和资源。传统广告投放通常面临较高的成本和浪费,因为广告展示给了大量不相关的用户。而个性化广告能够精准地定位目标受众,只向感兴趣的用户展示广告,从而减少了广告浪费,提高了广告的转化率,降低了广告投放的成本。

在社交媒体平台上，用户的行为数据更加丰富和多样化，这为个性化广告的实现提供了更大的可能性。社交媒体是用户进行社交和互动的主要平台，用户在这里分享自己的生活状态、兴趣爱好、喜好和观点。这些社交媒体数据为广告主和营销者提供了宝贵的用户信息，帮助他们更准确地了解用户的需求和行为，实现广告的个性化定向投放。

个性化广告在社交媒体中的重要性在于提升用户体验和增强用户参与度。社交媒体是用户进行社交和互动的场所，用户更倾向于与兴趣相投的人进行交流和互动。因此，个性化广告能够根据用户的兴趣和社交圈子，为其呈现相关和有趣的广告内容，增加用户对广告的参与度和互动率。同时，个性化广告还能够帮助企业和品牌与用户建立更加紧密的关系，增强用户对品牌的忠诚度和信任感。

个性化广告在社交媒体中的优势还在于提高广告的传播效果和影响力。社交媒体是信息传播的重要渠道，用户在社交媒体上分享自己的生活状态和观点，他们对于来自好友和家人的推荐和分享更为信任和重视。因此，个性化广告能够根据用户的社交圈子和兴趣爱好，将广告内容传播给潜在的目标受众，增加广告的传播范围和影响力。

个性化广告对企业和用户都产生了深远的影响。对于企业而言，个性化广告能够提高广告的转化率和效果，降低广告投放的成本，增强品牌影响力和口碑。通过向用户提供相关和有吸引力的广告内容，企业能够吸引更多潜在客户，增加销售和收入。同时，个性化广告也有助于提高用户对品牌的忠诚度和信任感，促进用户进行复购和口碑传播。

对于用户而言，个性化广告能够提升用户体验和满意度。用户更希望看到与自己兴趣和需求相关的广告内容，而不是无关的广告干扰。通过个性化广告，用户能够得到更有价值的广告信息，满足自己的购物和消费需求，提高购买决策的准确性和效率。同时，个性化广告还能够增加用户对广告的参与度和互动率，提高用户在社交媒体上的活跃度和黏性。

个性化广告在用户数据和隐私方面也产生了重要影响，面临着一些挑战和争议。首先是用户隐私和数据安全问题。为了实现个性化广告，广告主和营销者需要收集大量用户数据，这引发了用户隐私泄露和数据滥用的担忧。因此，广告主和营销者需要采取有效的数据保护措施，保护用户的个人信息安全。其次是广告的过度个性化问题。个性化广告过于依赖用户数据和算法分析，有时会让用户感到过于被跟踪和监视，影响用户体验和满意度。因此，广告主和营销者需要保持合理的个性化程度，避免过度个性化造成用户反感和抵触。

总的来说，个性化广告在数字营销和社交媒体中的重要性不断凸显。它能够提高广告的转化率和效果,增强用户体验和满意度,帮助企业和品牌与用户建立更加紧密的关系。但同时也需要广告主和营销者注重用户隐私保护和数据安全,保持合理的个性化程度,以确保个性化广告的可持续发展和用户的满意度。只有在平衡个性化和用户隐私的同时,个性化广告才能真正发挥其在数字营销和社交媒体中的重要作用。

7.3 个性化广告的数据收集与分析

个性化广告的实现依赖于大量的用户数据,这些数据可以从多个渠道进行收集。数据来源包括通过追踪用户在网页、移动应用和社交媒体上的行为,如浏览记录、点击行为、搜索关键词、购买行为等;通过监测用户在社交媒体上的活动,包括发布内容、点赞、评论、分享等,了解用户的兴趣和社交圈子;通过获取用户的地理位置信息,了解用户的所在位置,从而为其提供与当地相关的广告内容;通过收集用户的设备信息,包括操作系统、屏幕分辨率、设备型号等,为其提供适配性更强的广告内容。

1. 数据收集与清洗

数据处理与清洗是个性化广告实现过程中至关重要的一环。收集到的用户数据通常是大量且杂乱的,需要经过处理和清洗,以确保数据的准确性和一致性。数据处理包括数据格式转换、数据去重和数据归一化等过程。处理后的数据需要进行存储,以便后续的数据分析和挖掘。通常采用数据库或云存储技术进行数据存储。

在数据收集过程中,不同数据来源可能使用不同的数据格式,如 CSV、JSON、XML等。数据处理阶段需要将这些不同格式的数据转换为统一的格式,便于后续的数据分析和挖掘。常见的数据格式转换工具包括 Python 中的 Pandas 库和 OpenRefine 等。由于数据收集可能涉及多个渠道和多次获取,可能会导致重复的数据出现。重复数据会影响数据分析的准确性和效率,因此需要进行数据去重处理。数据去重通常通过对某一唯一标识符进行比较,将重复的数据合并或删除,保留唯一的数据记录。

由于不同数据来源的数据单位和量级可能不同,导致数据之间的比较和分析不准确。数据归一化是将不同尺度的数据统一到一个特定的范围内,常用的方法包括最小-最大归一化和 Z-score 归一化。最小-最大归一化将数据缩放到 0 到 1 的范围内,Z-score归一化通过计算数据的均值和标准差,将数据缩放到均值为 0,标准差为 1 的正态分布。

在数据收集过程中,可能会遇到某些数据缺失的情况,这会影响数据分析的结果。数据处理阶段需要对缺失值进行处理,常见的方法有删除包含缺失值的数据记录、用均值或中位数填充缺失值、或使用插值方法进行填充。有时候数据中可能会包含异常值,即明显偏离正常数据范围的值。异常值可能是数据采集或记录中的错误,也可能是真实存在的异常情况。数据处理阶段需要对异常值进行检测和处理,通常采用统计方法或可视化方法进行识别。

数据清洗还需要对处理后的数据进行检查和验证,确保数据的质量和准确性。数据清洗阶段需要检查数据是否符合预期的数据类型、范围和逻辑关系,以及是否存在逻辑错误或不合理的数据。通过数据处理与清洗,可以提高数据的质量和准确性,确保数据的一致性,为后续的数据分析和挖掘提供可靠的基础。在个性化广告中,准确和一致的用户数据是实现精准投放和个性化推荐的基础,能够提高广告的效果和用户满意度。

2. 数据储存与访问

数据库是一种结构化的数据存储方式,可以组织和管理大量的数据,并提供高效的数据查询和检索功能。常见的数据库管理系统(DBMS)包括 MySQL、PostgreSQL、Oracle 等。在个性化广告中,使用数据库存储处理后的用户数据,可以根据不同的需求和查询条件快速地获取用户信息和广告投放数据。数据库还可以支持数据的备份和恢复,确保数据的安全性和可靠性。

云存储是一种基于互联网的数据存储方式,数据被存储在云服务提供商的服务器上。常见的云存储服务提供商有 Amazon Web Services(AWS)、Microsoft Azure、Google Cloud 等。通过将数据存储在云上,可以实现数据的跨地域访问和备份,不受地理位置限制。云存储还具有高可扩展性和弹性,可以根据需要灵活地调整存储容量。

对于个性化广告来说,数据存储的关键在于数据的快速访问和高效查询。数据库提供了结构化的数据存储和强大的查询功能,适合用于存储用户信息和广告投放数据。而云存储则适合存储海量数据和实现数据的备份和恢复。根据个性化广告系统的规模和需求,可以选择合适的数据存储方式,以保障数据的安全性和可靠性,并支持个性化广告系统的高效运行。

7.4　数据挖掘与机器学习

1. 特征提取

在数据分析和挖掘的过程中,需要从海量的用户数据中提取出关键的特征信息。这些特征可以包括用户的性别、年龄、地理位置、购买偏好、兴趣爱好等。特征提取是建立用户画像的基础,它能够帮助我们抓住用户的关键特点,从而更好地进行个性化广告推荐。

特征提取是在数据分析和挖掘过程中的一项重要任务,它的目标是从海量的用户数据中提取出关键的特征信息,这些特征信息能够反映用户的个性和行为习惯。在个性化广告中,特征提取是建立用户画像的基础,它可以帮助我们更好地理解用户,从而进行更精准的广告推荐。

在进行特征提取之前,需要对收集到的原始数据进行预处理。这包括数据清洗、数据去重、缺失值处理等。数据清洗是为了消除数据中的噪音和错误,确保数据的准确性和一致性。数据去重是为了消除重复的数据记录,避免重复计算特征。缺失值处理是为了填补数据中的缺失值,使得数据能够完整地进行特征提取。

在海量的用户数据中,不是所有的特征都对于个性化广告推荐都是有用的。因此,特征选择是非常重要的步骤。特征选择可以通过统计方法、相关性分析、机器学习等方式进行,选择出最具有区分性和预测性的特征。特征提取是将从数据中选择出的特征进行转换和抽取,从而得到更有用的信息。这些特征可以包括用户的基本信息,如性别、年龄、地理位置等,也可以包括用户的行为信息,如购买偏好、点击行为、浏览历史等,还可以包括用户的兴趣爱好、社交圈子等。特征提取的方法可以有很多种,例如基于统计的方法、文本挖掘技术、图像处理技术等。

特征表示是将提取出的特征进行数值化表示,使得计算机能够理解和处理这些特征。一般来说,特征表示可以使用向量表示,将特征转化为一个向量,每个维度表示一个特征值。通过特征提取,我们可以从海量的用户数据中抽取出有意义的信息,建立用户画像,深入了解用户的需求和行为习惯。这样的用户画像可以为个性化广告推荐提供有力的支持,使得广告能够更加精准地投放给用户,提高广告的效果和用户体验。同时,特征提取也是数据分析和挖掘的重要步骤,对于个性化广告的实现具有重要意义。

2. 机器建模

建立用户画像的过程中,机器学习技术起着关键的作用。通过机器学习算法,可以将提取的特征与用户的行为进行关联,并预测用户未来的行为。常用的机器学习算法包括决策树、逻辑回归、支持向量机、深度学习等。

在进行机器建模之前,首先需要将收集到的数据划分为训练集和测试集。训练集用于训练机器学习模型,测试集用于评估模型的性能。在机器学习中,特征工程是指对特征进行进一步处理和转换,使其更适合用于机器学习算法的训练,这包括特征缩放、特征编码、特征降维等操作。

在机器建模过程中需要选择合适的机器学习算法来训练模型。常用的机器学习算法包括：① 决策树。通过树状结构来做出决策，可解释性较强，适用于分类和回归任务。② 逻辑回归。用于二分类问题，通过拟合一个逻辑函数来预测概率。③ 支持向量机。用于分类和回归问题，通过构建一个超平面来分割数据。④ 深度学习。包括神经网络等复杂模型，适用于处理大规模数据和复杂任务。

选择机器学习算法后，需要利用训练集对模型进行训练。训练的过程是通过调整模型的参数，使得模型能够更好地拟合训练数据，从而对未知数据进行预测。训练完成后，需要使用测试集对模型进行评估。常用的评估指标包括准确率、精确率、召回率、F1 值等。根据模型评估的结果，可以对模型进行调优，进一步提高模型的性能和预测能力。训练好的机器学习模型可以用于预测用户的行为和兴趣，如预测用户是否会点击广告、购买产品等。

通过机器建模，可以将提取的特征与用户的行为关联起来，建立用户画像，并预测用户未来的行为。这样的个性化用户画像可以为广告推荐提供更准确的依据，实现更精准的广告投放，提高广告的效果和用户满意度。同时，机器建模也是个性化广告实现的关键技术之一，为数字营销和社交媒体中的个性化广告提供了强大的支持。

7.5 个性化的基础：用户画像

在通过数据分析、挖掘和机器学习得到用户的特征和模式后，可以将这些信息整合起来，建立用户画像。用户画像是对用户进行综合描述的模型，它反映了用户的兴趣、行为和喜好。通过用户画像，我们可以更好地了解用户的需求和喜好，从而进行更加精准和个性化的广告推荐。

在通过数据分析、挖掘和机器学习得到用户的特征和模式后，可以将这些信息整合起来，建立用户画像。用户画像是对用户进行综合描述的模型，它反映了用户的兴趣、行为和喜好。通过用户画像，我们可以更好地了解用户的需求和喜好，从而进行更加精准和个性化的广告推荐。

总的来说，通过人工智能和机器学习技术对用户数据进行分析和挖掘，可以确定用户行为特征，深入了解用户的需求和行为习惯。这样的分析结果可以为个性化广告的推荐提供有力的支持，提高广告的效果和用户体验。

1. 数据整合

在用户画像建立过程中，需要将从各个渠道收集到的用户数据进行整合。这些数据可能包括用户的基本信息、浏览历史、购买行为、社交媒体活动等。通过数据整合,可以将来自不同渠道的用户信息汇总到一个统一的数据库中。

当进行个性化广告的用户画像建立时,往往需要从多个渠道和来源收集用户数据。这些用户数据可能分散在不同的系统和数据库中,如来自电商网站的购买记录、来自社交媒体平台的用户行为、来自移动应用的使用记录等。由于数据来源的多样性,数据存储的方式和数据结构可能各不相同,导致用户数据分散在多个数据源中。

为了建立全面和综合的用户画像,需要将这些分散的用户数据进行整合,将数据汇总到一个统一的数据库中。数据整合按照一定的规则和标准进行处理,使其能够在同一个数据库中进行统一管理和分析。

数据整合过程通常采用 ETL(Extract,Transform,Load)等数据处理技术。首先,从各个数据源中提取(extract)用户数据。这涉及从不同的系统和数据库中抽取数据,可能涉及不同的数据格式和数据存储方式。数据提取的目的是将数据从原始数据源中取出,准备进行后续的整合和处理。

提取的数据可能来自不同的数据源,其数据结构和格式可能各异。在转换(Transform)阶段,需要对提取的数据进行清洗、处理和转换,使其符合目标数据库的数据结构和标准。这可能包括数据格式转换、数据类型转换、数据清洗和去重等操作。在数据转换之后,将处理后的数据加载到目标数据库中。目标数据库通常是一个统一的、结构化的数据库,用于存储整合后的用户数据。

通过 ETL 等数据整合技术,收集到的来自不同数据源的用户数据被整合到一个统一的数据库中,使得用户数据可以在同一个数据库中进行统一管理和查询。这为后续的数据分析、数据挖掘和用户画像的建立提供了数据基础。整合后的数据更为完整和综合,可以更好地揭示用户的兴趣、需求和行为习惯,从而为个性化广告的推荐和营销策略提供更准确和有效的依据。

在数据整合的过程中,可能会涉及多个数据源之间的数据合并。例如,可能有多个数据源提供了相同用户的不同属性信息,这些信息需要进行合并,得到一个更完整和全面的用户画像。为了确保数据在整合后能够进行有效的分析和查询,需要对数据进行标准化。数据标准化包括对数据的命名规范、单位标准、日期标准等进行统一。

整合后的数据需要存储在一个统一的数据库中,以便后续的数据分析和挖掘。常见的数据库系统包括关系型数据库(如 MySQL、Oracle 等)和非关系型数据库(如 MongoDB、HBase 等)。在进行数据整合的过程中,需要注意数据的安全性。可能涉及用户的隐私数据,因此需要采取相应的措施确保数据的安全性和保密性。

数据整合有利于提高数据利用率。通过数据整合,可以将来自不同渠道的数据集中到一个数据库中,提高数据的利用率。这样可以避免数据的重复采集和存储,减少资源浪费。其次,有利于改善数据质量。数据整合可以清洗和转换数据,消除数据中的错误和噪音,提高数据的质量和可信度。这样可以确保后续的数据分析和挖掘得到准确和可靠的结果。再次,数据整合有利于建立全面的用户画像。通过整合来自不同渠道的用户数据,可以建立更全面和综合的用户画像。这样可以更好地了解用户的兴趣、需求和行为习惯,从而进行更精准和个性化的广告推荐。

总体而言,数据整合是个性化广告实现的关键步骤之一。通过从多个数据源收集和整合用户数据,可以建立全面、准确的用户画像,为个性化广告推荐提供有力支持。同时,数据整合还可以提高数据利用率和改善数据质量,为企业的数字营销和社交媒体策略提供更有效的支持和指导。

2. 用户分群

在整合的用户数据中,可能包含大量的用户信息,为了更好地理解用户群体的特点,可以采用用户分群技术将用户划分为不同的群体。用户分群可以根据用户的兴趣、行为习惯、购买偏好等特征进行,从而得到不同群体的用户画像。表 7-1 总结了一些常用用户分群方法的实现原理和优缺点。整体上,没有一种用户分群方法是尽善尽美,适用于全部场景的,研究者需要按照实际情况找出最适用的组合方案。

表 7-1　部分常用的用户分群方法

用户分群方法	实 现 原 理	优　　点	缺　　点
基于人口统计学	根据用户的基本信息进行分群	简单易实施; 可获取大量用户数据	忽略了用户兴趣和行为等因素; 分群粒度有限
行为分析	根据用户在平台上的行为进行分群	能够更准确地了解用户兴趣和行为; 适用于精细化广告投放	需要收集大量用户数据; 存在隐私问题和数据安全风险
兴趣标签	根据用户的兴趣爱好进行分群	可以进行个性化推荐; 提高用户满意度	需要用户授权或行为跟踪; 有可能出现标签陈旧和不准确的问题
地理位置分析	根据用户的地理位置信息进行分群	适用于本地化广告推送; 提高线下商店转化率	需要用户授权; 无法准确反映用户的兴趣和行为

用户分群方法	实 现 原 理	优　　点	缺　　点
RFM 模型	根据用户的近期购买行为进行分群	适用于电商平台的用户分类； 简单有效	只考虑了近期行为，忽略了长期价值； 需要用户购买数据
用户行为路径	分析用户在网站上的行为路径进行分群	可以发现用户的兴趣偏好和行为特征； 提高转化率	需要大量用户行为数据； 分析复杂，需要专业技能和工具支持
聚类分析	根据用户的多维度数据特征进行聚类	不需要预先定义用户属性； 发现隐藏的用户特征	对初始数据要求较高； 聚类结果需要解释和后续处理
人工智能分析	利用人工智能算法挖掘用户的隐藏特征和关联规律	可以挖掘复杂的用户行为和兴趣； 提供精细化个性化推荐	需要大量高质量的数据； 算法训练和运行成本较高

用户分群是将大量用户按照一定的特征或属性进行分类，形成不同的用户群体。这样做的目的是为了更好地理解用户群体的特点和需求，以便在个性化广告推送和营销策略中更精准地定位目标受众，提供符合其兴趣和偏好的广告内容，从而提高广告的效果和用户体验。

用户分群的具体实现分为下面几个步骤。从预处理后的数据中提取与用户特征和行为相关的信息，包括用户的基本信息（如年龄、性别、地理位置）、浏览历史、购买行为、社交媒体活动等。这些特征将成为用户分群的依据。然后，选择合适的用户分群算法对提取的特征进行聚类，将具有相似特征的用户划分到同一个群体中。常用的用户分群算法包括 K 均值聚类、层次聚类、DBSCAN 等。

确定群体数量也是用户分群的重要步骤，在进行用户分群时，需要事先确定分成的群体数量。可以通过手动设定分群数量，也可以采用一些评估指标如轮廓系数、Davies-Bouldin 指数等来自动选择合适的分群数量。

手动设定群体数量是一种直接指定用户分群数量的方法。在使用这种方法时，分析人员根据业务需求和实际情况，根据自己的经验或专业判断，事先确定将用户划分为多少个群体。这种方法的优点是简单快捷，不需要复杂的算法和计算过程。但缺点是需要准确把握用户群体的数量，如果设定不当，可能会导致用户分群结果不够准确或不符合实际需求。

例如，假设一个电子商务平台希望将用户分为三个群体：高频购买用户、低频购买用户和潜在购买用户。在手动设定群体数量的方法中，分析人员根据历史数据和市场经验,判断这三个群体在业务上具有明显的区分度,并且能够满足企业的个性化推送需求。

自动选择群体数量是一种基于算法的方法,通过计算和评估来自动确定用户分群的数量。常用的评估指标有轮廓系数、Davies-Bouldin 指数等。这些指标可以用来衡量用户分群的效果和准确度,从而帮助确定最优的群体数量。

轮廓系数是一种常用的评估指标,它衡量了用户在同一个群体内的紧密程度和不同群体之间的分离程度。轮廓系数的取值范围为 $[-1,1]$,越接近 1 表示用户分群效果越好,越接近 -1 表示用户分群效果越差。Davies-Bouldin 指数是另一种评估指标,它衡量了群体之间的相似性和分离性。Davies-Bouldin 指数越小表示用户分群效果越好。在自动选择群体数量的方法中,分析人员可以使用这些评估指标,对不同的群体数量进行计算和比较,从而选择最优的群体数量,以达到最佳的用户分群效果。

例如,对于一个电商平台来说,使用自动选择群体数量的方法,分析人员可以通过计算不同群体数量下的轮廓系数和 Davies-Bouldin 指数,选择最优的分群数量,比如,发现将用户划分为三个群体时,轮廓系数最大,Davies-Bouldin 指数最小,从而确定最佳的用户分群数量为三个。这样就可以更精确地将用户划分为高频购买用户、低频购买用户和潜在购买用户三个群体,实现更精准的广告推送和个性化营销策略。

在自动选择群体数量的方法上,经常使用聚类算法进行用户分群。聚类算法是一种机器学习算法,它能够根据用户的特征将用户划分为不同的群体,从而实现用户画像的建立。常用的聚类算法包括 K-means 算法、层次聚类算法、DBSCAN 算法等。这些算法可以根据用户特征的相似性将用户划分为不同的群体,并且能够自动确定最优的群体数量。

例如,假设一个电商平台希望根据用户的购买行为和兴趣爱好进行用户分群,以便进行个性化广告推送。在使用聚类算法进行分群时,可以先将用户的购买行为和兴趣爱好作为特征进行提取,然后使用聚类算法将用户划分为不同的群体。

在应用 K-means 算法时,首先需要指定分群数量,算法会随机选择一些数据点作为初始中心点;然后将其他数据点归类到距离最近的中心点所在的群体中;接着,重新计算每个群体的中心点,再次将数据点重新分配到最近的中心点所在的群体中。如此循环迭代,直到收敛为止。在迭代的过程中,可以使用轮廓系数或 Davies-Bouldin 指数来评估每次迭代的分群效果,从而选择最优的分群数量。

另一种方法是使用层次聚类算法,该算法会将每个数据点看作一个单独的群体,并将距离最近的两个群体合并为一个群体,直到满足预设的分群数量。在合并的过程中,可以通过评估指标来确定每次合并的效果,从而选择最优的分群数量。

DBSCAN 算法是一种基于密度的聚类算法,它能够自动确定群体数量,并且可以发现任意形状的群体。该算法将每个数据点看作一个中心点,并根据指定的半径和最小邻居数来确定每个中心点的密度。具有足够密度的中心点将形成一个群体,而较低密度的中心点将被认为是噪音。通过调整半径和最小邻居数,可以得到不同数量的群体。

自动选择群体数量是用户分群过程中的关键步骤,可以通过聚类算法和评估指标来实现。选择合适的群体数量可以帮助我们更好地理解用户群体的特点,从而实现更精准和个性化的广告推送和营销策略。

通过以上步骤,就可以实现用户分群。不同群体的用户画像将反映其独特的特点和需求,为个性化广告推送和营销策略提供重要依据。

3. 用户画像

在经过数据整合、用户分群、特征提取和机器学习模型训练后,可以将每个群体的用户特征和模式整合在一起,建立用户画像。用户画像是对用户进行综合描述的模型,它反映了用户的兴趣、行为和喜好。用户画像可以包括用户的基本信息(如性别、年龄、地理位置)、行为习惯(如购买偏好、浏览历史)、兴趣爱好、社交圈子等信息。表 7-2 总结了用户画像实施的主要步骤、途径和要点。

表 7-2　用户画像的实施要点

用户画像步骤	实 施 要 点	实 现 方 法
数据收集	确定收集数据的范围和类型 获取用户同意和保护隐私	用户注册信息 用户行为数据 用户偏好和兴趣标签
数据清洗与整理	清除重复、缺失和错误数据 将不同数据源整合为一致格式	数据清洗工具和算法 数据整合和匹配算法
数据分析	利用统计分析和数据挖掘方法发现用户特征和行为规律 探索性分析和验证性分析	聚类分析 关联规则挖掘 预测建模和机器学习算法
用户分类	根据分析结果将用户进行分类 确定分类的标准和粒度	基于规则的分类方法 基于聚类分析的分类方法 基于机器学习的分类方法
用户画像创建	将用户分类结果转化为用户画像 基于用户画像设计个性化广告和营销策略	使用图表和图像展示用户画像 根据画像制定个性化广告内容和投放策略
画像优化与更新	定期更新和优化用户画像 根据反馈和数据变化进行调整	监控用户行为和反馈 收集新数据进行画像更新

现实中,许多企业使用用户画像来优化数字营销和社交媒体策略。假设某电商平台希望通过个性化广告推送来提高用户转化率和购买意愿。该电商平台首先收集用户的各类数据,包括购买历史、浏览记录、搜索关键词等。然后,通过数据清洗和处理,将用户数据整合到一个统一的数据库中。

接下来,该电商平台使用机器学习算法进行用户分群,将用户划分为不同的群体。在分群的过程中,可以使用聚类算法来将具有相似购买行为和兴趣爱好的用户划分到同一个群体中。一旦完成用户分群,该电商平台就可以根据每个群体的特点来建立用户画像。例如,对于购买历史中频繁购买电子产品的用户群体,电商平台可以将他们标记为"科技爱好者",然后推送与科技产品相关的广告和促销信息。对于喜欢户外活动和运动的用户群体,电商平台可以将他们标记为"户外运动爱好者",然后推送与户外运动相关的广告内容。

在建立用户画像的过程中,还可以采用以下步骤来进一步细化用户特征。除了基本信息和行为习惯外,用户画像还可以包括用户的营销偏好,即用户对不同类型广告和促销活动的反应和喜好。通过了解用户的营销偏好,企业可以针对不同群体推送更具吸引力的广告内容,从而提高广告点击率和转化率。

用户画像还可以包括用户的反馈和互动行为,例如用户对广告的评论、点赞、转发等。通过监测用户的反馈与互动,企业可以了解用户对广告内容的态度和意见,从而不断优化广告策略,提供更符合用户需求的广告体验。用户画像中还可以包括用户的活跃时间和广告接收频次。通过了解用户在哪个时间段更活跃和对广告的接收频次,企业可以优化广告推送的时机和频率,提高广告的曝光和点击效果。

假设有一家名为"运动潮流"的体育用品零售企业,他们希望通过个性化广告来吸引更多潜在顾客,提高销售额。他们采用了用户画像来更好地了解他们的目标用户,以便进行更有针对性的广告推送和营销策略。

"运动潮流"通过他们的网站、移动应用和社交媒体平台收集了大量用户数据,包括用户的基本信息、浏览历史、购买记录、兴趣爱好等。这些数据分散在不同的系统和数据库中,他们使用数据整合技术将这些数据汇总到一个统一的数据库中,以便后续的数据分析和挖掘。在数据整合的过程中,可能会出现数据重复、缺失或错误等情况,需要进行数据清洗和预处理,以确保数据的准确性和一致性。例如,删除重复数据,填充缺失值,纠正错误数据等。

"运动潮流"希望将他们的目标用户分成不同的群体,以便更好地理解每个群体的特点和需求。他们使用用户分群技术将用户根据购买偏好、兴趣爱好、活跃时间等特征进行分群。例如,他们可以将喜欢篮球的用户划分为一组,喜欢足球的用户划分为另一组,喜欢跑步的用户划分为第三组,以此类推。"运动潮流"使用机器学习算法对每个用户群体进行特征提取和机器建模。他们将用户的购买偏好、浏览历史、兴趣爱好等特征与用户的行为进行关联,并预测每个用户群体未来的购买意向和行为。

在完成特征提取和机器建模后,他们将每个用户群体的特征和模式整合起来,建立用户画像。例如,他们可以得出"篮球爱好者、年龄在 18~30 岁、活跃在晚上时间段"的用户画像,以及"跑步爱好者、年龄在 30~45 岁、活跃在早晨时间段"的用户画像等。通过建立用户画像,"运动潮流"可以根据不同群体的特点和需求,推送个性化广告和促销信息。例如,针对篮球爱好者的用户,他们可以推送篮球鞋、篮球装备的广告;针对跑步爱好者的用户,他们可以推送跑步鞋、跑步装备的广告,以此类推。

通过以上步骤,"运动潮流"成功地利用用户画像来实现了个性化广告推送和营销策略,从而吸引更多潜在顾客,提高了销售额,同时也提升了企业的品牌形象和竞争力。用户画像在数字营销和社交媒体营销中发挥着重要作用,帮助企业更好地了解目标用户,满足用户的需求,实现精准营销,是企业在数字化时代的重要利器。

用户画像是对用户进行综合描述的模型,它反映了用户的兴趣、行为和喜好。然而,用户的兴趣和行为是不断变化的,受到外部环境、个人经历和时间等多种因素的影响。因此,用户画像也需要不断更新和优化,以保持其准确性和时效性。

在"运动潮流"的个性化广告实现过程中,用户画像的动态更新是一个关键的环节。他们持续监测用户的行为数据,例如用户在网站上的浏览历史、购买记录、点击广告的行为等。通过实时数据分析和挖掘技术,"运动潮流"能够及时获取用户最新的行为信息,并将其纳入用户画像中。

举例来说,假设一位用户最近对运动鞋感兴趣,频繁浏览了网站上的篮球鞋和跑步鞋页面,并且参加了一次购买活动,购买了一双篮球鞋。在这种情况下,"运动潮流"会将这些行为信息整合到用户画像中,并将该用户标记为"运动鞋爱好者"。

然而,用户的喜好可能会随着时间的推移而改变。如果这位用户一段时间后对篮球鞋不再感兴趣,而开始对跑步鞋和足球鞋产生兴趣,那么"运动潮流"会在用户画像中更新这一信息,将该用户重新标记为"跑步鞋和足球鞋爱好者"。

通过持续监测用户行为数据并实时更新用户画像,"运动潮流"能够更准确地了解用户的兴趣和偏好,并根据用户的实时需求进行个性化广告推送。这样的动态更新过程能够保持用户画像的准确性,使得广告推送更加精准和有效,提高用户的满意度和广告的点击率。同时,随着用户行为和喜好的变化,"运动潮流"还可以不断优化广告推送策略,提高广告的转化率和投资回报率,实现更好的广告效果。

通过建立用户画像,该电商平台可以更好地了解用户的需求和兴趣,从而进行个性化的广告推送和产品推荐。这种精准的营销策略可以提高用户的购买意愿和转化率,同时也增加了用户对广告的接受度和满意度。通过不断优化用户画像和广告推送策略,该电商平台可以实现更好的营销效果和业绩增长。

用户画像建立是个性化广告实现的关键步骤之一,它通过整合用户数据、分析用户特征和行为,建立用户的综合描述,从而为个性化广告推荐提供准确的依据,提高广告投放的精准性和效果。同时,用户画像建立也是数字营销和社会化媒体中的重要技术,可以帮助企业更好地了解目标受众,优化广告投放策略,实现更有效的营销和推广。

通过用户画像,广告平台可以更好地了解用户的需求和喜好,从而进行更精准和个性化的广告推荐。根据用户画像,广告平台可以向不同群体的用户推送适合他们兴趣和需求的广告内容,提高广告的点击率和转化率。个性化广告推荐不仅可以提升用户体验,还可以提高广告主的投资回报率。

思考题

(1) 解释为什么个性化可以提高用户在广告中的参与度和吸引力。提供一个现实案例,说明如何通过个性化广告来增加用户的互动和参与。

(2) 解释为什么数据收集在个性化中很重要,但也可能涉及用户隐私问题。提供一种方法,说明如何在数据收集过程中平衡个性化需求和用户隐私的保护。

(3) 从 7.4 节中的人工智能与机器学习内容中选择一个具体的应用案例,解释人工智能在个性化广告中的作用。说明该应用如何根据用户数据自动优化广告内容,以提高广告的效果。

(4) 用户画像作为个性化广告的基础,请选择一个虚构的品牌,描述你会如何构建一个综合的用户画像,以便更好地定制广告内容,需要考虑用户的兴趣、行为、偏好等方面因素。

(5) 讨论品牌如何通过提供个性化体验来增强用户对品牌的认知、情感和忠诚度。提供一个现实案例,说明如何通过个性化广告来塑造品牌形象。

第 **8** 章
个性化与用户逆反的平衡

本章主要探讨在个性化广告中如何平衡用户个性化需求与可能引发用户反感的问题。重点关注明确的隐私政策、知情同意、尊重用户偏好、避免过度追踪及提供选择权等方面的知识点，了解如何平衡个性化广告和用户隐私之间的关系，从而在满足用户需求的同时避免引发用户的反感和不满，能够在实际营销中，制订合适的隐私政策、知情同意流程，尊重用户偏好，避免过度追踪，并为用户提供选择权，以实现平衡和用户满意度的最佳效果。

8.1　个性化的最优程度

平衡个性化与用户反感的关系在营销和广告领域非常重要。个性化营销可以提供更加个定制化的用户体验，帮助企业更好地满足用户的需求和偏好。然而，如果个性化过度，用户可能感到被侵犯隐私或被过度追踪，从而产生反感，对企业产生负面影响，降低用户的满意度。如果个性化不当，导致用户反感，可能会失去忠诚客户，甚至引发用户的抵触情绪，使其转向选择竞争对手。个性化策略需要涉及用户的个人信息和行为数据。如果企业在使用这些数据时缺乏透明度和合法性，或者滥用用户数据，将导致用户对企业的信任下降，破坏品牌形象，影响企业的口碑和声誉。

在很多地区，个人数据的收集和使用受到法律和法规的限制。如果企业没有遵守相关的隐私保护法律，可能会面临法律责任和罚款，损害企业的声誉和经营稳定性。用户希望对自己的数据有一定的控制权和选择权。如果企业不尊重用户的自主权，强制性地向用户提供个性化内容，可能引发用户的反感和抗拒，影响用户与企业的互动和合作。

平衡个性化与用户反感的关系是一个需要思考的至关重要的主题。个性化营销可以提升用户体验和忠诚度,但需要谨慎处理用户的隐私和敏感性问题,遵守法律法规,尊重用户的自主权,以及持续关注用户的反馈和意见。只有平衡好这些方面,企业才能够有效利用个性化策略,提升用户满意度和忠诚度,增强品牌形象和竞争力。

8.2　明确的隐私政策

平衡好个性化与用户反感的关系,需要透明和明确的隐私政策。广告商需要向用户明确说明收集数据的目的,如何使用数据,并提供透明的隐私政策。用户需要了解他们的数据将如何被使用,这样可以建立信任并减少用户的担忧和反感。

隐私政策应该使用简明易懂的语言,避免使用复杂的术语和法律条款,让用户容易理解。明确说明哪些个人信息会被收集,以及如何使用和共享这些信息。在企业的网站或应用中设立一个独立的隐私政策页面,清楚地列出收集数据的目的和使用方式。这个页面应该以简明易懂的语言撰写,避免使用复杂的法律术语,让用户容易理解。

隐私政策应该避免使用专业术语和复杂的词汇,尽量使用通俗易懂的词汇,使隐私政策易于理解。例如,用"信息"代替"数据",用"我们"代替"数据控制者"。应采用分段和标题,将隐私政策分成多个段落,并为每个段落添加明确的标题,以帮助用户快速浏览和理解内容。每个段落应该围绕特定主题展开说明,使信息结构更清晰。

在编写和确定隐私政策后,可以找一些非专业用户阅读和理解。根据他们的反馈,进一步优化隐私政策,确保其易于理解。如有需要,可以提供解释和例子。例如,对于一些复杂的概念或条款,可以在隐私政策中提供解释和例子,帮助用户更好地理解其含义和应用。

详细披露收集用户个人信息的目的,例如用于个性化推荐、提供定制化服务或展示相关广告等。用户需要清楚地知道他们的数据将如何被用于哪些方面。在用户注册或使用企业产品或服务之前,向用户提前告知数据收集的目的和使用方式。在注册或登录界面,可以添加一个勾选框或弹窗提示,用户需要确认并同意隐私政策才能继续操作。

在隐私政策中明确告知用户可以随时访问、更正或删除自己的个人信息,并提供简单易行的方式供用户行使这些权利。同时,强调用户有选择权,如果不同意隐私政策,可以选择不继续使用产品或服务。并说明企业采取了什么措施来保护用户个人信息的安全性和保密性,防止信息泄露和滥用。

明确告知用户他们可以随时访问、更正或删除自己的个人信息,并提供简单易行的方式供用户行使这些权利。隐私政策应该定期更新,以适应企业业务的发展和法律法规的变化。同时,在隐私政策有重大变更时,需要及时向用户发出通知,让用户知晓并能重新确认是否同意。

假设一家社交媒体平台要收集用户的个人信息,以提供个性化推荐和广告投放。他们可以在注册或登录时,在用户使用界面上提供一个明确的隐私政策链接,让用户可以方便地查阅相关内容。在隐私政策中,平台明确列出了需要收集的个人信息,如姓名、电子邮件地址、地理位置等,并详细说明这些信息将用于个性化推荐、广告展示和社交功能。同时,平台强调用户的个人信息将严格保密,不会向第三方透露。

在用户注册过程中,平台还特别强调了自主权和选择。他们向用户展示一个勾选框,用户需要同意隐私政策和条款,才能继续注册。如果用户不同意,他们可以选择不继续注册,而不会被强制接受隐私政策。此外,平台还提供了用户可以随时访问和更正个人信息的功能,用户可以在个人账户设置中修改和管理自己的个人信息。

随着平台业务的发展和法律法规的变化,他们定期更新隐私政策,并在更新后向用户发送通知,让用户及时了解新政策,重新确认是否继续使用平台服务。通过以上措施,这家社交媒体平台做到了透明和明确的隐私政策,保障用户个人信息的安全和隐私,让用户清楚地了解自己的数据将如何被使用,从而建立起用户对平台的信任和忠诚度。

8.3　明确的知情同意

在进行个性化营销之前,确保获得用户的明确同意。例如,在收集用户数据时,征得用户的授权或订阅电子邮件通信。这样做将使用户感到自己对个性化内容的参与是自愿的。在告知用户收集数据的目的时,使用明确的授权语句,例如,"我同意提供我的姓名和电子邮件地址,以便接收最新的产品推荐和优惠信息。"这样的表述让用户清楚地知道他们的数据将用于何种用途。在收集用户个人信息之前,明确征得用户的同意。使用简单易懂的授权语句,确保用户了解并同意个人信息的收集和使用方式。

知情同意(informed consent)是在软件、网络和社交媒体等领域确保用户隐私和数据保护的重要步骤。它意味着在收集用户个人信息或进行其他涉及用户隐私的行为之前,必须以明确、清晰、易于理解的方式告知用户涉及的信息,并取得用户的明确同意。广告商和平台商需要对公司内部员工进行持续教育,让他们了解"知情同意"的重要性和具体操作方法,确保所有收集和使用用户信息的团队成员都遵循最佳实践和合规标准。

在软件、网络和社交媒体等领域,获得有效的知情需要明确目的。在收集用户信息或进行其他与用户隐私相关的行为之前,明确告知用户这些行为的目的是什么,包括但不限于个性化服务、广告投放、账户管理等。用户需要清楚地了解他们的信息将用于何种用途。

在涉及用户隐私的情况下,采用明确的授权语句和勾选框,用户必须明确同意相关行为,才能继续使用产品或服务。知情同意页面需要设置单独页面或弹窗,将用户的勾选放置在单独的页面或弹窗中,确保用户能够集中注意力并全面了解相关信息,避免与其他内容混淆。同时需要明确不强制同意,用户有权选择是否同意信息收集或其他隐私相关行为,不得强制用户同意,否则会降低同意的有效性。

用户的知情同意需要提供多种语言,对于全球化的企业或面向多国用户的产品和服务,提供多种语言版本的知情同意条款,确保用户在不同地区都能理解并同意相关内容。同时需要强调重要信息,在知情同意的页面或弹窗中,将重要信息和核心内容进行突出显示,让用户更容易关注到关键信息。

在知情同意的页面或弹窗中,鼓励用户仔细阅读全部内容,并提供帮助和支持,如需要解答疑问或查阅更多信息,可以提供相应的联系方式或链接。可以恰当使用分层显示,如果隐私政策内容较为复杂,分层显示的方式有助于将核心信息显示在前端,用户可以通过点击展开详细内容,确保用户获取必要的信息。

在知情同意的界面中,需要有清晰的退出选项。如果用户不同意或撤销同意,应该明确提供退出或删除账户的选项,用户的权利得到充分尊重。此外,需要考虑儿童和青少年,对于面向儿童和青少年的产品或服务,特别要注意使用简单、易懂的语言,确保他们能够理解并同意收集个人信息的目的和方式,并得到监护人的同意。

不遵守隐私法规可能导致企业声誉受损,影响投资者信任,甚至可能导致企业面临严重的法律诉讼。同时也会招致用户不满和投诉。用户在得知自己的个人信息被滥用或未经许可收集时,会感到不满和不安。用户可能对企业产生负面情绪,通过投诉、负面评价和社交媒体上的抱怨表达不满,这可能对企业形象和口碑造成负面影响。

此外,无效的知情同意会导致信任流失。若用户发现企业收集和使用个人信息的方式不透明、不合法或不符合承诺,用户的信任将会流失。缺乏信任会导致用户对企业的怀疑,不再愿意与企业交互,从而降低用户的忠诚度和品牌认可度。无效的知情同意也会导致数据泄露风险。未经有效的知情同意,企业可能收集了用户的敏感个人信息,若该信息遭到黑客攻击或泄露,将带来巨大的安全风险,不仅损害用户利益,也会对企业造成巨大的损失。

总之,在日益重视用户隐私和数据保护的时代,原生内容若未能提供有效的知情同意,可能失去潜在客户和用户。用户更愿意选择那些注重隐私保护并提供透明的企业,这可能使企业失去竞争优势,同时也会面临政府监管压力和企业舆论压力,面临更严格的监管和审查,使企业陷入舆论漩涡,进而影响企业的声誉和形象。

8.4 尊重用户偏好

个性化内容应该是基于用户的兴趣和偏好,而不是过于侵入用户的私人生活。个性化推荐并不意味着只提供与用户兴趣相关的内容。在推送内容时,考虑到用户可能对多样化的内容感兴趣,为用户提供一定程度的选择性。尽量避免敏感主题和用户可能感到不舒服的内容。个性化内容应该根据用户的兴趣、喜好、购买历史等信息进行推送。例如,对于购物网站,可以根据用户的浏览和购买记录推荐相关商品;对于新闻平台,可以根据用户的阅读偏好推送相关新闻。

1. 确保自主选择

为用户提供个性化设置选项,让用户可以自主选择接收何种类型的个性化内容。例如,用户可以选择接收关于某一特定兴趣领域的推送,而不接收其他不相关的内容。广告商应该避免过度频繁推送。控制个性化内容的推送频率,避免过度频繁推送,尊重用户的使用习惯和个人空间。

个性化设置商应该允许用户提供反馈和意见,对个性化内容的质量和频率进行评估和优化。倾听用户的声音,根据用户的反馈做出改进,提升用户体验。个性化提供商应该遵守相关隐私法律法规,将个性化内容推送的政策和操作透明地向用户公示,并在隐私政策中清楚地说明个人信息的收集和使用方式。

2. 避免敏感主题

企业应该避免在个性化内容中涉及用户可能感到不舒服的敏感主题,如政治、宗教、性偏好等。这些主题容易引起用户的反感和抵触情绪。企业应该尊重用户的个人空间,避免过度干涉和触碰用户的私人领域,避免引起用户反感。敏感主题容易引起用户的情绪和反感,一旦用户感到不舒服,可能会对企业产生负面印象,甚至选择远离品牌。因此,企业应当谨慎对待敏感主题,避免触发用户的负面情绪。

广告商应该确保个性化推送的合适性。个性化内容推送的目的是提供更符合用户兴趣和需求的信息,而不是用于操纵或干扰用户的信仰和态度。因此,企业应该确保个性化推送的内容是合适的、积极的,而不是涉及争议或引起争端的敏感主题。社会是多样化的,不同用户有不同的信仰、观点和生活方式。企业应该尊重这种多样性,避免将特定观点强加于用户,以确保个性化推送的广泛适用性。

在一些地区和国家,涉及敏感主题的个性化内容推送可能涉及法律法规的限制。企业应当遵守相关法律法规,确保个性化推送的合规性。企业应该在个性化内容推送中避免涉及用户可能感到不舒服的敏感主题,以尊重用户隐私和个人空间,避免引起用户的反感和抵触情绪。这样可以增强用户对企业的信任和好感,从而提升用户体验和忠诚度。在个性化内容推送中,使用中性和客观的语言,避免带有主观色彩和争议性的表述,确保内容的中立性和公正性。定期审查个性化推送的内容,确保没有涉及敏感主题和有争议的话题。如果有变化或问题,应及时进行调整和改进。

3. 精准与粗略的平衡

企业应该做到精准度和粗略度的平衡。在个性化内容推送中,要找到精准度和粗略度的平衡。推送过于精准的内容可能让用户感到隐私被侵犯,推送过于粗略的内容可能失去个性化的效果。在进行个性化内容推送时,企业需要在精准度和粗略度之间寻找平衡,以提供更好的用户体验和保护用户隐私。

从精准度来看,个性化内容推送应该基于用户的兴趣、行为和偏好,提供与用户个性相关的信息。精准度高意味着推送的内容非常符合用户的需求,能够给用户带来更好的体验和满足感。从粗略度来看,粗略度是指个性化内容推送的广泛程度,不仅仅局限于用户的个人兴趣,还可能包含一些与用户相关性较低的内容。粗略度高意味着推送的内容覆盖面更广,但可能对部分用户的需求并不完全适配。

过于精准的内容推送可能涉及用户的隐私信息,让用户感到个人隐私被侵犯。如果推送的内容过于私密,用户可能会对企业的数据收集和使用感到担忧,导致用户不满和信任度下降。过于粗略的内容推送可能导致个性化效果不明显,用户可能感到推送的内容与自己的兴趣和需求不相关,从而降低用户对内容的点击和参与度。

为了平衡精准度和粗略度,企业可以采取如下一些措施:① 支持用户个性化设置,允许用户自主选择个性化推送的内容类型和频率,提供设置选项,让用户根据自己的需求进行调整。② 企业可以适时调整推送策略,根据用户的反馈和行为数据,不断优化个性化推送的策略,确保推送的内容既有针对性又具有广泛适用性。

在进行个性化内容推送时,确保收集和使用用户信息的合法性和透明性,明确告知用户数据的使用目的和范围,获得用户的明确同意。加强数据保护和安全措施,防止用户个人信息泄露和滥用,提高用户对个性化推送的信任度。企业应该在个性化内容推送中寻找精准度和粗略度的平衡,确保推送的内容既符合用户的个人兴趣和需求,又不涉及过于隐私的信息,以提供更好的用户体验和保护用户隐私。这样可以增强用户对企业的认可和忠诚度,提升个性化推送的有效性和可持续性。

在进行个性化内容推送时,不仅要考虑用户的个人兴趣和偏好,还应该提供多样化的内容选项,涵盖不同主题和类型。这样可以满足用户多样化的需求,同时避免过于集中于某一特定领域。除了内容的精准度和广泛性,推送时机也是影响用户接受程度的重要因素。企业可以根据用户的活跃时间和使用习惯,优化推送时机,确保推送内容的时机恰到好处。

精准度不仅仅局限于内容的选择,还包括个性化程度的深度。除了推送与用户兴趣相关的内容,还可以根据用户的行为历史和互动程度,提供更具体的个性化推荐,增强用户体验和参与度。通过数据分析,可以评估个性化推送的效果和用户反馈。通过实验比较不同推送策略的效果,找到更好的平衡点。

可以通过一些合适的方式向用户解释个性化内容推送的好处和目的,让用户理解为什么会看到某些内容推荐。透明地向用户展示个性化推送的运作机制,增加用户的接受度和理解度。个性化内容推送是一个持续的过程,企业需要不断优化推送策略,根据用户反馈和市场变化进行调整,保持内容推送的精准度和有效性。

8.5 避免过度追踪

不要过度追踪用户的行为和活动。虽然个性化需要一定程度的数据收集,但避免过度追踪可以降低用户反感的风险。个人数据是非常敏感的信息,包括个人兴趣、偏好、地理位置等。过度追踪用户的行为和活动可能会侵犯用户的隐私权,造成用户对企业的不信任和反感。一旦用户感觉自己的隐私权受到侵犯,很可能选择停止使用该平台或产品,降低用户忠诚度。

过度追踪用户的数据可能导致数据滥用的风险。如果企业没有妥善保护用户数据或将数据用于未经用户同意的目的,可能会引发用户的不满和抵触情绪,损害企业的声誉和信誉。例如,将用户数据出售给第三方、未经用户同意使用用户数据进行广告定向等行为,就可能引发用户的不满和反感。用户对自己的个人信息有合理的隐私期望,如果企业未经授权滥用这些信息,用户会感觉自己的权利受到侵犯。

用户在使用互联网、社交媒体和其他在线平台时,期望其个人信息得到妥善保护,不被未经授权地收集、使用或泄露。这种期望是合理且合法的,因为个人信息是用户私密的、涉及隐私的内容,用户有权决定是否分享自己的个人信息,以及分享到什么程度。用户希望能够自主地控制自己的个人信息,包括选择是否提供信息、选择分享给哪些方,以及随时修改或删除自己的信息。用户认为这是一种基本权利,企业应该尊重用户的选择和意愿。

用户希望其个人信息得到安全保护,不被黑客攻击或未授权的第三方获取。用户不愿意看到自己的个人信息被泄露或滥用,因为这可能导致个人财产损失或身份盗窃等问题。用户希望企业能够提供透明的隐私政策和数据使用说明,告知用户个人信息的收集目的、使用范围和方式,以及保护措施。透明度是建立用户信任的基础,用户希望能够清楚了解自己的数据将如何被使用。

用户对自己的个人信息有合理的隐私期望是现代互联网和社交媒体使用的普遍趋势。用户认为企业应该遵守相关的隐私保护法律和法规,合法收集和使用用户的个人信息,不进行未经授权的数据交易或滥用用户数据。随着数字化时代的发展,个人信息的保护变得越来越重要,企业应该意识到并尊重用户的隐私期望,建立良好的数据隐私保护机制。遵循透明的数据收集和使用原则,保障用户隐私权利,有助于增加用户对企业的信任和忠诚度。

例如,某社交媒体平台为了个性化推送内容,采集了用户的浏览历史、搜索记录、地理位置等大量数据。平台将这些数据用于推送精准的广告和内容,确实提高了用户的参与度和用户体验。然而,随后有媒体报道该社交媒体平台过度追踪用户的行为和活动,甚至出售用户数据给第三方,引起公众的强烈反感和不满。许多用户因为担心隐私泄露,选择停止使用该平台,导致用户忠诚度降低,广告主对该平台的信任度下降,广告收入减少。

在这个案例中,该社交媒体平台为了追求精准的个性化内容推送,过度追踪了用户的行为和活动,导致用户隐私权受到侵犯,进而引发了用户反感和不满,严重影响了用户忠诚度和企业形象。因此,企业在个性化内容推送中应谨慎收集和使用用户数据,避免过度追踪用户的行为和活动,并确保数据安全和合规性,避免不良影响。

8.6 提供选择权

用户应该有权利选择他们愿意参与的程度。用户应该拥有选择是否接受个性化内容和广告的自主权。个性化内容推送和广告设计虽然可以提高用户参与度和忠诚度,但并不是所有用户都愿意接受此类推送。有些用户可能更喜欢传统的、非个性化的广告方式。企业应该尊重用户的选择，不强制性地推送个性化内容，而是让用户有权利决定是否接受。

如果用户选择接受个性化内容和广告，他们还应该有权利选择接收的方式。例如，用户可以选择通过电子邮件、短信、推送通知等方式接收个性化内容，或者选择通过应用内设置或偏好设置来调整推送频率。这样可以满足不同用户的需求，增加用户对内容的满意度和参与度。除了选择接收方式，用户还应该有权利选择参与的程度。例如，一些用户可能希望接收完全个性化的内容和广告，而另一些用户可能只希望接收与自己兴趣相关的内容。企业可以提供不同级别的个性化选项，让用户根据自己的喜好和需求进行选择。

为了给用户提供恰当的选择权，应该在软件或应用的设置中提供隐私选项，让用户可以自行决定是否接受个性化内容推送，并选择接收的方式和频率。为用户提供偏好设置选项，让他们可以根据自己的兴趣和需求调整个性化内容的参与程度，如选择感兴趣的主题或关键词。

在推送个性化内容之前，明确告知用户这是个性化推送，并提供一个选择的机会，让用户可以选择是否继续接收。在告知用户内容为个性化推送后，企业应该提供一个明显的选择机会，让用户可以决定是否继续接收此类内容。可以通过在推送通知中添加"继续接收"和"不再接收"等按钮或链接来实现。

为用户提供取消订阅的选项，让用户可以随时停止接收个性化内容和广告，尊重用户的选择。除了在推送通知中提供选择机会，企业还可以在应用或网站的偏好设置中为用户提供更详细的个性化内容选择。用户可以在偏好设置中调整个性化推送的类型、频率和关注的主题，以满足自己的需求和喜好。

在个性化推送的过程中，企业应该确保用户界面是清晰和透明的。例如，在应用或网站中的推送通知中，不仅要明确告知内容是个性化推送，还应该提供简明的解释，说明推送是基于用户的历史行为、兴趣或偏好。这样可以帮助用户理解个性化推送的原因和目的。让用户感觉他们对个性化推送有一定程度的控制权，可以增加用户对推送的接受度。例如，企业可以在推送通知中加入"个性化偏好管理"等按钮，让用户可以随时进入偏好设置，自主调整推送的内容和频率。

个性化推送的频率也是用户关注的问题。过度频繁的推送可能导致用户的反感和忽略，反而降低用户的参与度和忠诚度。因此，企业应该在个性化推送中合理控制推送的频率，避免过度打扰用户。无论是个性化还是非个性化的推送，内容的质量和价值都是用户关注的重点。提供有价值、有趣、与用户兴趣相关的内容，可以增加用户对推送的积极反应和参与度。考虑推送内容的时机也非常重要。合适的时机可以提高用户对个性化推送的接受度和响应率。例如,在用户活跃时间、关注的主题讨论高峰期推送个性化内容,可能会获得更好的效果。

总之,企业应该确保用户可以随时取消订阅个性化内容的推送。如果用户不再希望接收个性化推送,他们应该能够轻松地在任何时候取消订阅,而不会受到限制或不便。在推送个性化内容之前,企业应该确保用户清楚了解个人信息的收集和使用方式,建立透明的隐私政策。透明的隐私政策可以告知用户企业将如何处理其数据,并遵循相关的隐私保护法律和法规。这样可以尊重用户的意愿和隐私权,增加用户对企业的信任度,并提升用户体验和忠诚度。

思考题

(1) 解释明确的隐私政策对于用户信任和满意度的重要性。提供一个现实案例,说明如何通过明确的隐私政策来增强用户对广告活动的信任。

(2) 选择一个虚构的品牌,描述你会如何设计一个明确的知情同意过程,以便在个性化广告中合法和透明地使用用户数据。

(3) 解释为什么理解和尊重用户的个人兴趣和偏好对于避免用户反感是至关重要的。选择一个产品类别(如旅游、健康、科技等),说明如何根据用户偏好制订个性化广告策略。

(4) 解释为什么过度追踪可能引发用户的反感和担忧,并提供一个现实案例,说明如何在个性化广告中合理收集用户数据,同时避免过度追踪。

(5) 解释为什么为用户提供选择是否参与个性化广告是重要的。考虑用户对于隐私保护和个性化体验的不同需求,说明如何设计一个平衡的广告设置界面。

第**9**章
用户体验的提升与转化

本章重点探讨如何通过优化用户体验来提升转化率,其中包括影响用户体验的关键因素、原生广告的界面设计与用户体验、内容相关性与用户体验、积极情感与用户体验,以及心理启示与用户体验。通过本章学习,我们将深入了解如何通过优化用户体验来提升广告的转化率,如何运用界面设计、内容相关性、积极情感和心理启示等策略,创造更具有吸引力、参与度和转化效果的原生广告体验。

9.1 影响用户体验的关键因素

广告在社交媒体中是常见的内容形式,但过多、干扰性的广告可能会影响用户体验。平衡好广告数量和质量,提供个性化和符合用户兴趣的广告内容,可以提高广告的吸引力和点击率,减少用户对广告的抵触。

用户在社交媒体中的使用体验受到多种因素的影响,这些因素都与广告的设计实现密切相关。例如,社交媒体平台的界面和设计直接影响用户的操作和交互体验,一个简洁、直观和易于导航的界面可以提高用户的满意度和使用效率,而复杂和混乱的界面可能会让用户感到困惑和不满。

社交媒体上的内容质量对用户的体验至关重要。高质量的内容能够吸引用户的兴趣和注意力,增加用户的参与和互动。相反,低质量的内容可能会让用户感到厌倦和失望,导致用户流失。影响用户体验的还有个性化推荐。社交媒体平台通常会采用个性化推荐算法,根据用户的兴趣和行为推送定制化的内容。个性化推荐能够提高用户的参与度和满意度,使用户更容易找到感兴趣的内容。分段广告内容还会影响用户体验的社交互动,社交媒体的本质是建立社交互动和交流的平台。社交媒体平台应提供丰富多样的社交功能和交流方式,促进用户之间的互动和交流。

社交媒体平台需要提供严格的隐私保护措施,确保用户的个人信息和数据不被滥用或泄露。同时,用户期望社交媒体平台稳定可靠,页面加载和响应速度快。广告内容的出现会影响平台体验,类似于频繁响应缓慢甚至显示故障时,用户可能会感到失望和不满,甚至选择转向其他平台。每个社交媒体平台都有其独特的社区文化和价值观,用户在其中会有不同的体验和感受。广告内容会影响用户感知的社区文化并与用户的价值观产生影响,用户更倾向于参与和留在与自己价值观相符的社区。

总而言之,影响用户在社交媒体中使用体验的因素是多样的,包括平台界面和设计、内容质量、个性化推荐、社交互动、隐私和安全、广告体验、平台稳定性和响应速度,以及社区文化和价值观等。社交媒体平台应该综合考虑这些因素,不断优化用户体验,提高用户满意度和忠诚度。

9.2　原生广告的界面设计与用户体验

原生广告的界面和设计可以通过吸引用户的注意力来影响广告的转化率。根据注意力理论,人们的注意力有限,只能集中在有限数量的信息上。因此,如果广告的界面和设计能够吸引用户的注意力,让广告脱颖而出,用户更有可能注意到广告并点击进一步了解或执行转化操作。

原生广告是一种与其所在平台内容融合度较高的广告形式,其界面和设计能够与用户所浏览的内容无缝结合,以至于用户往往难以区分其是否为广告。这种广告形式在社交媒体、新闻网站、移动应用等多种数字平台上广泛应用。其界面设计与用户的体验感息息相关,并决定性的影响用户后续的决策行为。

根据注意力理论,人们的注意力是有限的资源,我们在面对大量信息时只能选择关注其中一部分内容,而忽略其他无关的信息。这种有限的注意力决定了广告在竞争激烈的信息环境中需要与众多其他内容争夺用户的关注。原生广告的界面和设计在这种背景下起到重要的作用。通过吸引用户的注意力,原生广告可以让自己在众多信息中脱颖而出,引起用户的兴趣和好奇心。如果广告的设计与平台的内容风格相符,用户会更容易接受和接纳这种广告形式,而不会将其视为打扰性的广告。

我们无法同时集中注意大量信息,而只能选择关注其中一部分内容,忽略其他无关的信息。这种有限的注意力现象在日常生活中十分常见,尤其在当今信息爆炸的数字化社会中更为明显。在这个竞争激烈的信息环境中,广告需要与众多其他内容一同争夺用户的有限注意力,以吸引用户的关注和参与。

为了在竞争激烈的广告环境中脱颖而出,广告设计需要采用各种策略来吸引用户的注意力。比如,采用醒目的视觉效果、引人入胜的故事情节、有趣的幽默元素、情感化的内容等,使得广告更具吸引力。在有限的注意力资源下,广告需要准确地定位到目标受众,以确保广告传达的信息对用户有吸引力和价值。精准定位目标受众,以吸引用户的注意力,从而提高广告的有效性和用户参与度,增加用户对广告内容的兴趣,提高广告的点击率和转化率。

9.3　内容相关性与用户体验

原生广告的内容通常与平台的内容相关,能够满足用户的兴趣和需求。这种内容相关性使广告更具吸引力,用户更有可能点击进一步了解或执行转化操作。广告内容与平台内容相关,意味着广告与用户当前浏览的内容或平台的主题有关联。当广告与用户感兴趣的主题相关时,用户更可能对广告产生兴趣,因为它与他们目前的关注点相关。

相关的广告更容易融入平台的整体布局和风格中。如果广告与平台的主题相关,它可以采用与平台相似的外观、字体、颜色等元素,使广告看起来像是平台上的自然组成部分,而不是突兀的插入物。这种无缝融合有助于降低用户的抵触感,提高广告的接受度。

使用关键词或标签等方法将广告与平台内容相关联,是一种常见的广告定向策略。广告平台或投放系统通常会根据用户的浏览内容或搜索行为,将与相关关键词或标签相关的广告展示给用户。这样,当用户正在查看与广告相关的主题时,就有可能看到与他们兴趣相关的广告,提高了广告的相关性和吸引力。通过确保广告内容与平台的主题或内容相关,广告主可以更精准地定位潜在用户。将广告与用户感兴趣的内容相关联,可以吸引到更有针对性的受众,提高广告的效率和转化率。

使用关键词和标签等方法可以将广告与用户感兴趣的内容相关联。相关性的广告设计能够更好地吸引目标用户,使广告融入平台环境,提高广告效率和用户体验。虽然关键词和标签等技术可以提高广告的相关性,但滥用这些技术可能导致广告与实际内容不相关,甚至是误导性的。例如,将与平台内容完全无关的关键词或标签添加到广告中,以吸引用户点击,这种行为会使用户感到被误导,对广告和广告主产生负面印象。

广告的目标是向用户传达真实和准确的信息,而不应该使用欺骗性手段来吸引用户。在广告设计中,需要确保广告内容与实际情况相符,避免用夸张、虚假或误导性的语言和表述,以维护用户对广告的信任和品牌形象的良好印象。

滥用关键词和标签等技术可能导致用户对广告体验产生负面影响。用户发现广告与实际内容不相关或存在误导时,可能会对广告产生不信任感,降低用户点击率和转化率,影响广告的效果和投放效益。在广告设计中,需要遵守相关法律法规和广告平台的政策,确保广告内容的合规性。使用不当的关键词和标签等技术可能违反广告平台的规定,导致广告被拒绝投放或遭到处罚,对广告主的品牌信誉造成损害。

尽管关键词和标签等技术可以提高广告与平台内容的相关性,但在使用这些技术时必须谨慎。广告设计应确保广告与实际内容相关,并避免使用误导性手段,以维护用户对广告的信任和提供良好的用户体验。同时,遵守相关法律法规和广告平台的规定,确保广告的合规性和可信度,是广告设计中的重要考虑因素。

在使用这些技术时,也要注意不要滥用或误导用户。广告内容应当真实、准确地反映产品或服务,避免使用欺骗性的手段。此外,广告投放时需要遵守相关法律法规和平台的广告政策,确保合规性和用户体验。广告内容与平台的主题或内容相关可以更好地吸引目标用户,使广告融入平台环境,提高广告效率和用户体验。同时,通过合理使用关键词和标签等方法,将广告与平台内容相关联,可以实现更精准的广告定向,让广告触达更有兴趣的用户。

9.4 积极情感与用户体验

原生广告可以基于积极情感来改善用户体验。原生广告的设计应注重在用户心理上产生积极的情感反应,例如幽默、温馨或感人的。广告的设计注重在用户心理上产生积极的情感反应的原因在于,情感化的广告内容可以更好地触发用户的情感共鸣。

情感是记忆的重要影响因素之一。当广告通过幽默、温馨或感人的情感表达触发用户的情感时,用户往往更容易将广告内容记忆并留存于脑中。这就为广告品牌或产品建立长期的记忆连接创造了机会,使得用户在未来更可能选择与之互动或转化。情感化的广告能够调动用户情感,引起积极的情感反应,如快乐、温暖、感动等。积极的情感反应往往会促使用户更愿意与广告互动,如点击广告、访问网站、了解产品详情,甚至分享给他人。这是因为情感会影响人的决策过程,让用户更倾向于采取与广告内容相关的行为。

情感化广告通常通过情感元素,如温暖、感动、幽默等,触发观众的情感共鸣。情感是人类行为和决策的重要驱动因素,当观众在广告中感受到与自己相关的情感时,会产生更强烈的共鸣和共情。这种情感共鸣能够增加广告在观众心中的价值和影响力。情感化广告往往采用故事性的表达方式,通过故事情节和人物来传递广告信息。故事性的广告设计能够吸引观众的好奇心和注意力,因为人们天生喜欢听故事,而不仅仅是传统的硬性推销。有趣的故事情节可以让广告变得更加生动有趣,使观众更愿意持续关注广告的内容。

情感化广告往往比平淡的广告更容易被观众记住。当观众在广告中体验到情感,广告的信息更容易留存在他们的记忆中。这样,即使观众离开广告场景,他们可能会在日常生活中自发地回想起广告中的情感和故事情节,进一步提高广告的记忆性和影响力。情感化广告能够引起观众的情感反应,激发他们对广告的参与和互动。观众更愿意在社交媒体上分享有趣或感人的广告,或者与广告中的故事情节进行互动。这种用户参与度有助于广告的传播和品牌的曝光。

情感化广告设计不仅仅是为了推销产品或服务,更重要的是传递品牌的情感价值和理念。观众在广告中感受到品牌所传达的情感,有可能形成对品牌的情感链接。这种品牌情感链接能够增加用户对品牌的认同和忠诚度,对品牌的长期发展产生积极影响。

原生广告的情感化有利于对用户决策的影响。情感是人类决策过程中不可或缺的因素。广告的目标之一是影响用户做出购买决策或采取其他转化行为。情感化的设计可以激发用户的情感需求,让用户情感上认同广告所传达的价值观、品牌形象或产品优势。在购买或转化决策时,情感化的因素往往起到至关重要的作用。原生广告的设计注重情感化,是因为情感在用户心理认知中具有重要的影响力。通过触发用户的情感共鸣、引起积极情感反应、讲述故事和吸引用户的注意力,情感化的广告能够促使用户更愿意与广告互动、记忆深刻,并且在决策时产生积极影响,提高广告的转化效果和用户参与度。对于广告内容而言,这些情感化的设计能够促使用户更加愿意与广告互动和转化。

情感化广告能够调动观众的情感需求,让观众情感上认同广告所传达的价值观、品牌形象或产品优势。在购买或转化决策时,情感化的因素往往起到至关重要的作用,影响着用户的决策行为。

在决策时,情感参与使得决策更富有动力和意义。情感能够调动我们的注意力和动力,影响我们对信息的选择和处理。情感化广告通过激发观众的情感,让广告内容更具吸引力和说服力,从而引导观众产生更积极的决策倾向。分段情感化广告常常通过情节、人物或音乐等元素,让观众产生情感共鸣和认同。观众在广告中感受到与自己相关的情感体验,从而与广告产生情感连接。当观众认同广告所传达的价值观、品牌形象或产品优势时,他们更有可能在决策时选择与广告相关的产品或服务。

情感化的原生广告内容会对品牌忠诚度产生积极影响。情感化广告不仅仅是为了推销产品或服务,更重要的是传递品牌的情感价值。观众在广告中感受到品牌所传达的情感,有可能形成对品牌的情感链接。这种情感链接能够增加用户对品牌的认同和忠诚度,在购买决策时影响用户选择。

许多研究表明,情感在购买行为中扮演着决定性的角色,情感可以直接驱动用户的购买行为。人们常常在情感驱动下进行购买决策,而后用理性来为决策找到合理化的理由。情感化广告能够引发观众的情感需求,激发他们对广告内容相关产品或服务的购买冲动,进而影响购买决策。情感化的原生广告也会对用户产生的长期影响。情感化广告能够在观众心中建立品牌或产品的情感印象。这种情感印象会在长期内影响观众对品牌的看法和态度,进而影响他们未来的购买决策。长期积累的情感连接能够使品牌在用户心中建立稳固的地位。

整体上,广告的界面和设计可以通过情感激发来影响广告的转化率。情感传递理论是一种心理学理论,它探讨了情感在人际交流和信息传递中的作用和影响。该理论强调情感在交流过程中的传递性质,即情感可以从一个人传递给另一个人,影响他们的情绪和态度。情感传递是指情感在交流中被表达出来,并影响到接收者的情绪和情感状态。当一个人在交流中表达情感时,这种情感往往会影响到听众的情感体验,从而产生情感共鸣或情感反应。个体通过语言、面部表情、肢体语言等方式将自己的情感传递给他人。情感表达是情感传递的关键环节,它能够激发观众的情感共鸣,让观众在情感上与情感表达者产生共鸣,产生与情感表达者类似的情感体验。当观众与情感表达者在情感上产生共鸣时,他们会更容易理解和认同情感表达者的情感状态。

9.5　心理启示与用户体验

原生广告的界面和设计可以通过心理学启示来影响广告的转化率。心理学启示是指在广告中运用一些心理学原理和效应,如社会证据、权威性、稀缺性等来影响用户的认知和决策。用户在广告中感受到这些启示,可能更容易信任广告内容并采取转化行动。

1. 社会证据

社会证据(social proof)是指人们倾向于参考他人行为来确定自己的行为。在广告中,可以利用社会证据来表现产品或服务的受欢迎程度,例如使用"超过100万用户推荐"的口号,或展示用户评价和评论。这种方式可以增加产品的可信度和吸引力,激发其他人跟随使用或购买。

人们在面对不确定情况下,倾向于参考他人的行为和意见来指导自己的决策和行为。这种行为受到社会心理学中的从众效应的影响,人们认为如果许多其他人都采取了某种行为,那么这种行为可能是正确的或值得采纳的。

在广告中,利用社会证据是一种常见的策略,可以增加产品或服务的可信度和吸引力。通过展示产品或服务的受欢迎程度,例如"超过100万用户推荐"的口号,或者展示用户评价和评论,广告试图向观众传达这样的信息:许多人都喜欢并支持这个产品或服务,因此你也应该跟随他们一样去使用或购买。

这种策略的原理基于社会认同、从众效应、可信度增加等角度提升用户对广告的认可。从社会认同角度来看,人们天生倾向于与他人产生社会认同感。当广告展示许多其他人都支持某个产品或服务时,观众更容易与这些人产生社会认同,认为这个产品或服务值得信赖。

基于社会证据可以诱导从众效应。从众效应是一种人们在不确定的情况下,参考他人行为来指导自己行为的心理现象。广告中展示大量其他人对产品的认可和支持,会激发观众从众效应,认为这个产品应该是好的,值得一试。通过展示用户评价和评论,广告传递了真实用户的声音,而不是仅仅由品牌自己宣传。这种真实性增加了广告的可信度,观众更容易相信这些来自实际用户的评价。

例如,某个化妆品品牌的广告展示了多位明星和知名化妆师使用并推荐该品牌的产品。同时,广告还展示了大量用户在社交媒体上的积极评价和自拍照片,表达了对产品的喜爱和认可。这样的广告利用社会证据,向观众传达了明星和专业人士的认可及普通用户的支持,激发了观众从众效应,增加了产品的可信度和吸引力。观众可能会因为看到这些来自其他人的正面评价而更倾向于购买这个化妆品品牌的产品,因为他们相信这些人的选择是值得依赖的。

2. 权威性

权威性(authority)是指人们倾向于相信专家或权威人士的意见。在广告中,可以使用专家推荐、医生推荐、明星代言等方式来传递产品或服务的优势和价值。通过显示权威性来源的认可,广告可以增强观众对产品的信任和购买意愿。

权威性是指在特定领域或专业知识方面具有高度可信度和专业性的人或机构。

在心理学和社会学领域,权威性是一种社会影响力策略,人们倾向于相信并遵循权威人士的意见或建议。在广告中运用权威性是为了增强产品或服务的可信度和吸引力,从而影响观众的购买意愿。

权威人士在特定领域或专业知识方面具有高度可信度,他们的意见和建议往往被视为可信和可靠的。在广告中使用权威性来源,如专家、医生、行业领袖等,能够让观众更容易相信广告所传达的产品优势和价值,从而增加对广告的信任。权威性的存在增强了广告的说服力。观众倾向于认为权威人士的推荐是基于专业知识和经验的,而不是出于商业目的。因此,权威性的存在使广告更具有说服力,让观众更愿意接受广告所传达的信息。

权威人士推荐或代言产品时,观众更有可能对产品产生积极的态度。权威性代言可以将权威人士的声誉和认可与产品联系起来,使产品在观众心中获得更高的评价和价值。在某些领域,产品的特点和优势可能较为复杂或专业,普通消费者难以完全理解。此时,权威人士的推荐可以向观众提供专业知识和解释,使观众更好地了解产品的价值和效益。通过权威性代言,品牌可以借助权威人士的声誉和认可来建立品牌形象,这有助于品牌在观众心中形成积极的印象,增强品牌的认知和忠诚度。

3. 稀缺性

稀缺性(scarcity)是指人们对稀有或有限资源的渴求。在广告中,可以强调产品或服务的限时促销、限量版、独家优惠等,以激发观众的紧迫感和购买欲望。稀缺性效应可以促使观众更快做出决策,以避免错过机会。稀缺性是一种心理学原理,指的是人们对稀有或有限资源的渴求和追求。在广告中利用缺性效应是一种常见的策略,通过强调产品或服务的限时促销、限量版、独家优惠等来激发观众的紧迫感和购买欲望。这种策略可以促使观众更快做出决策,以避免错过稀有的、看似有限的机会。

心理学研究表明,人们对损失的敏感程度比对收益的敏感程度更高。当观众意识到某个产品或服务存在限时促销或独家优惠,他们会担心自己会错过这个特殊的机会,从而产生损失厌恶的情绪。为了避免损失,观众可能更倾向于立即采取行动,即购买该产品或服务。强调产品或服务的限时性和稀有性,可以激发观众的紧迫感。观众意识到机会是有限的,他们必须在限定的时间内做出决策,否则会错过优惠或独家机会。这种紧迫感会促使观众更快做出决策,以免后悔错失机会。

人们在决策时会考虑他人的行为和意见。当广告中强调产品或服务的稀缺性,观众会认为这是一个热门或受欢迎的选择,因为其他人也在抢购。这种社会认同感会增加观众的购买欲望,以便与他人保持一致。稀缺性效应还可以增加产品或服务的独特性和价值。观众认为这个产品或服务是有限且独特的,因此更有吸引力和价值。这种感知的独特性也会促使观众更愿意采取行动,以获得这个特殊的产品或服务。

例如,某家电商网站在广告中宣传一款限量版手机,声称只有在特定时间内购买,才能享受优惠价格。广告中强调该手机的数量有限,限时促销,以及独家优惠。这种广告利用缺性效应,激发了观众的紧迫感和购买欲望。观众可能会因为手机是限量版,且优惠价格仅限特定时间,担心错过优惠,因此更倾向于立即购买。同时,观众也会觉得这款限量版手机有独特性和稀有性,增加了产品的吸引力和价值。

4. 重复暴露效应

重复暴露效应(mere exposure effect)指反复接触某一刺激会使人对该刺激产生更积极的态度。在广告中,通过频繁地向观众展示品牌或广告内容,可以增加观众对该品牌或广告的熟悉度和好感度。重复暴露效应是一种心理学原理,它指的是反复接触某一刺激会使人对该刺激产生更积极的态度或评价。在广告中,通过频繁地向观众展示品牌或广告内容,可以增加观众对该品牌或广告的熟悉度和好感度。这一效应主要涉及心理认知和机制。

重复暴露效应与人们的认知记忆有关。当人们反复接触到某个刺激,比如品牌标识、广告语,或广告内容,他们会在脑中形成更强的记忆痕迹。这些记忆痕迹在大脑中形成了连接,使得相关的信息更容易被激活和检索。当观众在不同场景中反复看到相同的广告或品牌,这些记忆痕迹会逐渐加强,使得观众更容易识别和回忆这个品牌或广告。重复暴露效应与隐性学习也有关。隐性学习是指人们在没有意识到的情况下通过反复接触某一刺激而形成的学习过程。当观众反复接触到某个广告或品牌时,他们可能并不主动地去注意和记忆,但在潜意识中,他们逐渐建立起对这个广告或品牌的偏好和好感。

频繁接触到相同的广告或品牌可以帮助观众节省认知资源。人类的认知资源是有限的,当遇到大量信息时,我们需要花费较多的认知资源去处理和分析这些信息。然而,当观众在不同场景中反复看到相同的广告或品牌时,他们会觉得这些信息较为熟悉和简单,从而减少了认知资源的消耗。这种认知节省使得观众更容易接受和认同这个品牌或广告。重复暴露效应还涉及感情联结。当观众反复接触到某个广告或品牌时,他们会建立起情感上的联结,将这个广告或品牌与积极的情感联系在一起。这种感情联结增加了观众对广告或品牌的好感度和认同感。

重复暴露效应通过认知记忆、隐性学习、认知节省和感情联结等心理认知和机制,使得观众对广告或品牌产生更积极的态度和好感度。频繁地向观众展示品牌或广告内容可以增加观众对该品牌或广告的熟悉度,加强对品牌或广告的认知和认同,从而在广告传播中起到重要的影响作用。

5. 影响力策略

心理学中的影响力策略(influence strategies),如诱因、承诺和一致性等,可以应用于广告设计中。例如,提供优惠券、礼品、折扣等诱因,鼓励观众采取特定行动;引导观众做出承诺,增加他们遵守广告中的行为要求的可能性,保持广告信息的一致性,避免引起观众认知上的混淆。心理学中的影响力策略促使人们在特定情境下更倾向于采取某种行为或决策。这些策略在广告设计中可以被巧妙地应用,以激发观众的兴趣,增加对广告的响应和互动。

诱因策略是指在给予他人一些特殊待遇或好处后,期望对方会产生回报的心理现象。在广告中,可以提供优惠券、礼品、折扣等诱因来激励观众采取特定行动,比如购买产品、参与活动或订阅服务。一家在线购物平台在广告中宣传"新用户注册送100元优惠券",通过这种诱因策略,吸引新用户注册账号,并增加他们在平台上的第一笔购物意愿。

承诺策略是指通过让人们做出口头或书面的承诺,增加他们遵守承诺的可能性。在广告中,可以引导观众做出承诺,比如让他们表达对环保的承诺,购买可持续发展的产品或支持环保项目。例如,一家汽车公司在广告中宣传推出了新的电动汽车,通过号召观众加入"低碳环保行动",以购买电动汽车来减少碳排放,从而增加观众购买电动汽车的意愿。

一致性策略是指人们倾向于保持自己的行为与之前的承诺和态度一致。在广告中,可以强调广告内容与目标受众现有的观点、价值观或行为的一致性,从而促使他们更倾向于接受广告信息和采取相关行动。例如,一家健康食品公司在广告中强调他们的产品是"健康、天然、无添加剂",与目标受众关注健康和天然食品的价值观保持一致。这样的一致性策略可以增加观众对产品的信任和好感,从而提高购买意愿。

6. 隐含性广告

隐含性广告(subliminal advertising)是指在观众意识之外,通过隐藏的方式传递广告信息。虽然隐含性广告在实际应用中存在争议,但有些广告仍尝试利用图像、声音或暗示等方式传递潜意识中的信息,以期影响观众的行为和决策。

隐含性广告的信息往往是隐蔽的,不会直接被观众察觉或识别。它可能被融入到内容中的某个场景、背景或对话中,而观众在不经意间接收到这些信息。隐含性广告的目的是影响观众的潜意识,让他们在不知不觉中接受和吸收广告信息。这些信息可能在观众的大脑中形成潜在的记忆和联结,而观众可能无法准确意识到广告对他们的影响。

隐含性广告通常通过与特定情境或情感相关联来建立广告信息和观众之间的联想。当观众在日后遇到相关情境或情感时，潜意识中的广告信息可能会被激活，并影响他们的决策行为。尽管隐含性广告可能在某些情况下起到影响观众的作用，但它也受到一些争议，因为隐含性广告可能会违背透明和诚信的原则，观众在没有意识到广告的情况下被影响，可能导致信息的误解或误导。因此，广告从业者在运用隐含性广告时需要谨慎，确保广告内容合法、诚实，并不欺骗观众。

假设某汽车品牌推出一款全新的电动汽车。为了提高这款车的知名度和吸引力，该品牌可能在一个流行的电影中，将这款车用作主角驾驶的交通工具，或将其作为背景中的道具展示出来。观众在观看电影时，并没有意识到这是一则广告，而将其当作是电影的情节和故事情节之一。然而，这样的隐含性广告可能在观众的潜意识中留下印象，当他们在未来考虑购买一辆电动汽车时，这款品牌的电动车可能会在他们的选择列表中占据一席之地。这个例子中，汽车品牌通过隐含性广告在观众的潜意识中建立了汽车品牌和电动车的正面联想，以期影响观众在购车决策时的行为。这种广告方法需要谨慎，避免给观众带来误导或不透明的感觉。

思考题

（1）从用户的角度出发，列举并解释至少三个在广告中可能影响用户体验的因素，并为每个因素提供一个实际的例子，说明它是如何影响用户体验的。

（2）选择一个原生广告类型，解释为什么界面设计在提升用户体验方面很重要。提供一个具体的实例，说明如何通过界面设计来创造积极的用户体验。

（3）解释为什么提供与用户兴趣相关的广告内容可以提高用户的参与度和满意度。选择一个产品或服务领域，说明如何通过内容相关性来设计原生广告，以吸引目标受众。

（4）解释为什么积极情感对于用户体验和广告效果很重要。选择一个广告情境（如健康、娱乐、社交等），说明如何通过情感元素来传递积极情感，提高用户的情感连接和参与度。

（5）心理启示与用户体验的关系非常密切，选择一个心理启示原则（如亲和力、社会证据等），解释它是如何在广告中影响用户体验和广告效果的。提供一个现实案例，说明如何运用这个原则来设计一个更吸引人的原生广告。

（6）选择一个品牌或产品，提出一个完整的原生广告策略，旨在通过界面设计、内容相关性、积极情感和心理启示等策略，提升用户体验并促进转化。描述你的策略并解释为什么这些要素对于实现广告效果至关重要。

第 **10** 章
原生广告的用户参与与品牌忠诚

本章主要介绍原生广告参与如何影响品牌忠诚,涵盖用户参与对品牌的提升、原生广告与品牌传播、原生内容与互动参与、原生广告与客户服务、原生广告与定制方案、原生广告与用户贡献以及原生广告与忠诚计划等内容。通过本章的学习,我们将全面了解原生广告如何与用户参与、品牌忠诚等方面相互关联,进一步深入理解如何通过原生广告的不同参与方式,建立更强的品牌-用户关系,从而在品牌建设和市场推广中获得长期的价值。

10.1 用户参与对品牌的提升

品牌忠诚和用户参与是两个在市场营销和品牌管理中非常重要的概念,它们都关注着客户与品牌之间的互动和关系。品牌忠诚是指消费者对某个品牌表现出长期的、稳定的忠诚和喜好。这种忠诚表现在消费者在购买决策中持续地选择特定品牌的产品或服务,并对该品牌产生积极的情感和认同。品牌忠诚的消费者通常不容易被竞争对手的促销活动或折扣吸引,更愿意坚定地支持自己喜欢的品牌。

品牌忠诚对于企业而言非常重要。品牌忠诚带来稳定的客户群体,这些忠诚客户往往比较持久,不易流失,有助于保持品牌的市场份额和稳定的销售额。忠诚客户往往对品牌更加了解,不需要进行大量的市场宣传和推广,从而降低了品牌的市场开发成本。忠诚客户往往会更频繁地购买品牌的产品或服务,为品牌带来更多的收入和利润。忠诚客户对品牌的认可和满意度通常会通过口碑传播,吸引更多的潜在客户对品牌产生兴趣。

用户与品牌或企业进行积极的互动和交流,如参与品牌的活动、内容创作、社交媒体互动等,会对企业带来可观的优势。这种互动可以是线上的,比如用户评论、点赞、分享;也可以是线下的,比如用户参加品牌活动或促销活动。在社交媒体背景下,广告的用户参与可以促进用户忠诚。在社交媒体上,广告可以通过个性化的内容和互动性的形式与用户进行交互。当广告能够满足用户的个性化需求,并与用户产生积极互动时,用户会感受到被重视和被关心,从而增强对品牌或产品的忠诚度。

社交媒体是用户展示自我、交流观点和分享喜好的平台。当广告与用户的兴趣、价值观相符,并且与用户所属的社交群体有关联时,用户会觉得这个广告是专门为他们设计的,从而增加对广告的认同感和忠诚度。用户对广告的参与程度通常与广告的内容和吸引力有关。当用户主动参与、评论、分享广告内容时,广告的传播范围扩大,品牌认知度提升,用户对品牌的记忆和认知加深,有利于培养用户对品牌的忠诚。在社交媒体上,广告可以通过讲述品牌故事和传递情感来吸引用户。当广告能够唤起用户的情感共鸣,引发用户情感参与和共鸣,用户更容易建立情感联结和忠诚度。

用户参与广告活动或互动营销后往往会产生参与感和成就感。这种参与感与品牌相关联,用户会更愿意与品牌建立积极的关系,并维持较高的忠诚度。社交媒体广告中的用户参与可以增强用户对广告和品牌的认同感,建立情感联结,增加品牌认知度,促进用户忠诚。用户参与是社交媒体广告效果的重要指标之一,也是营销人员在社交媒体平台上实现用户忠诚的重要手段。

用户参与品牌活动和内容创作,有助于增强品牌在用户心中的认知和形象。用户参与可以让用户更好地了解品牌和产品,提供更多的互动和参与体验,从而增加用户的满意度。用户参与促使用户更深入地了解品牌,建立积极的情感联结,从而增加用户对品牌的忠诚度。用户参与可以获得用户的反馈和意见,帮助品牌更好地了解用户需求,优化产品和服务。

在原生广告背景下,品牌忠诚和用户参与都是品牌管理中非常重要的指标。品牌忠诚带来稳定的客户群体和市场份额,用户参与则增强了品牌在用户心中的认知和形象,提高了用户满意度和忠诚度。在品牌发展过程中,企业需要注重建立并维护品牌忠诚,同时积极鼓励用户参与,增强品牌与用户之间的互动和关系。

10.2　原生广告与品牌传播

社交原生广告是品牌传播的重要途径,通过在社交媒体上发布与品牌有关的内容和信息,品牌可以增强在目标受众中的认知度和形象,从而提高企业的品牌传播效力。

社交媒体平台拥有庞大的用户群体,每天都有数以亿计的用户在社交媒体上活跃。通过社交原生广告,品牌可以触及大量的潜在消费者,扩大品牌的曝光率和认知度。社交媒体平台拥有丰富的用户数据,可以实现精准的广告定向。品牌可以根据用户的兴趣、行为和偏好,将广告投放给最具潜力的目标受众。这种个性化的广告定向能够增强广告的针对性和有效性,提高广告的点击率和转化率。

通过社交原生广告传递的有趣、有价值的内容和信息,以及对用户的个性化关怀和回应,可以增加用户对品牌的信任感。当用户信任品牌时,他们更有可能成为忠诚客户,坚定地选择品牌的产品或服务。社交原生广告能够与用户产生更深层次的情感联结。这种情感联结会增加用户对品牌的认同感和归属感,使他们在购买决策中更倾向于选择品牌的产品或服务。

忠诚客户通常会积极参与品牌的社交活动,主动分享品牌的好评和使用体验。这种用户生成的内容和口碑传播对于品牌的推广和影响力非常有益,进一步提高了品牌的认知度和忠诚度。社交原生广告可以用于与用户互动和沟通,及时解决用户的问题和反馈。这种良好的用户体验会增加用户的满意度,促使他们更愿意长期选择品牌的产品或服务。忠诚客户是品牌口碑营销的重要推手。通过社交原生广告吸引用户参与品牌的社交活动,品牌可以利用这些忠诚客户积极传播品牌的正面形象和优势,吸引更多潜在客户对品牌产生兴趣。

社交原生广告是一种非常有价值的品牌传播方式。通过在社交媒体上发布与品牌相关的有趣、个性化的内容,品牌可以增强在目标受众中的认知度和形象,吸引用户参与和互动。通过鼓励用户参与和互动,品牌可以增强在目标受众中的认知度和形象,促进消费者的忠诚度和参与度。然而,要取得成功,品牌需要理解社交媒体平台的用户特点和文化,制订符合用户兴趣的广告策略,同时保持诚信和透明性,避免过度商业化和打扰用户体验。

10.3　原生内容与互动参与

原生广告可以鼓励用户参与品牌活动、抽奖、评论、分享等互动行为,这种参与会增强用户对品牌的感情联结,从而促进忠诚度的形成。这种互动和参与的过程让用户更加接近品牌,与品牌建立更紧密的联系,使他们更倾向于选择品牌的产品或服务,从而对品牌产生忠诚度。因此,在社交广告策略中,鼓励用户参与和互动是一种有效的方法,有助于增强品牌与用户之间的关系,提高用户的忠诚度。

原生广告可以吸引人的方式促使用户参与品牌的活动,比如推出有吸引力的优惠活动、举办有趣的线上或线下活动、提供抽奖机会等。这些互动行为吸引了用户的注意,激发了他们与品牌之间的兴趣,让他们愿意主动参与进来。

在社交媒体上利用原生内容,开展线上优惠活动是一种吸引用户参与、增加品牌曝光和提高销售的有效策略。常见的社交媒体线上优惠活动类型有提供折扣或优惠码,让用户在购买产品或服务时获得折扣或特价;限时促销,在特定时间内推出折扣或优惠,增加用户的购买决策;满减活动,用户在达到一定购买金额时,可以获得一定金额的优惠或礼品;礼品赠送,购买产品或服务时赠送特定礼品或赠品;抽奖活动,用户参与抽奖,有机会赢取折扣、优惠码或实物奖品。用户参与评论、点赞、分享等互动行为,有机会获得优惠或参与抽奖;预售活动,提前推出产品或服务的优惠预售,吸引用户提前购买。

需要考虑的要点是:① 目标受众,需要明确活动的目标受众,了解他们的兴趣、需求和购买习惯,以制订相应的优惠活动策略。② 活动的时间和期限:选择适当的活动时间,确保活动期限合理,增加用户参与的紧迫感。③ 考虑优惠设置,确定优惠力度和方式,确保优惠对用户有吸引力,同时要确保活动后对品牌仍有积极的影响。④ 要考虑互动机制,设计互动机制,吸引用户参与,例如分享、评论或邀请好友参与。⑤ 要考虑社交媒体平台选择。选择适合活动目标的社交媒体平台,考虑平台的用户特点和广告投放方式。⑥ 考虑宣传和推广,制订有效的宣传和推广计划,通过社交媒体广告、品牌账号宣传等方式提高活动曝光率。

此外,还要考虑监测和评估:设立监测指标,对活动进行实时监测,及时调整优化策略。活动结束后,进行综合评估,了解活动的效果和用户反馈。通过精心策划和执行社交媒体上的线上优惠活动,可以有效地吸引用户的参与,提高品牌曝光和知名度,增加用户对品牌的忠诚度,同时促进产品或服务的销售。但需要注意,优惠活动应与品牌定位和形象相符,避免降低品牌价值或过度依赖优惠吸引用户。

在社交媒体上进行优惠活动时,还需要考虑一些额外的要点。例如,广告商需要积极回应用户,在活动期间,用户可能会提出问题、反馈或咨询,品牌需要及时回应并提供解答。积极的客户服务可以增强用户的满意度,提高他们对品牌的信任和忠诚度。需要为用户数据提供保护,在活动中涉及用户数据的收集和使用,品牌需要遵循相关法律法规,确保用户数据的隐私和安全。广告商还需要考虑一些保障和支持措施。例如,竞品研究,了解竞争对手的优惠活动和促销策略,可以帮助品牌制定更具竞争力的优惠方案。

我们需要考虑活动后续情况。当活动结束后,应继续与用户保持联系,并进行后续的互动和推广,让用户对品牌保持持续的兴趣和关注。需要考虑反馈和改进,需要及时收集用户对活动的反馈意见,了解用户的体验和感受,从中学习和改进未来的优惠活动策略。广告商需要考虑营销策略的整合,将线上优惠活动与品牌的整体营销策略相结合,确保活动与品牌形象、市场定位和长期目标一致,形成有机的营销整体。

社交媒体上的线上优惠活动是一种有效的品牌传播和营销手段,可以吸引用户的关注和参与,提高品牌曝光和忠诚度。然而,成功的优惠活动需要细致的策划、巧妙的执行和持续的监测和改进,以确保活动与品牌价值相符,同时为用户提供有价值的体验和回报。在设计优惠活动时,尝试创新和独特的方式,让活动与众不同,吸引用户的注意。创意十足的优惠活动会引发用户的兴趣,增加活动的传播效果。

在制订优惠活动时,尽量提供独特的、有吸引力的优惠,让用户感到获得特别待遇,从而增加他们对品牌的忠诚度。社交媒体上的线上优惠活动可以是品牌与用户之间互动的良好契机,通过吸引用户参与和互动,增强用户对品牌的感情联结,进而促进忠诚度的形成。但要确保活动的策划和执行与品牌价值相符,避免低价竞争和频繁的优惠活动对品牌形象造成负面影响。正确地运用社交媒体上的优惠活动,可以为品牌带来积极的营销效果,增加用户的忠诚度和购买意愿。

10.4　原生广告与客户服务

社交媒体背景下的广告也是客户服务的渠道之一,在品牌与用户之间建立了一种直接互动的桥梁,品牌可以通过社交媒体平台及时回复用户的问题和反馈,提供更好的客户服务体验,增强用户的满意度和忠诚度。

1. 解答问题与疑虑

通过社交广告,品牌可以提供及时回复和互动,帮助用户解决问题和疑虑,从而提升用户的满意度和忠诚度。原生广告内容有助于解答问题和疑虑,用户可能在使用产品或服务时遇到问题,通过社交广告可以及时回复用户的问题,提供解答和帮助,解决用户的疑虑。例如,用户可能在使用品牌的产品或服务时会遇到各种问题或疑虑,如操作不熟练、功能不清楚、支付问题、物流延迟等。这些问题或疑虑如果得不到及时的解答和帮助,可能会影响用户对品牌的体验和满意度,甚至导致用户对品牌的不满和流失。

社交媒体平台的特点是信息传播快速,用户在社交广告上留下问题或反馈后,品牌可以立即回复,不用等待。这种即时性能帮助用户迅速解决问题,增加用户的满意度。社交广告上的问题和回复是公开的,其他用户也可以看到品牌的回复,这有助于增加品牌的透明度和信任度,让用户感到品牌是负责任的。

通过社交广告,品牌可以对每个用户的问题进行个性化的解答和帮助。根据用户的具体情况和需求,品牌可以提供定制化的解决方案,提高用户的满意度和体验。社交广告的回复过程是互动的,品牌可以用友好的语言和态度回复用户,增加用户的参与感和体验,让用户感受到品牌的关心和重视。

在社交广告上积极回复用户问题和提供帮助,可以增强品牌形象和口碑。其他用户看到品牌积极解决问题的态度,会对品牌产生好感,增加品牌的信赖度。通过社交广告及时回复用户的问题和提供帮助,品牌可以建立更紧密地与用户之间的联系,提高用户对品牌的满意度和忠诚度。同时,这也是品牌展示专业形象和服务态度的机会,增强用户对品牌的信任和好感。因此,品牌应该重视社交广告作为客户服务渠道的作用,建立高效的客服团队,及时回复用户问题,提供优质的客户服务体验。

2. 处理投诉与反馈

当用户在社交媒体平台上提出投诉或反馈时,品牌的积极回应和解决问题的方式可以对用户满意度产生显著影响。例如,一位用户在品牌的官方社交媒体账号上的内容下发布了一条投诉帖子,声称购买的电子产品在使用过程中出现了异常功能,无法正常使用。

品牌通过社交媒体监测及时发现了用户的投诉帖子,并立即回复了用户,表达了对用户遇到问题的关切和歉意。尽快建立用户与客服团队的联系,提供订单号或联系方式,并表示会尽全力为客户解决问题。

在用户提供了订单信息后,品牌的客服团队与用户私信取得了联系,并详细了解了用户遇到的问题。通过进一步了解,品牌发现这是一个由软件问题导致的技术故障。品牌的技术团队在第一时间查找并排除了软件故障,然后通知用户新的软件版本已经发布,并要求用户进行更新。在用户更新软件后,功能问题得到了解决。

品牌在社交媒体上再次回复用户,并回馈了一份优惠券作为补偿。通过积极回应用户投诉并解决问题,品牌成功地提高了用户满意度。在这个例子中,品牌及时回复用户投诉,表达了关心和解决问题的决心。通过了解问题并迅速解决,品牌展现了专业的态度和技术实力。此外,品牌还回馈了一份优惠券,为用户带来了额外的价值,增强了用户对品牌的好感。这种积极的回应和解决问题的方式,能够让用户感受到品牌的关心和重视,增加用户的忠诚度。

通过在社交广告上积极回应用户投诉并解决问题,品牌往往能引发用户之间的口碑传播。满意的用户通常愿意分享他们的积极体验,推荐品牌给其他人。这种社交传播效应可以扩大品牌的影响力,吸引更多潜在用户的关注和参与。

通过在社交广告上积极回应用户投诉并采取措施解决问题,品牌可以增强用户的满意度和忠诚度。这种积极的回应方式不仅可以解决用户遇到的问题,还可以展示品牌的专业和关心,增加用户对品牌的信任和好感。同时,良好的客户关系和社交传播效应也有助于提升品牌形象和影响力。因此,社交广告作为客户服务渠道,对于品牌与用户之间的关系和品牌的发展都具有重要意义。

3. 提供售后服务

品牌可以通过社交广告向用户提供多种售后服务,以解决用户在购买品牌产品或服务后遇到的问题、疑虑或需求。品牌可以通过社交广告回答用户关于产品或服务的技术问题。用户可能遇到操作不熟练、功能设置不清楚等问题,品牌可以向用户提供详细的技术指导和解答,帮助用户更好地使用产品或服务。

通过社交广告,品牌可以向用户提供产品使用指南、视频教程等形式的指导,让用户了解如何正确使用产品和获取最佳的使用体验。品牌可以通过社交广告告知用户关于产品的保修政策,如何申请售后维修或更换产品等。对于用户遇到的产品质量问题,品牌应该积极回应,提供解决方案,并确保用户的权益得到保障。

对于在线购物的用户,品牌可以通过社交广告回应用户关于订单状态、物流查询等问题,让用户了解商品的发货和送达情况,提高购物体验。品牌可以通过社交广告回应用户的投诉和意见反馈,认真听取用户的意见,积极解决用户遇到的问题,改进产品和服务,提升用户满意度。品牌可以通过社交广告开展用户调查,了解用户对产品或服务的满意度、需求和期望。收集用户反馈有助于品牌持续改进产品和服务,更好地满足用户的需求。

品牌甚至可以基于原生广告内容账号,在社交媒体平台上设置专门的客服账号,通过即时聊天、回复留言等形式,及时回答用户的问题,提供实时的帮助和服务。基于原生内容的引流,可以向用户提供独家优惠券、折扣信息等,激励用户继续购买品牌产品或服务。品牌可以通过社交广告宣传品牌活动、推出互动互动有奖等形式,增加用户参与度和忠诚度。

品牌可以通过社交广告向用户提供售后服务,帮助用户解决产品使用中的问题,增加用户对品牌的信任和忠诚度。在用户购买了产品或服务后,品牌可以利用社交媒体平台与用户进行互动,帮助用户解决在产品使用中遇到的问题,从而增加用户对品牌的信任和忠诚度。用户可以随时在品牌的社交广告下留言或私信咨询问题,即时回应增加了品牌与用户之间的互动效率,让用户感受到品牌的关心和重视。

品牌通过社交广告可以针对每个用户的问题进行个性化的解答。根据用户的具体情况和需求,品牌可以提供定制化的解决方案,增加用户的满意度。个性化解答让用户感觉品牌真正了解他们的需求,并解决他们的问题。通过社交广告提供售后服务,品牌与用户之间建立了更加紧密的联系。这种直接的互动让用户感受到品牌的关心和尊重,加强了品牌与用户之间的情感联结。建立良好的客户关系有助于促进用户的持续参与和忠诚度。

品牌通过积极回应用户问题并提供帮助,表现出专业和贴心的态度,增强了用户对品牌的信任。当用户感受到品牌对他们的关心和支持时,会更加信赖品牌,增加忠诚度。通过在社交广告上提供售后服务,满意的用户通常愿意分享他们的积极体验,推荐品牌给其他人。这种用户口碑传播可以扩大品牌的影响力,吸引更多潜在用户的关注和参与。

品牌可以通过社交广告向用户提供售后服务,帮助用户解决产品使用中的问题,从而增加用户对品牌的信任和忠诚度。这种积极的回应方式不仅可以解决用户遇到的问题,还可以展示品牌的专业和关心,增加用户对品牌的信任和好感。同时,良好的客户关系和用户口碑传播也有助于提升品牌形象和影响力。因此,社交广告作为品牌提供售后服务的渠道,在增强用户忠诚度和品牌价值方面具有重要意义。

10.5 原生广告与定制方案

广告商可以通过了解用户的需求和偏好,品牌可以在社交广告上提供个性化的建议和推荐,帮助用户做出更好的购买决策。品牌可以通过社交媒体平台收集用户的行为数据和交互数据,如点击记录、浏览历史、喜欢的帖子、分享内容等。通过对这些数据进行分析,品牌可以了解用户的兴趣爱好、购买历史、偏好等,获取用户的洞察信息。通过个人化推荐算法,根据每个用户的行为数据和洞察信息,为每个用户生成个性化的广告内容和推荐。这些推荐可以基于用户的兴趣爱好,向用户展示他们可能感兴趣的产品或服务。

广告商可以根据用户的地理位置和语言设置,为不同地区和语言的用户提供相应的个性化广告内容。例如,如果品牌有国际市场,可以根据用户所在的国家或地区,展示当地的促销活动或特定的产品系列。广告商甚至可以追踪用户的购买历史和浏览记录,了解他们感兴趣的产品类别和品牌。根据用户的购买偏好和行为,品牌可以向他们推荐类似或相关的产品,增加用户对广告的吸引力。如果用户在社交媒体平台上拥有个人账户并关注了品牌,品牌可以利用用户的兴趣标签和互动记录,更好地了解用户的兴趣和喜好。根据这些信息,品牌可以向用户提供更加个性化的广告内容和推荐。

品牌可以使用标签和定位等方式对用户进行分类和分组,根据不同用户群体的特点和需求,提供相应的个性化广告内容和推荐。品牌可以通过原生广告与用户进行互动,了解他们的购买意向、需求和反馈。通过与用户的直接交流,品牌可以更好地理解用户的需求,为他们提供更合适的推荐和建议。

假设一家时尚品牌在社交媒体上基于原生内容开展广告活动,想要向用户推广他们最新推出的夏季服装系列。广告商通过社交媒体平台收集用户的行为数据,了解用户的兴趣爱好、购买历史、喜好等。通过数据分析,品牌发现一部分用户更喜欢运动风格的服装,另一部分用户更喜欢休闲时尚的款式。基于用户的行为数据和洞察信息,品牌方可以使用个人化推荐算法为不同用户生成不同类型的广告内容。对于喜欢运动风格的用户,品牌向他们展示运动系列的服装广告,包括舒适透气的运动装等;对于喜欢休闲时尚的用户,品牌向他们展示休闲风格的服装广告,包括轻薄透气的休闲衬衫等。

假设一家电子产品品牌在社交媒体上进行广告推广,他们推出了一款新型号的智能手表。品牌通过数据分析发现,他们的用户分为两类:一类用户喜欢运动和健身;另一类用户注重时尚和外观。为了实现个性化的广告推荐,品牌可以采取一系列措施。例如,对于喜欢运动和健身的用户,品牌可以在社交广告中展示手表的健康监测功能和运动追踪功能。他们可以通过个性化推荐算法,向这类用户推荐更多与运动和健身相关的功能和配件,例如心率监测带或跑步鞋。

对于注重时尚和外观的用户,品牌可以在社交广告中突出手表的时尚设计和多样化的表带选择。他们可以根据用户的购买历史和浏览记录,向这类用户推荐更多时尚款式和搭配建议,例如搭配不同服装的时尚造型。分段品牌还可以利用地理位置和语言设置,根据用户所在地区和语言提供不同的广告内容。例如,在不同国家或地区的广告中,可以展示当地的促销活动或优惠信息。通过以上个性化推荐策略,品牌可以更精准地满足用户的需求和偏好,提高用户对广告的兴趣和参与度,增加用户对品牌的信任和忠诚度,从而实现更好的广告效果和营销效益。

10.6　原生广告与用户贡献

社交媒体平台是公众广泛参与的社交空间,拥有庞大的用户群体和广泛的影响力。消费者的反馈和建议在这些平台上被广泛传播,可以迅速影响到其他用户的观点和态度,对企业的声誉和形象产生直接影响。通过消费者的反馈和建议,企业可以深入了解消费者对产品或服务的真实体验和意见。这些信息为企业提供了宝贵的市场洞察,帮助企业及时调整策略、改进产品,并满足消费者的需求。

消费者的正面反馈和好评有助于形成良好的品牌口碑,吸引更多潜在客户。同时,对消费者问题的及时回应和解决,能够增强用户满意度,提高用户忠诚度,使消费者成为品牌的忠实拥护者。在社交媒体时代,负面消息和投诉很容易迅速传播,一旦引发危机,对企业的声誉和形象造成严重损害。因此,积极回应消费者的反馈和建议,及时处理问题,是危机管理和声誉维护的重要手段。

通过鼓励用户参与和提供建议,企业可以实现与消费者的互动和共创。消费者的意见和建议能够为企业提供新的创意和营销策略,形成直接的贡献,增强用户对品牌的认同感和归属感。消费者的反馈和建议在社交媒体时代对企业至关重要,不仅影响着企业的品牌形象和声誉,还为企业提供了市场洞察和改进的机会,促进用户忠诚度和品牌共创。因此,企业应高度重视社交媒体上消费者的声音,积极回应和倾听消费者的需求和反馈,并灵活调整策略,与消费者建立良好的互动关系。

原生内容有利于鼓励客户参与品牌的活动和社交互动,积极参与品牌的营销活动,为品牌创造更多的创意建议、品牌曝光和话题讨论。社交媒体上的内容往往具有话题性和趣味性,容易引起用户的关注和参与。当企业在社交媒体上开展创意广告活动时,用户往往会积极参与,并提供各种创意建议,为企业的广告活动增色不少。

品牌可以通过发布有趣的挑战、故事、趋势话题等内容,吸引用户参与讨论和转发。这些话题性内容将用户吸引到品牌营销活动中,增加了用户与品牌的互动频率。社交媒体平台是用户与品牌进行实时、双向互动的重要渠道。通过社交媒体,促进了用户与品牌的亲密联系,激发用户对品牌活动的积极参与。社交媒体上用户之间的社交共鸣现象,使得用户更愿意参与品牌活动。当用户看到自己的朋友、家人或偶像参与某项品牌活动或发表相关评论时,会感受到社交压力和认同感,从而更有动力参与相同的活动。

社交媒体平台鼓励用户生成内容,如发布照片、视频、评论等。品牌可以通过UGC来展示用户与产品或服务的互动,增加品牌曝光和影响力。UGC的分享和传播还能进一步扩大品牌的话题讨论范围,形成更广泛的品牌曝光。品牌在社交媒体上发布创意内容和营销活动往往会激发用户的创意。用户可能会在评论或回应中提供自己的创意建议,为品牌的营销活动增添新的元素。这种用户参与的创意可以为品牌带来新鲜感和创新性,提升品牌形象。

社交媒体平台是传播信息的快速通道,当品牌发布具有吸引力的内容和活动时,用户会迅速转发和分享,从而制造品牌热点。热点话题吸引更多用户加入讨论,扩大品牌影响力,提升品牌曝光率。社交媒体和社交广告为品牌提供了有利于鼓励用户参与的平台,通过互动性、话题性、趣味性、社交共鸣、用户生成内容和创意激发等方式,品牌可以促进用户积极参与品牌的营销活动,为品牌创造更多的创意建议、品牌曝光和话题讨论,进而增加品牌的知名度、认知度和忠诚度。

例如,一家手机品牌在社交媒体上推出了一项名为"手机摄影大赛"的营销活动,鼓励用户用该品牌手机拍摄精彩照片并上传到社交媒体平台上,同时在照片下方添加特定的主题标签和品牌标识。参与者有机会赢得品牌手机或其他奖品。在活动开始后不久,用户们纷纷踊跃参与,上传了大量独创性、有趣的手机摄影作品。同时,许多用户还在评论区提供了创意建议,帮助企业进一步优化活动和拓展营销范围。

一些用户提出了创意建议,希望品牌可以增加特殊效果的照片滤镜,以增强作品的创意性和艺术感。这些建议让品牌意识到,在下一次活动中,可以提供更多滤镜选择,满足用户对个性化摄影风格的需求。另一些用户建议在照片上传界面添加更多互动元素,例如在拍摄时加入特定主题音乐或声效,增加趣味性和情感表达。这些建议让品牌意识到,音效和互动元素能够提升用户参与感,将在后续活动中加以考虑。

除此之外,还有用户提供了关于主题标签的创意建议。他们建议品牌可以设立不同的主题标签,如"自然风光""城市探索""家庭合影"等,以鼓励用户多样化地参与,展示更广泛的手机摄影作品。这样的创意建议使得品牌更加灵活地设定主题和方向,吸引更多不同兴趣爱好的用户参与。

通过社交媒体上的创意广告活动,这家手机品牌成功地吸引了大量用户的参与,并收集到丰富多样的创意建议。这些创意建议让企业发现了用户的期望和喜好,帮助他们改进了活动的内容和设计,并为未来的广告活动提供了更多有趣的创意方向。企业在社交媒体上倾听用户的声音,积极吸纳用户的创意建议,不仅增强了用户对品牌的忠诚度,还提升了品牌形象和竞争力。

10.7　原生广告与忠诚计划

社交广告可以用于推动忠诚度计划的实施,比如会员积分、专属会员优惠等,进一步提高忠诚客户的购买和参与率。会员积分和会员专享优惠是企业为吸引和留住忠诚客户而采用的一种用户忠诚计划。会员积分是指企业在用户购买产品或服务时,根据消费金额或消费次数给予相应的积分奖励。这些积分累积到一定程度后,用户可以在后续购买中兑换为折扣、礼品或其他优惠。会员专享优惠是指企业为会员提供的独特、特定的优惠和福利,这些优惠通常是普通用户无法享受的,例如折扣、赠品、提前购买权等。

社交广告在帮助企业的会员积分和会员专享优惠等用户忠诚计划方面可以发挥重要作用。会员积分和会员专享优惠是企业采用的一种有效的用户忠诚计划。通过这些计划,企业可以激励消费、建立忠诚客户群体、提高客户满意度、收集数据并促进复购和交叉销售,从而增强品牌影响力和市场竞争力。通过社交广告,企业可以将会员计划的信息传达给更多潜在客户。社交广告的广泛覆盖和针对性定向功能,使得企业可以精准地将会员计划的优势和福利展示给符合目标受众的用户,从而增加用户的关注和参与度。

社交广告是提高品牌知名度和曝光度的有效手段。通过在社交媒体上发布与会员计划相关的内容和广告,企业可以让更多用户了解和熟悉会员计划,增加品牌在用户心目中的形象和价值感知。社交广告可以用来促进用户参与会员计划。例如,企业可以在社交媒体上发布关于参与会员计划的活动、抽奖、有奖互动等内容,吸引用户积极参与。通过社交广告宣传这些活动,可以提高用户对会员计划的关注度和参与度。

社交广告可以引导用户在购买和使用产品或服务时参与会员计划。例如,在广告中强调会员购买特定产品或消费满足一定条件后可以获得积分或专享优惠,从而鼓励用户进行相应的购买行为。社交广告可以根据用户的购买历史和兴趣标签,向用户个性化推荐适合他们的会员计划优惠或专享活动。同时,通过社交广告的定期推送,可以提醒用户参与会员计划的相关活动和优惠,增加用户对计划的关注和参与。

社交广告还可以用于收集用户对会员计划的反馈和意见。企业可以在广告中引导用户参与调查或留下评论,了解用户对会员计划的满意度和建议,以便不断改进和优化计划,提高用户满意度和忠诚度。社交广告在会员积分和会员专享优惠等用户忠诚计划中扮演着重要角色。通过宣传和推广会员计划、提高品牌认知和曝光度、促进用户参与、引导用户行为、个性化推荐和提醒,以及收集用户反馈,社交广告可以有效地帮助企业提升会员计划的效果和用户参与度,增加用户对品牌的忠诚度和满意度。

对于企业而言,采用会员积分和会员专享优惠的用户忠诚计划,可以带来一系列竞争优势。会员积分和会员专享优惠可以激励客户频繁消费和持续购买。客户知道他们购买的金额或次数越多,积累的积分越多,获得的优惠也越丰富,这将鼓励他们成为忠实的重复购买者。通过会员计划,企业可以建立一个忠诚的客户群体,这些客户经常购买,并愿意与企业保持长期合作。忠诚客户对企业的品牌和产品更有信任,而且通常会推荐给其他潜在客户,从而带来更多的口碑宣传。

会员专享优惠让客户感受到被重视和特别对待,增加了他们的满意度。这种个性化的关怀和回馈使客户对企业产生更强的认同感,提高客户对品牌的忠诚度。会员计划允许企业收集客户消费行为数据,了解客户的购买偏好和习惯。通过对这些数据进行分析,企业可以更好地了解客户需求,优化产品和服务,提供更贴合客户需求的个性化体验。通过会员积分和会员专享优惠,企业可以引导客户再次购买,并促进交叉销售。例如,企业可以根据客户的购买历史和偏好,向他们推荐相关的产品或附加服务,增加额外销售机会。

总体而言,社交广告可以通过对消费者忠诚度的影响和利用,为企业创造更多的价值。但要注意,社交广告的效果与广告的内容、传播方式、目标受众等因素密切相关,需要有针对性地制订广告策略,以达到最好的效果。同时,保持诚信和透明性是建立和维护忠诚客户关系的重要前提。

思考题

(1) 解释用户参与如何对品牌的提升产生积极影响。列举两种不同类型的品牌活动,说明用户参与在这些活动中如何促进品牌忠诚度的增加。

(2) 从 10.2 节中的原生广告与品牌传播内容出发,解释为什么原生广告在品牌传播中起着重要作用。选择一个品牌,说明如何通过原生广告来传递品牌的核心信息和价值观。

(3) 选择一个产品或服务领域,提供一个实例,说明如何通过提供有趣和有价值的原生内容,鼓励用户参与互动,并以此增强品牌忠诚度。

(4) 提供一个实例,说明如何通过原生广告在客户服务中发挥作用,原生广告可以通过何种途径来改善客户服务体验,从而增强品牌的忠诚度。

(5) 选择一个行业,描述如何根据用户的需求和偏好,为其设计个性化的原生广告和定制方案,以增强品牌忠诚度。

第11章
用户隐私与数据安全问题

本章聚焦于隐私与数据安全问题,着重介绍隐私与数据安全的重要性、用户数据隐私保护、原生广告与隐私平衡、原生广告数据安全、匿名化和脱敏技术,以及跨平台数据共享等内容。通过本章学习,我们将全面了解原生广告领域中与隐私和数据安全相关的问题和挑战,进一步理解如何平衡个性化广告与用户隐私的权衡,采取措施保护用户数据隐私,确保数据安全,从而建立用户信任,促进品牌的可持续发展。

11.1 用户隐私与数据安全的重要性

用户隐私与数据安全问题涉及个人信息的保护和数据的安全性,在广告领域尤其重要。隐私包括个人拥有的关于自己的信息,如姓名、地址、电话号码、电子邮件地址等。个人信息的隐私保护是确保这些信息不被未经授权的个人、组织或机构获取、使用或泄露。在广告领域,个人信息的隐私保护尤为重要,因为广告通常涉及个性化推送和用户数据收集,涉及大量的个人信息。

在广告推送过程中,企业往往会收集大量用户数据,以了解用户的兴趣、偏好和行为,从而实现个性化广告推送。但是,数据收集过程中需要确保透明度,即向用户清楚地告知数据收集的目的、范围和用途。用户需要明确知晓他们的数据将被用于何种目的,从而能够做出知情同意。在广告领域,大量用户数据被收集和存储,因此数据安全至关重要。企业需要采取有效的安全措施,保护用户数据免受黑客攻击或数据泄露,确保数据的完整性和保密性。

在广告行业中,数据处理和共享是常见的做法。然而,数据的处理和共享需要遵循法律法规,并尊重用户的隐私权。企业需要明确告知用户数据将如何被处理和共享,确保用户的数据在被共享时得到妥善保护。用户对自己的个人信息和数据应该有一定程度的控制权。企业需要提供相应的设置选项,让用户能够自主选择是否接收及如何接收个性化推送和广告。用户应该有权利决定自己的隐私设置,并可以随时更改偏好。

隐私与数据安全问题涉及复杂的法律和法规,不同国家和地区有不同的隐私保护法律。企业需要确保自己的数据处理和隐私政策符合当地的法律要求,并且能够遵守相关的隐私保护法规。隐私与数据安全问题在广告领域是一个非常重要且复杂的议题。企业需要充分重视用户隐私权和数据安全,保护用户个人信息,确保数据处理的透明度和合规性,并为用户提供相应的控制权,以提高用户信任度和忠诚度。同时,企业也需要积极采取安全措施,确保用户数据的安全性,避免数据泄露和滥用的风险。

11.2　用户隐私保护

随着数字化时代的到来,广告行业越来越依赖个性化广告推送和用户数据收集,因此个人信息和隐私保护变得尤为重要。如何有效保护用户的个人信息和隐私,避免数据被滥用、泄露或不当使用,是广告领域中的一个关键问题。研究者需要探索有效的隐私保护技术和机制,确保用户数据在广告营销过程中得到妥善处理。学者们在原生广告领域已经展开了许多研究,旨在探索有效的隐私保护技术和机制。

1. 差分隐私

差分隐私是一种在数据发布过程中保护个体隐私的方法。研究者已经应用差分隐私技术来保护广告数据的隐私,确保数据的个性化处理不会暴露用户的敏感信息。差分隐私的核心思想是在对数据进行个性化处理或发布之前,向数据中添加一定的随机噪声,以混淆个体的信息,从而保护其隐私。通过引入噪声,差分隐私可以在保持数据整体统计特性的同时,保护个体的隐私,确保敏感信息不会被泄露。

在广告领域,差分隐私技术被应用于保护广告数据的隐私。通常,广告平台或广告联盟需要收集大量用户的个人信息和行为数据,以便提供个性化广告服务。然而,这些数据可能包含用户的敏感信息,如个人身份、地理位置、偏好等,如果这些数据在处理或发布过程中未经保护,可能会导致用户隐私泄露和滥用。

差分隐私通过在数据中引入噪声来解决这个问题。在数据发布前,广告平台或联盟对用户数据进行加噪处理,添加一定程度的随机性。这样一来,即使数据被攻击者或未经授权的个体访问,也无法准确还原出原始数据,从而保护了个体的隐私。差分隐私的关键是确保添加的噪声足够强大,以保护隐私的同时尽可能保持数据的有效性。研究者需要在添加噪声时权衡隐私保护和数据准确性之间的平衡。过强的噪声可能导致数据失真,影响广告推送和营销效果,而过弱的噪声可能无法有效保护个体隐私。

差分隐私提供了较高的隐私保护水平,确保个体的敏感信息不会被泄露。即使攻击者获取到加噪后的数据,也无法还原出原始数据。在广告行业中,数据共享是常见的做法,不同的广告平台和广告联盟可能需要共享数据以提供更好的个性化服务。差分隐私可以在数据共享过程中保护数据的隐私,限制共享数据的细节,从而保护用户的隐私。随着数据隐私法规的日益严格,企业需要确保用户数据的合法和合规性。采用差分隐私技术可以使企业更容易满足法律法规对隐私保护的要求。

值得注意的是,差分隐私并非完美的隐私保护方案,它只能提供一定程度的隐私保护。在使用差分隐私技术时,仍需结合其他隐私保护措施,如访问控制、加密等,构建完整的隐私保护体系,确保广告数据在收集、处理和发布过程中得到全面的隐私保护,增强用户对广告平台的信任度和忠诚度。差分隐私的局限性在于添加噪声可能会影响数据的准确性和质量。过强的噪声可能导致数据失真,影响广告推送的效果和精确性。

因此,在应用差分隐私时需要平衡隐私保护和数据准确性之间的关系。差分隐私的计算成本较高,特别是在处理大规模的数据时。对于广告平台和联盟来说,需要投入更多的计算资源和时间来实施差分隐私技术,增加了运营成本。在差分隐私中,需要选择合适的隐私参数,如噪声的大小和类型。选择不当的参数可能导致隐私保护效果不理想,甚至被攻击者攻破。

2. 加密技术

加密技术在广告领域中也得到了广泛研究。研究者通过使用加密算法对用户数据进行保护,确保数据在传输和存储过程中不被非授权用户访问和解读。加密技术是一种在广告领域中广泛研究和应用的隐私保护技术。它通过使用加密算法对用户数据进行保护,确保数据在传输和存储过程中不会被非授权用户访问和解读。

在广告领域,广告平台或广告联盟通常需要收集大量用户的个人信息和行为数据,这些数据包含用户的姓名、地址、电话号码、购买记录等敏感信息。为了保护这些数据免受未授权者访问,防止数据泄露和滥用,加密技术被引入以提供额外的保障。加密技术使用数学算法将原始数据转换为不可读的密文形式,只有拥有正确密钥的授权用户才能解密并还原出原始数据。加密技术主要分为两种类型:对称加密和非对称加密。

对称加密使用相同的密钥用于加密和解密数据。广告平台或联盟将用户数据加密后,在传输或存储过程中使用相同的密钥进行解密,以获取原始数据。这种加密方法速度较快,但需要确保密钥的安全性,否则密钥一旦泄露,数据就会暴露。非对称加密使用一对密钥,即公钥和私钥。广告平台或联盟将用户数据使用公钥进行加密,只有对应的私钥能够解密数据。公钥可以公开分享,而私钥必须保密。这种加密方法更安全,因为即使公钥被攻击者获取,也无法解密数据。广告平台可以在数据传输和存储的过程中,确保用户数据的隐私安全。即使数据被截获或非授权用户获取,也无法解读其中的内容。这有助于增加用户对广告平台的信任,提高用户对个性化广告的接受度。

下面介绍一些在广告领域常用的加密工具和算法。SSL(Secure Sockets Layer)和其后续版本 TLS(Transport Layer Security)是用于保护网络通信安全的加密协议。它们通常用于在用户浏览器与广告平台之间建立安全的加密连接,以保护用户的个人信息和行为数据在传输过程中不被窃取或篡改。此外,还有 AES(Advanced Encryption Standard)和 RSA 算法,AES 是一种对称加密算法,用于保护数据在存储和传输过程中的安全性。广告平台可以使用 AES 算法对用户数据进行加密,确保数据在存储时不被未授权用户访问。RSA 算法是一种非对称加密算法,常用于数字签名和数据加密。在广告领域,RSA 算法通常用于数字签名,以验证数据的完整性和来源的真实性。

此外还有同态加密(Homomorphic Encryption)和 SMPC(Secure Multi-Party Computation)方法。同态加密是一种特殊的加密技术,允许在加密状态下对数据进行计算,不需要解密数据。这种技术在广告领域中可以用于在加密状态下进行数据处理和计算,从而保护用户数据的隐私。SMPC 方法是一种允许多个参与方在不泄露各自私有数据的情况下进行计算的技术。在广告领域,SMPC 可以用于多个广告平台之间共享用户数据并进行个性化广告推送,同时保护用户隐私。

我们需要注意到加密技术也面临一些挑战。首先,加密和解密过程需要计算资源,可能会导致一定的性能损耗。其次,密钥管理是一个重要问题,特别是在对称加密中,必须确保密钥的安全分发和存储。加密技术的正确实现和应用也需要专业的技术人员,否则可能出现安全漏洞。因此,广告领域的研究者需要不断改进加密技术,以提高数据隐私保护的效果和安全性。

11.3　原生广告与用户隐私的平衡

个性化广告的推送需要收集用户数据,但这也会引发隐私担忧。研究者需要探讨如何在个性化广告和隐私保护之间找到平衡,实现个性化广告的效果,同时尊重用户的隐私权。用户对个人数据的隐私保护越来越重视,尤其是在数据泄露和滥用事件频频发生的背景下,用户担心个人数据可能被不法分子盗取或广告平台滥用,进而导致信息泄露、广告骚扰或个人信息被用于不当目的。这些担忧可能导致用户对广告平台的不信任和抵触情绪,甚至拒绝接受个性化广告。

敏感数据涉及到用户的个人信仰、观点和身份等私人信息,这些信息对用户来说非常重要。收集和使用敏感数据可能让用户感觉自己的隐私权受到侵犯,导致用户对广告平台产生不信任和抵触情绪。如果广告平台收集了用户的政治倾向或宗教信仰等敏感数据,并在广告推送中使用这些信息,可能导致广告内容过于针对性和个性化,让用户感觉被盯梢或追踪。这种广告推送可能会被用户认为是骚扰和侵犯个人空间,从而产生抵触情绪。

提供用户选择权和透明度的措施可以增加用户对个性化广告的接受度,并保护用户隐私权。当用户感知到自己对个性化广告有一定程度的控制权时,他们会感到更加舒适和安心。通过提供选择权,让用户决定是否接收个性化广告以及分享哪些数据,用户可以更好地管理自己的隐私,并根据个人喜好定制广告体验,增加了用户对广告平台的信任,提高了接受个性化广告的意愿。

透明的隐私政策和个性化广告选项使用户能够了解广告平台如何使用他们的数据以及数据收集的目的。这种透明度使用户感到他们参与了广告推送的过程,个人的隐私得到尊重,用户更愿意与一个能够提供参与感的广告平台进行互动和合作。当用户主动选择接收个性化广告并分享相关兴趣和偏好的数据时,广告平台可以更准确地了解用户的需求,提供更具相关性的广告内容,这将提高广告的有效性和用户体验,用户更可能对这类广告产生兴趣和积极的态度。

提供用户选择权和透明度可以避免向用户推送不相关或令人讨厌的广告内容。用户对广告的选择权可以使他们摆脱不喜欢的广告,从而降低了广告骚扰的风险,减少用户产生负面情绪的可能性。提供用户选择权和透明度的措施在于尊重用户的隐私权和个人意愿,使用户对个性化广告更加接受和开放。这种方式促进了用户与广告平台的积极互动,增加了广告的相关性和有效性,同时降低了用户对广告推送的不满和抵触情绪。

为了避免引发用户的不适和抵触情绪,广告平台应该采取谨慎的态度,避免收集和使用用户的敏感数据,采用透明的隐私政策和个性化选项。相反,广告平台应该集中收集和使用与广告相关的、非敏感的用户数据,如浏览行为、购买习惯、地理位置等,以实现个性化广告的效果,同时保护用户的隐私权和个人信息安全。

11.4　原生广告数据安全

广告数据的安全性是一个重要问题。研究者需要研究如何有效防止广告数据遭到黑客攻击、数据泄露和篡改等问题，确保广告数据的完整性和安全性。广告数据的安全性是一个重要问题，主要因为广告数据涵盖了大量的用户信息和商业敏感数据，一旦遭到黑客攻击、数据泄露或篡改，可能会对用户隐私和企业利益造成严重损害。因此，研究者需要探索有效的方法来保护广告数据的安全性，确保数据在传输、存储和处理过程中不会被恶意利用或泄露，同时保障广告数据的完整性和可信性。

在数据安全方面依然需要考虑如何使用加密算法对广告数据进行加密，保护数据在传输和存储过程中不被非授权用户访问和解读。加密技术可以防止数据被黑客窃取或篡改，提高数据的保密性和完整性。研究如何设置访问控制和权限管理机制，限制不同用户对广告数据的访问和操作权限。只有经过授权的用户才能访问和处理广告数据，防止未经授权的人员获取敏感信息。

广告商需要考虑如何采用安全的传输协议，如 HTTPS，保护广告数据在网络传输过程中的安全性。使用加密的传输协议可以防止数据在传输过程中被拦截和窃取。需要考虑如何进行定期的数据备份，并建立有效的数据恢复机制，以应对数据丢失或损坏的情况。数据备份可以保证数据的可靠性和可恢复性，避免因意外事件导致数据不可用或丢失。

1. 安全审计

广告商和平台需要考虑如何建立安全审计和监控系统，对广告数据的访问和操作进行实时监测和记录。安全审计和监控可以及时发现异常操作和安全威胁，加强对广告数据的保护。建立安全审计和监控系统对广告数据的访问和操作进行实时监测和记录是确保广告数据安全的关键措施。通过建立安全审计和监控系统，可以提高广告数据的安全性，保护用户隐私和企业利益，增强用户对广告平台的信任和满意度。

广告商需要明确安全审计和监控的目标。确定需要监测和记录的广告数据访问和操作，包括哪些用户或员工有权访问数据，以及他们能够进行的操作范围。设定明确的审计目标是建立有效监控的基础。选择适合广告平台的安全审计工具，可以对数据的访问和操作进行实时监测和记录。这些工具可以记录用户登录信息、访问数据的时间和内容，以及数据操作的类型和结果等信息。

广告商和平台需要配置广告平台的日志记录功能，将关键的访问和操作事件记录下来。日志记录可以提供审计人员查阅和分析,发现潜在的异常访问和操作行为。建立异常检测机制,通过对数据访问和操作行为的模式进行分析,识别出不正常或异常的行为。例如,检测到未授权的用户访问、大量数据被下载或修改等异常行为。通过建立实时监控机制,及时监测广告数据的访问和操作行为,实时监控可以帮助发现正在发生的异常行为,及早采取措施防止数据泄露或篡改。

广告商同样需要设置报警机制,当发现异常行为时,系统可以自动发送警报给相关的管理人员或安全团队。及时的报警可以迅速响应安全威胁,防止事态恶化。在工作上确保审计日志的安全保护,只有授权人员才能访问审计日志。审计日志本身也是敏感数据,需要防止被未授权的人员篡改或删除。定期生成审计报告,对广告数据的访问和操作情况进行分析和总结。审计报告可以帮助发现潜在的安全风险和漏洞,进一步加强数据的保护措施。

2. 安全培训

广告商和平台需要考虑如何提供安全培训和意识教育,增强广告平台员工和用户对数据安全的意识和重视。安全培训可以帮助员工了解数据安全的重要性,并掌握相应的安全措施和操作规范。广告商和平台需要制订针对员工和用户的安全培训计划。该计划应包括培训的内容、形式、频率等细节,确保培训全面、系统且持续。

为广告平台的员工提供数据安全培训,培训内容应包括数据安全的重要性、隐私保护原则、数据安全措施等。培训可以通过课堂教育、在线培训或内部培训等多种形式进行。广告平台应向用户提供关于数据安全的教育。可以在注册、登录或使用广告平台的过程中,向用户提供简洁明了的安全提示,告知用户如何保护个人信息和隐私。

广告商和平台可以引入专业的数据安全团队或顾问,提供专业的安全培训和意识教育。这些专业团队可以根据广告平台的特点和需求,定制相应的安全培训课程。数据安全领域不断变化,新的安全威胁和漏洞可能不断出现。因此,广告商和平台应定期更新培训内容,确保员工和用户始终了解最新的安全措施和防范方法。

广告商和平台可以设立奖励机制,鼓励员工和用户积极参与安全培训和意识教育。奖励可以是金钱、礼品或其他激励措施,以提高培训的参与率和效果。广告商和平台应建立积极的安全文化,让员工和用户都意识到数据安全的重要性,并将其融入到日常工作和使用中。通过有效的安全培训和意识教育,广告商和平台可以增强员工和用户对数据安全的意识和重视,提高数据安全意识,从而更好地保护广告数据的安全性,降低数据泄露和滥用的风险。同时,这也有助于增强用户对广告平台的信任和忠诚度,提升广告商的声誉和竞争力。

广告商和平台可以定期组织数据安全演练和测试,模拟实际的安全事件和攻击,让员工和用户在实际场景中学习如何应对和处理安全威胁。为员工和用户提供相关的安全资源和指南,帮助他们了解常见的安全威胁和攻击方式,以及如何采取预防措施。广告商和平台可以通过内部通信、广告平台界面、社交媒体等渠道,不断宣传数据安全意识和重要性,提醒员工和用户保持警惕。

广告商和平台需要制订明确的数据安全政策和规范,规定员工和用户在数据访问和操作方面的行为准则,确保数据安全的合规性。广告商和平台应实施严格的数据权限管理,确保只有授权人员可以访问特定的数据,避免数据泄露和滥用。建立安全监控系统,及时检测和发现潜在的安全威胁,一旦发现异常行为,立即采取相应措施,防止数据安全问题进一步扩大。广告商和平台需要定期评估安全培训和意识教育的效果,根据评估结果不断改进和优化培训计划,确保培训的持续有效性。

通过上述措施,广告商和平台可以建立一个全面的数据安全保护体系,提高员工和用户的数据安全意识和能力,降低数据安全风险,确保广告数据得到妥善保护。同时,这也有助于提高广告商和平台的声誉和信誉,增强用户对广告平台的信任,促进广告行业的可持续发展。总的来说,研究者需要从技术、管理和教育等多个方面来探索保护广告数据安全性的方法。只有在广告数据得到有效的保护,用户隐私得到充分尊重的前提下,个性化广告才能在用户和企业之间发挥良好的效果。

11.5　数据匿名化与脱敏技术

为了保护用户隐私,研究者广泛研究了数据匿名化与脱敏技术。这些技术可以将用户的个人身份信息去标识化,使得数据无法直接关联到特定的个体。这样一来,即使数据被泄露,也难以追溯到具体的用户身份。数据匿名化和脱敏技术是为了保护用户隐私而广泛研究和应用的方法,通过这些技术可以将用户的个人身份信息去标识化,从而保护用户的隐私。

1. 数据匿名化

数据匿名化是指将用户的个人身份信息转换成一组不可识别的编码或标识,使得数据无法直接关联到特定的个体。常见的数据匿名化方法包括哈希函数、加盐哈希等。基于数据匿名化,通过将用户的个人身份信息转换成一组不可识别的编码或标识,广告商和平台可以将用户的个人身份信息隐藏起来,使得数据无法直接关联到特定的个体,从而降低用户数据被泄露和滥用的风险。

哈希函数是将任意长度的输入数据(例如用户的个人身份信息)转换成固定长度的输出数据(哈希值)的一种函数。在数据匿名化中,广告商和平台可以对用户的个人身份信息进行哈希处理,得到一组不可逆的哈希值。即使相同的输入数据产生相同的哈希值,也无法逆向推导出原始的用户身份信息。

加盐哈希是一种增强哈希函数的安全性的方法。在加盐哈希中,广告商和平台会为每个用户的个人身份信息添加一个随机的"盐"值,然后将加盐后的数据进行哈希处理。这样做的好处是即使相同的输入数据在哈希过程中得到相同的结果,由于每个用户的"盐"值不同,最终的哈希值也是不同的,增加了破解难度。

通过数据匿名化,广告商和平台可以有效地保护用户的个人身份信息,降低用户数据被泄露和滥用的风险。即使在数据泄露事件发生时,由于匿名化处理,黑客或未授权的人员也无法直接获取用户的真实身份信息,从而保护了用户的隐私。同时,数据匿名化也是一种符合隐私保护法规的数据处理方式,有助于广告商和平台合法合规地运营业务,维护用户信任和企业声誉。

2. 数据脱敏

数据脱敏是指对用户的敏感信息进行加密或替换处理,以保护用户隐私。脱敏技术可以对用户的敏感信息进行加密、模糊、替换或删除,使得敏感信息无法直接被识别出来。脱敏后的数据仍保持一定程度的可用性,但不会泄露用户的个人身份信息。脱敏算法是一种将敏感信息替换为虚拟数据的方法。在数据匿名化中,广告商和平台可以使用脱敏算法将用户的敏感信息(如姓名、手机号码等)替换为伪造的数据,从而达到隐藏真实身份的目的。

脱敏算法的实现方法可以有多种,其中一些常见的技术包括随机替换、字符脱敏、数据转换、加密脱敏等。随机替换方法可以随机生成与真实数据类型和长度相符的虚拟数据,并将其替换敏感信息。例如,将真实的姓名替换为随机生成的字母和数字组合。字符脱敏方法保留敏感信息的一部分字符,并将其余部分用特定字符代替,例如,将手机号码的后四位替换为"＊"。数据转换算法可以将敏感信息进行数值或格式转换,使得原始数据无法直接识别,例如,将真实的身份证号码转换为随机的身份证号码格式。加密脱敏使用加密算法对敏感信息进行处理,生成加密后的数据,只有具有相应解密密钥的系统可以还原出真实数据。

3. 脱敏算法

脱敏算法的目的是使敏感信息在处理过程中失去识别性,即使在数据泄露或不当使用情况下,也无法直接关联到具体的用户身份。通过这种方式,广告商和平台可以在分析和处理数据时保护用户的隐私和敏感信息,减少数据滥用和泄露的风险。

值得注意的是,脱敏算法并不是绝对安全的措施,高级的数据分析技术和数据关联可能仍然可以推断出用户的身份信息。因此,在使用脱敏算法时需要综合考虑其他隐私保护措施,以确保用户数据的安全和隐私。同时,遵循相关的法律法规和隐私政策,明确告知用户数据处理的目的和方式,也是保护用户隐私的重要步骤。

实现数据匿名化和脱敏技术需要考虑一系列关键因素。首先是数据安全性,在应用数据匿名化和脱敏技术时需要确保数据的安全性,防止数据在转换过程中被非授权的人访问和解读。因此,需要采用安全的加密算法和存储措施来保护数据。其次,是数据可用性。尽管数据经过匿名化和脱敏处理,但在某些场景下仍需要保持一定的数据可用性,以满足个性化广告推送等业务需求。因此,需要在数据处理过程中平衡数据的匿名化程度和可用性,确保数据仍然具有一定的业务价值。

在实施数据匿名化和脱敏技术时需要遵守相关的隐私保护法律法规,确保用户数据的处理是合法和合规的。需要注意的是,一些地区可能对个人隐私保护有特定的规定和限制。数据匿名化和脱敏处理可能会对数据质量产生影响,特别是在一些数据分析和挖掘场景下。因此,需要在处理数据时保持数据的准确性和完整性,避免因处理过度而导致数据价值下降。数据匿名化和脱敏技术是广告领域中保护用户隐私的有效手段,通过合理应用这些技术,广告商和平台可以更好地保护用户隐私,降低数据滥用和泄露的风险,同时满足个性化广告推送等业务需求。

11.6 跨平台数据共享

广告营销涉及到多个平台,如搜索引擎广告、社交媒体广告、电子邮件营销等。在这些平台上,广告商需要收集和处理用户数据来实现个性化广告推送和广告效果的最大化。然而,跨平台数据共享涉及到用户隐私和数据安全的问题,需要在保护用户隐私的前提下实现广告效果的优化,这是一个具有挑战性的研究方向。

1. 协作共识

广告商和平台可以考虑建立安全的跨平台数据协作机制,确保数据共享的合法性和安全性。在数据共享之前,应该与数据接收方协商共识,明确数据使用的范围和目的。广告商和平台可以使用加密技术对用户数据进行加密处理,确保数据在传输过程中不被非授权用户访问和解读。数据传输应该使用安全的通信协议,如 SSL/TLS,以保护数据在传输过程中不被黑客攻击或拦截。

在数据共享之前,广告商和平台应该与数据接收方协商共识,明确数据使用的范围和目的。可以建立合同或协议来规定数据共享的条件和限制,确保数据只在合法的目的下使用,并防止数据被滥用。在跨平台数据共享过程中,可以采用数据匿名化和脱敏技术来保护用户隐私。将用户的个人身份信息去标识化,使得数据无法直接关联到特定的个体,从而降低用户数据被泄露和滥用的风险。

2. 访问控制

建立访问控制机制,限制只有授权人员才能访问和处理用户数据。同时,建立安全审计和监控系统,对数据的访问和操作进行实时监测和记录,及时发现异常操作和安全威胁,加强对广告数据的保护。广告商和平台需要遵守相关的数据保护法规,如GDPR、CCPA等,确保数据处理符合法律法规的要求。同时,还需要关注不同国家和地区的数据保护标准,确保数据的跨境传输和共享也符合相关法规。

在跨平台数据共享过程中,需要通过身份验证和权限设置,限制只有授权人员才能访问和处理用户数据。这是确保数据仅被有权人员使用的基本手段之一。广告商和平台需要严格控制数据访问权限,确保只有经过授权的人员才能接触和操作用户数据,防止非法访问和滥用。

此外,需要建立安全审计和监控系统,对数据的访问和操作进行实时监测和记录。通过监控数据的使用情况,可以及时发现异常操作和安全威胁,以便采取相应的措施进行应对。这样可以加强对广告数据的保护,防止未授权的数据访问和滥用。

另外,广告商需要严格遵守数据保护法规,广告商和平台需要严格遵守相关的数据保护法规,如欧洲的《通用数据保护条例》(GDPR)、加州的《消费者隐私法》(CCPA)等。这些法规规定了个人数据的处理和保护要求,要求企业必须采取合理的技术和组织措施来确保数据的安全和隐私。遵守法规是保护用户数据和维护用户信任的重要基础。

广告商和平台在跨境数据传输和共享时,需要关注不同国家和地区的数据保护标准和法规。不同地区可能有不同的数据隐私要求和限制,因此要确保数据的跨境传输和共享符合相关法规,避免违反法规引发的法律责任和风险。

3. 数据一致性

在跨平台数据共享过程中,不同平台可能使用不同的数据格式和标准,导致数据的一致性问题。研究者和广告商需要解决数据格式的映射和转换,确保数据在不同平台之间的正确对接和使用。具体来说,不同平台可能采用不同的数据结构、字段命名和数据编码方式,这样就使得数据在不同平台之间无法直接对接和使用。

为了解决数据格式的不一致性问题,研究者和广告商可以采取数据映射和转换的方法。研究者和广告商可以开发数据映射和转换工具,将不同平台的数据格式进行转换,使其能够在不同平台之间正确对接和使用。这样的工具可以将数据从一个平台的格式转换为另一个平台的格式,确保数据在传递和处理过程中保持一致性。

其次,广告商和学者可以采取数据标准化的做法。为了避免跨平台数据共享中出现数据格式不一致的问题,研究者和广告商可以制订统一的数据标准和规范,让各个平台都遵循相同的数据格式和字段命名。这样可以简化数据映射和转换的过程,提高数据的一致性和可用性。研究者和广告商可以考虑使用数据集成平台,将不同平台的数据集中管理和处理。数据集成平台可以提供统一的接口和数据格式,使得各个平台的数据可以无缝对接和共享。这样可以简化数据共享的过程,减少数据格式转换带来的复杂性。

在跨平台数据共享之前,研究者和广告商可以对数据进行验证和校准,确保数据的准确性和一致性。这样可以避免因为数据格式不一致导致的数据错误和混乱。研究者和广告商可以有效解决跨平台数据共享中的数据格式不一致性问题,确保数据在不同平台之间的正确对接和使用。这样不仅可以提高数据的可用性和价值,还可以促进广告行业的数据交流和合作,推动广告营销的效率和效果的提升。

4. 隐私权教育

除了对广告商和平台员工提供安全培训和意识教育外,还需要向用户提供关于隐私权的教育和宣传。用户应该了解个性化广告的运作机制,知道如何保护自己的隐私权,以及如何行使选择权,向用户提供关于隐私权的教育和宣传同样至关重要。

首先需要教育用户关于个性化广告的运作机制。用户应该了解个性化广告是如何工作的,即广告商和平台通过收集用户数据来提供定制化的广告体验。用户需要了解他们的行为数据和兴趣爱好可能被用于推送个性化广告。这样的教育可以帮助用户了解个性化广告的好处和挑战,让他们更理性地对待广告推送。

需要通过恰当的方式帮助用户知道如何保护隐私权。用户应该知道如何保护自己的个人信息和隐私权。这包括不轻易泄露敏感信息,不随意在公共场所使用社交媒体等。用户需要了解一些简单的隐私保护措施,例如设置强密码、定期清理浏览器缓存等。

还需要指导用户如何行使选择权。用户应该知道他们在个性化广告中有权选择是否接收个性化内容和广告,以及如何接收。广告商和平台可以提供选择的机会,例如设置广告偏好或关闭个性化广告功能。用户了解如何行使这些选择权,并根据自己的需求进行个性化设置。

通过教育用户关于个性化广告和隐私权的知识,用户可以更好地了解自己的数据如何被使用,以及如何保护自己的隐私。这样的教育和宣传有助于提高用户对个性化广告的理解和接受度,减少用户对于数据收集和个性化推送的不适感和担忧。同时,用户了解自己的权利和选择权,可以更主动地参与到个性化广告的过程中,实现广告商和用户之间的双赢局面。

思考题

(1) 解释为什么隐私和数据安全对于用户信任和品牌声誉具有重要意义,列举至少两个可能发生的负面后果。

(2) 在用户数据隐私保护相关内容中,列举并解释三个重要的步骤。提供一个现实案例,说明如何执行这些步骤。

(3) 请结合前面章节中有关原生广告与隐私平衡的问题,解释为什么平衡个性化广告和用户隐私是具有挑战性的。提供两种方法或策略,帮助品牌在原生广告中实现隐私平衡。

(4) 从原生广告数据安全内容出发,列举三种可能的数据安全威胁或风险,这些威胁可能影响原生广告数据的安全性。说明如何通过加强数据安全措施来应对这些威胁。

(5) 匿名化和脱敏技术的必要性有哪些?请解释这些技术是如何在保护用户隐私的同时允许数据分析。提供一个案例,说明如何在原生广告领域中应用这些技术。

第12章
原生广告的法律问题

本章主要介绍原生广告的法律问题、广告法律框架、虚假广告与欺诈行为,以及隐私权和数据保护等内容。通过本章的学习,我们将在设计和实施原生广告时,能够更好地确保法律合规性,维护品牌诚信,促进社会化媒体背景下商业开发的可持续发展。

12.1 原生广告与法律议题

广告的法律是在广告行业中广泛存在的重要议题,它涉及到广告内容、推送方式、数据隐私、虚假宣传、道德标准等方面,对于广告行业的发展和社会的健康运转都有深远的影响。原生广告需要保护消费者权益。广告作为一种宣传推广手段,其内容必须真实、准确、无误导,不得欺骗消费者。虚假广告和欺诈行为会误导消费者做出不理性的决策,导致不必要的购买和财产损失,严重损害消费者权益。因此,保护消费者权益是广告法律与伦理问题中的重要方面。

从法律角度来看,需要维护原生广告内容甚至商业推广的公平竞争。广告行业竞争激烈,广告商通过各种手段争取消费者的关注和认可。如果出现不正当手段,如虚假比较、恶意抹黑竞争对手等,将破坏市场的公平竞争环境,导致市场秩序混乱。广告法律与伦理问题关注如何在竞争中维护公平和诚信。原生广告需要尊重用户隐私。个性化广告的推送需要收集用户数据,但过度追踪用户行为和个人信息可能引发用户的隐私担忧。广告商和平台在使用用户数据时,应该遵循相关的隐私保护法律和伦理准则,确保用户数据得到妥善保护。

原生广告内容可能涉及政治、宗教、性偏好等敏感主题,如果处理不当可能引发用户的不适和抵触情绪。广告应该避免过度触及用户的敏感主题,尊重用户的个人信仰和价值观。敏感主题涉及人们的个人信仰和价值观,如果广告对这些主题的处理方式不尊重用户的信仰和价值观,用户可能感到不舒服和反感。广告如果不当地触及敏感主题,可能会激发用户的负面情绪,如愤怒、恐惧、不安等,从而影响用户对广告的接受度和品牌形象的认知。政治涉及社会中的权力和政治立场,如果广告涉及政治敏感主题,并且不平衡或偏袒某一方,可能会引发用户的不满和抗议。

广告作为一种宣传推广手段,其内容应该符合社会伦理和道德标准。过度宣传、误导消费者、利用不良社会心理等行为都属于广告伦理问题。广告伦理问题关注广告行业是否真正起到促进社会价值、传递积极信息的作用。广告宣传会涉及社会责任与可持续发展。广告作为社会文化的一部分,广告从业者和广告商有责任承担社会责任,不仅要关注经济利益,还要考虑社会效益和可持续发展。广告的法律与伦理问题涉及广告行业的社会责任和道德义务。

广告的法律问题对于广告行业的健康发展和社会的稳定运转具有重要性和影响。例如,收集和滥用用户个人数据、发布虚假误导性广告、散播不良信息等行为都会损害用户权益,降低用户对广告的信任度,从而影响广告的有效传播。采取不正当手段来获取竞争优势,将会扭曲市场秩序,影响整个广告行业的健康发展。追求眼球效应而忽视社会责任,可能会导致社会不满和不稳定因素。只有遵守法律法规,尊重用户隐私,维护公平竞争,尊重伦理标准,承担社会责任,广告行业才能更好地为社会服务,并获得广大公众的认可和支持。

12.2　广告法律框架

1. 欧盟的《通用数据保护条例》

《通用数据保护条例》(General Data Protection Regulation,GDPR)是欧洲议会和欧洲理事会于 2016 年 4 月 14 日正式通过的一项数据保护法规。GDPR 于 2018 年 5 月 25日起正式生效,取代了早前的《数据保护指令》(Data Protection Directive 95/46/EC),适用于欧盟成员国,以及与欧盟有业务交往的非欧盟国家。

在 GDPR 之前,欧洲于 1995 年颁布了《数据保护指令》,该指令主要规定了个人数据的处理和保护原则,但由于时代的变迁和技术的发展,这个指令逐渐显现出不足,无法应对当代互联网时代的数据保护挑战。鉴于数据保护问题的日益重要,欧洲决定提升数据保护标准,增强公众对数据使用的信任,并确保个人数据得到妥善处理和保护。GDPR 的制订旨在加强对个人数据的保护,保障用户的隐私权。

　　该条例将个人数据定义为任何可以识别自然人身份的信息,包括姓名、地址、电话号码、电子邮件地址、IP 地址等。条例明确规定了用户对其个人数据的一系列权利,包括访问、更正、删除和限制处理等。GDPR 要求个人数据的处理必须有合法依据,包括用户同意、履行合同、遵守法律义务、保护用户的重要利益、履行公共任务等。同时,个人数据的处理必须符合公正、透明和合理的原则。

　　该条例对数据处理者(例如企业、组织等)的责任和义务进行了明确规定,包括确保数据安全、进行风险评估、报告数据泄露等。数据处理者需要采取适当的技术和组织措施,确保数据的安全性和机密性。GDPR 明确了个人数据跨境传输的规则,要求数据处理者在将个人数据传输到非欧盟国家时,必须确保数据接收方能够提供相当于欧盟数据保护标准的保护措施。

　　该条例设立了数据保护主管机构,负责监督和执行 GDPR 的规定。不同欧盟成员国设有各自的数据保护主管机构,协调合作确保数据保护的一致性。GDPR 对违反规定的行为设定了严格的处罚和罚款措施。违规者可能面临高额罚款,最高可达全球年收入的 4% 或 2 亿欧元(取较高者)。GDPR 的出台对全球数据保护标准产生了深远影响,不仅欧盟内部的企业和组织需要遵守该条例,还对与欧盟有业务交往的国际企业也带来了一系列合规挑战。它促使各个国家和地区对数据保护问题进行重新思考和加强,推动全球数据保护标准的提高。

　　该条例对广告行业,尤其是社交媒体广告产生了重要的影响。GDPR 强调个人数据的保护和隐私权利,要求广告商和社交媒体平台必须获得用户明确的、自由的、知情的同意来收集和处理其个人数据。这意味着广告商和平台在进行个性化广告推送时,必须严格遵循用户的选择,并确保用户的隐私得到妥善保护。

　　该条例要求广告商和社交媒体平台提供透明的隐私政策和数据使用信息,向用户清楚地说明数据处理的目的、范围、存储时间和与第三方的共享等。这增加了用户对广告商数据处理行为的可见性,让用户更了解自己的数据被如何使用。根据GDPR 要求,广告商和社交媒体平台在跨境传输用户数据时必须确保对个人数据的充分保护,要求接收方国家的数据保护水平必须与欧盟保持一致。这对涉及跨国广告营销的企业和平台提出了挑战,需要确保跨境数据传输合规性。

　　该条例赋予用户更多的数据控制权,用户可以随时查看、更正、删除自己的个人数据,或者撤销对数据的同意。广告商和社交媒体平台必须充分尊重用户的权利,并提供简便的数据管理途径。GDPR 设立了高额罚款的制度,对违反规定的广告商和社交媒体平台可能面临巨额罚款。因此,广告行业对于 GDPR 的合规性非常重视,以避免不必要的罚款和声誉损害。

总体而言,该条例推动了社交媒体背景下的广告行为对用户数据的更负责任的处理和保护,增加了广告商和社交媒体平台的合规成本和挑战。然而,通过保护用户隐私权和提高透明度,GDPR 有助于增强用户对广告行业的信任,构建更可持续的广告生态系统。此外,GDPR 的出台也引发了其他国家和地区对数据保护法规的加强,全球范围内数据保护意识的提高对广告行业产生了积极的推动作用。

2. 美国加州的《消费者隐私法》(CCPA)

加州的《消费者隐私法》(California Consumer Privacy Act, CCPA)是美国加州于 2018 年 6 月 28 日通过的一项数据隐私保护法律,正式生效日期为 2020 年 1 月 1 日。该法律是美国首个全州范围内针对个人数据隐私的综合性法规,旨在保护消费者的个人数据和隐私权利。

该法律明确了个人数据的定义,并扩大了数据隐私的适用范围。除了传统的个人身份信息,如姓名、地址、电话号码等,该法律还将 IP 地址、浏览历史、搜索记录等在网络上收集的数据纳入个人数据的范畴。根据该法律,消费者有权了解企业收集和处理其个人数据的目的、范围和用途。他们有权请求查看、更正、删除或限制处理自己的个人数据。消费者还有权拒绝企业出售或共享其个人数据给第三方。

该法律要求企业提供透明的隐私政策和数据使用信息,向消费者清楚地说明数据处理的目的、范围、存储时间和与第三方的共享等。消费者有权了解自己的数据如何被使用和共享。该法律特别强调对未满 16 岁的未成年人个人数据的保护,要求企业获得未成年人或其监护人的明确同意,才能收集和使用其个人数据。CCPA 设立了罚款制度,对违反法律规定的企业可能面临高额罚款。消费者还拥有对企业提起诉讼的权利,以维护自己的隐私权益。

该法律的实施对企业的数据收集和处理行为带来了深远影响。企业不得不加强对个人数据的保护措施,提高数据安全性和透明度。在 CCPA 的推动下,美国其他州甚至其他国家也开始加强对数据隐私的保护立法,形成了全球数据隐私保护的趋势。此外,CCPA 还促使企业更加重视用户隐私和个性化广告的平衡,提高了广告行业对用户隐私保护的意识。总体而言,CCPA 的出台为用户数据隐私保护树立了重要的法律基准,推动了数字经济中数据隐私保护意识的提升,对于维护消费者权益和构建健康的数字经济环境具有积极的社会影响。

加州的《消费者隐私法》(CCPA)对广告行业和社交媒体广告产生了重要影响。由于社交媒体平台在广告投放中涉及大量个人数据的收集和使用,CCPA 的实施对社交媒体广告的运营方式、数据处理和用户隐私保护等方面产生了明显的影响。

该法律要求企业在收集和处理用户数据时提供透明的隐私政策和信息披露,明确告知用户数据处理的目的和方式。这意味着社交媒体平台在投放广告前必须明确告知用户广告的目的，以及收集和使用用户数据的具体用途。同时，CCPA 赋予用户控制自己个人数据的权利，用户可以选择是否允许平台出售他们的数据给第三方，或者要求删除自己的数据。

该法律规定了对个人数据的共享限制，特别是涉及未成年人数据的共享。社交媒体广告通常涉及大量用户数据的共享，特别是通过广告定向来实现个性化投放。CCPA 要求社交媒体平台在共享用户数据时要征得未成年人或监护人的明确同意，这对社交媒体广告的个性化定向带来了一定挑战。

该法律要求广告商必须保护用户数据的安全性，并对其收集和使用用户数据的过程进行合规审查。广告商需要确保数据的安全传输和存储，避免数据泄露和滥用的风险。同时，广告商需要履行向用户提供相关数据信息的义务，如用户数据的使用目的、共享对象等。

例如，某社交媒体平台准备推出一项广告服务，广告商可以通过该服务对用户进行个性化广告投放。在 CCPA 的要求下，社交媒体平台需要在广告服务推出之前明确告知用户，广告的个性化定向是基于用户数据的收集和处理，而用户可以选择是否允许广告商使用他们的数据来进行定向投放。如果用户选择拒绝，平台则不得共享他们的个人数据给广告商。此外，如果广告服务涉及未成年人的数据，平台必须获得监护人的明确同意，才能使用这些数据进行广告定向。这样，CCPA 保障了用户隐私权利，同时确保了广告业务的合规运营。

总而言之，该法律的实施对社交媒体广告产生了深远影响。平台必须遵守更严格的数据隐私保护规定，提高数据安全性和透明度，同时尊重用户的选择权和隐私权利。广告商也需要严格遵守该法律的规定，保护用户数据，并确保其广告活动符合法律法规，从而维护了广告行业的健康发展和用户权益的保护。

3. 我国的数据保护法律

我国于 2021 年 11 月发布了《中华人民共和国个人信息保护法》，该法于 2021 年 11 月 1 日正式生效。该法是我国首部专门规定个人信息保护的法律，对个人信息的收集、处理和使用进行了明确的规定，增强了对个人信息的保护。《中华人民共和国个人信息保护法》是我国第一部专门规定个人信息保护的法律，由中国全国人民代表大会常务委员会于 2021 年 6 月 10 日通过，并于同年 11 月 1 日正式生效。该法的出台标志着我国在个人信息保护领域迈出了重要的一步，也对广告行业和社交媒体等涉及个人数据的行业产生了重大影响。该法的出台填补了现有法律的空白，更好地保护了个人信息。

该法明确了个人信息的定义和范围,包括但不限于与特定自然人的身份相关的各种信息,如姓名、出生日期、联系方式、身份证件信息等。规定个人信息的处理必须遵循合法、正当、必要的原则,明确了个人信息的收集、使用、存储、传输、披露等方面的要求。

该法要求个人信息的控制者和处理者采取合理的技术措施和其他必要措施,保护个人信息的安全。规定用户拥有访问、更正、删除等个人信息的权利,还有反对个人信息自动决策、撤回同意等权利。要求将涉及重要个人信息的出境传输等行为,进行事先评估和安全合规措施。

该法的出台对广告行业和社交媒体等企业产生了重大影响:法律明确了个人信息的收集和使用原则,企业需要遵循合法合规的标准,强化对用户个人数据隐私的保护。用户拥有更多的个人信息管理权利,如访问、更正、删除等,提高了用户对个人数据的控制能力。法律对涉及个人信息跨境传输进行了规范,对于涉及重要个人信息的出境传输等行为,企业需要事先进行评估和安全合规措施。企业需要加强数据安全保护措施,提高员工的数据安全意识,避免个人信息泄露和滥用风险。

该法的出台为我国的数据隐私保护建立了更加完善的法律框架,加强了对个人信息的保护和管理。对广告行业和社交媒体等涉及个人数据的行业来说,这部法律带来了一系列重要的影响。广告商和广告平台需要确保个人信息的收集和使用符合《个人信息保护法》的要求,遵循合法、正当、必要的原则。未经用户同意,不得擅自收集、使用或传输个人信息,否则可能面临法律责任。

该法赋予用户更多的权利,如知情同意、访问、更正、删除等,用户有权自主管理个人数据,并有权反对个人信息自动决策。广告商和平台在进行涉及个人信息跨境传输时,需要事先进行风险评估,并采取必要的安全措施,确保数据的安全性和合规性。企业需要加强员工的数据安全培训和意识教育,确保员工了解个人信息保护法律法规,避免因员工的疏忽导致个人信息泄露。个性化广告是基于用户的个人信息进行定向推送的,但《个人信息保护法》对于个人信息的使用有一定限制,广告商和平台需要找到平衡点,确保个性化广告的效果同时保护用户隐私。

总体来看,我国的《个人信息保护法》在广告行业和社交媒体领域引发了对数据隐私保护的重视和关注。通过加强个人信息保护,提高用户数据权益,规范数据处理行为,这部法律为广告行业和社交媒体提供了更加清晰的法律规范和指引,有助于构建更加健康、可持续的数据驱动型营销和广告模式。同时,广告商和平台需要积极适应这一法律法规,建立符合法律要求的数据处理机制,保护用户数据安全和隐私权,树立信任,赢得用户的支持和信赖。

　　我国 2019 年颁布了《中华人民共和国电子商务法》，该法规定了对个人信息的保护，特别是在电子商务领域，要求电子商务经营者保护用户的个人信息安全。中国国家互联网信息办公室于 2013 年颁布了《互联网信息服务安全保障管理办法》，对互联网信息服务提供者的个人信息收集和使用进行了管理和监管。

　　例如，《中华人民共和国电子商务法》第四十二条规定了电子商务经营者在收集、使用、存储、处理个人信息时应当遵循合法、正当、必要的原则，并明示其个人信息的收集、使用等情况。第四十三条规定了电子商务经营者应当采取技术措施和其他必要措施，保障个人信息的安全，防止信息泄露、毁损或丢失。第四十四条规定了电子商务经营者不得向他人提供、出售或者非法向他人提供个人信息。这些法律为数据使用，个性化广告的推送提供了清晰的框架指引。

　　例如，《互联网信息服务安全保障管理办法》第二十三条规定了互联网信息服务提供者在收集和使用个人信息时应当遵循合法、正当、必要的原则，并明示其个人信息的收集、使用等情况。第二十六条规定了互联网信息服务提供者应当采取技术措施和其他必要措施，保障个人信息的安全，防止信息泄露、毁损或丢失。第二十七条规定了互联网信息服务提供者不得向他人提供、出售或者非法向他人提供个人信息。这些法律规定为企业有关数据和个人信息的技术实现提出了具体明确的相关要求。

　　这两部法律的规定都强调了个人信息的保护和安全，在收集和使用个人信息时要遵循合法、正当、必要的原则，并明示个人信息的收集和使用情况。同时，互联网信息服务提供者需要采取技术措施和其他必要措施，确保个人信息的安全，防止信息泄露、毁损或丢失。此外，这两部法律也明确规定了互联网信息服务提供者不得向他人提供、出售或者非法向他人提供个人信息。

　　除了上述法律法规，我国也在加强对个人信息保护的监管，并出台了一系列指导性文件和标准，如《个人信息安全规范》《移动互联网应用程序个人信息收集使用规范》等，以规范和加强个人数据的保护。对于用户来说，这些规定保障了他们的个人信息安全和隐私权，增强了用户对互联网信息服务的信任感。

　　《个人信息安全规范》由中国互联网行业协会于 2017 年发布，是一份旨在规范个人信息的收集、存储、处理和使用的指导性文件。该规范囊括了个人信息保护的各个方面，包括数据收集目的、使用范围、安全保护措施、数据主体权利等。该规范的发布是为了回应互联网快速发展带来的个人信息泄露和滥用问题。该规范通过制订标准，要求企业和组织更加谨慎地处理个人信息，加强数据安全管理，保护用户的隐私权。

　　《移动互联网应用程序个人信息收集使用规范》由中国互联网行业协会于 2019

年发布,针对移动互联网应用程序中的个人信息收集和使用进行了规范。规范包括用户个人信息的收集目的、信息使用范围、用户知情同意、信息安全保护等方面的具体规定。移动互联网应用程序的普及使得用户的个人信息更容易被收集和使用。为了保护用户的隐私权和个人信息安全,该规范的发布旨在规范移动应用程序在个人信息处理方面的行为,确保用户的个人信息得到妥善保护。

这些规定对于互联网信息服务提供者意味着在个人信息处理方面需要更加慎重和谨慎,确保符合法律法规的要求,加强个人信息的保护措施,防范信息安全风险。这些指导性文件和标准的发布表明我国高度重视个人信息保护问题,并积极采取措施加强个人信息的安全管理。这些文件和标准对于企业和组织来说是具有约束力的,要求他们遵循规范的要求,加强个人信息保护,保障用户的隐私权。同时,这些指导性文件和标准也提高了用户对个人信息保护的意识,推动了社会对个人信息安全的关注程度。

12.3　虚假广告与欺诈行为

1. 虚假广告的定义与判断标准

虚假广告是指在广告内容中故意夸大、歪曲、隐瞒事实或者以其他虚假、误导性的手段误导消费者,使其对产品或服务产生错误的认知或期望,从而影响其购买行为。虚假广告可能是无意的错误,也可能是故意的欺骗,无论出于何种原因,都会对消费者造成不利影响,损害其权益和信任。

虚假广告的判断标准通常包括以下几个方面,如广告中明确地提供虚假信息或不真实陈述产品或服务的特性、功能、性能等,以欺骗消费者;广告通过暗示或含糊的表述来误导消费者,使其产生错误的理解或预期;广告中可能包含某些真实的信息,但通过选择性地提供信息或夸大其重要性,来误导消费者;广告可能故意忽略或隐瞒与产品或服务相关的重要信息,导致消费者对产品的真实情况不了解;广告可能包含虚假的证明、推荐或评价,使消费者误以为产品或服务得到了他人的认可和支持。

判断虚假广告的关键在于是否存在误导消费者的行为,即广告内容与产品或服务的真实情况不符,使消费者产生误解或错误的判断。在判断虚假广告时,需要综合考虑广告的内容、表述方式、证明材料等,以及广告所宣传的产品或服务的实际情况和性能来判断是否存在虚假宣传。虚假广告对消费者权益和市场秩序造成负面影响,因此各国都制订了相关法律法规来规范广告行为,并设立监管机构来监督广告内容的真实性和合法性。在广告行业中,广告主和广告代理商有义务确保广告内容的真实性和准确性,同时广告媒体也要审查广告内容,避免发布虚假广告。

　　原生广告存在虚假广告的特别之处主要在于其与正常内容的融合程度。虚假原生广告可能会利用这种融合性,混淆用户对广告和正常内容的辨识,导致用户被误导或欺骗。因为原生广告的广告标识可能相对较隐蔽,用户可能没有意识到自己正在接触广告内容,从而容易产生错误的认知。例如,虚假原生广告可能会伪装成与正常内容相似的形式,包括外观、布局、文字风格等,使其在用户的视觉上融为一体,难以辨别。虚假原生广告可能在内容中故意夸大、歪曲产品或服务的特性,通过虚假的推荐和评价等手段误导用户,使其对广告内容产生错误的认知。虚假原生广告可能选择性地提供信息或隐瞒重要事实,导致用户对广告所宣传的产品或服务产生错误的理解或预期。虚假原生广告可能会干扰用户对正常内容的阅读和体验,使用户对广告和内容的界限产生混淆。

　　2. 原生广告欺诈行为的后果影响

　　由于原生广告的融合性和伪装性,虚假原生广告对用户的影响可能更为隐蔽和深远。为了保护用户权益和维护广告行业的健康发展,广告平台和广告主在发布原生广告时,应该遵循相应的法律法规和伦理标准,确保广告内容的真实性和合法性,同时对广告进行明确的标识,让用户清楚地知道其为广告内容,以避免虚假广告的出现。广告媒体也应审查广告内容,确保原生广告与正常内容有明显区分,避免虚假广告误导用户。

　　原生广告可能通过夸大产品或服务的优点,提供虚假的承诺和宣传,误导消费者对产品或服务的真实性产生错误的认知和预期。这种欺诈行为可能导致消费者购买不符合实际情况的产品或服务。某些原生广告可能通过编造虚假的用户评价和评论,制造虚假的用户体验,以增加产品或服务的可信度和吸引力。这种做法不仅欺骗了消费者,也损害了其他竞争对手的合法权益。

　　在原生广告投放过程中,有些不良广告主可能采取人工或机器点击广告、模拟用户行为,以虚增广告点击率和转化率。这种欺诈行为可能导致广告平台和广告主产生虚假的广告效果数据,影响广告主对广告投放的决策。某些原生广告可能故意隐藏其广告本质,让广告内容看起来像是正常的编辑内容,从而误导消费者不知道自己正在接触广告。这种做法可能使消费者对广告内容没有防备,从而更容易受到广告的影响。

　　原生广告应该明确标注为广告内容,以便消费者识别。然而,有些欺诈广告可能故意隐藏广告标记,让广告内容伪装成正常内容,以欺骗消费者。这种做法不仅违背了广告行业的规范,也欺骗了消费者的信任。

这些类型的欺诈行为可能会误导消费者,使其对广告宣传的产品或服务产生错误的认知和预期。消费者可能因为被欺骗而购买了不符合期望的产品或服务,导致消费者权益受损。这些欺诈广告会使广告行业的可信度受损,消费者对广告的信任度降低。当消费者认为广告不可信,他们可能对广告产生抵触情绪,甚至选择忽略广告,从而影响广告的传播效果。

原生广告的欺诈行为可能会损害广告主的品牌形象和声誉。一旦消费者发现广告是欺诈性的,他们可能会对广告主产生负面印象,并将这种负面情感传递给他们的社交圈,导致品牌形象受损。同时,欺诈行为可能违反国家和地区的法律法规,涉嫌虚假宣传、欺诈行为等。广告主和广告平台可能因此面临法律责任和罚款。

欺诈广告可能导致不公平竞争,给守法的广告主造成不必要的竞争压力。同时,欺诈广告可能通过低价或虚假宣传吸引消费者,使其他合法广告难以获得公平竞争的机会。为了防止欺诈广告的出现,广告行业需要加强自律和监管,对广告内容进行严格审核和审查,确保广告内容的真实性和合法性。

广告主和广告平台也应该遵循诚信原则,坚决抵制任何欺诈行为,保护消费者权益,维护广告行业的声誉和形象。同时,消费者也应该提高警惕,对怀疑的广告内容保持理性和审慎,不轻易相信过于夸张或不合理的广告宣传。只有广告行业共同努力,加强合作,才能有效防范欺诈广告的出现,确保广告行业的健康发展。

整体上,原生广告欺诈行为会严重损害广告行业的声誉和信誉,降低消费者对广告的信任度。为了防止和打击原生广告中的欺诈行为,广告行业需要加强自律和监管,对广告内容进行严格审核和审查,确保广告内容的真实性和合法性。同时,消费者也应该提高警惕,对怀疑的广告内容保持理性和审慎,不轻易相信过于夸张或不合理的广告宣传。只有社交媒体从业者和广告商共同努力,加强合作,才能有效防范欺诈行为,确保广告行业的健康发展。

3. 虚假广告和欺诈行为的制裁措施

我国有一系列法律法规和监管措施来打击虚假广告和欺诈行为。其中,中国《广告法》是对广告行为进行最全面规范的法律。根据《广告法》,虚假广告和欺诈行为被明确定义为:广告主体发布虚假广告,或者发布存在误导性、欺骗性内容的广告,违背真实、合法、诚信的原则,误导或欺骗消费者,侵害公众利益,损害他人合法权益。

对于违反《广告法》的虚假广告和欺诈行为,相关主管部门可以责令广告主体立即停止虚假广告宣传,并进行修改和更正。对于严重违法的虚假广告和欺诈行为,广告主体可能会面临罚款。罚款金额根据广告发布的违法程度和损害程度而定,罚款数额可能较高。对于严重违法的广告主体,相关主管部门有权吊销其广告经营许可证,禁止其继续从事广告经营活动。对于情节严重、造成重大社会危害的虚假广告和欺诈行为,相关主管部门有权采取行政拘留措施。

近年来,我国相关主管部门对虚假广告和欺诈行为保持高压打击态势。通过严格执法和高额罚款等措施,加大了对违法广告行为的打击力度,提高了虚假广告和欺诈行为的违法成本,有效净化了广告市场环境,维护了消费者的合法权益。此外,中国也不断完善相关法律法规,以适应快速发展的广告行业和互联网广告的特点,保障广告行业的健康发展和社会的稳定运行。

2019 年,广东省消费者委员会就某品牌手机虚假宣传问题进行了调查。调查发现,某品牌手机在广告宣传中夸大其产品的性能和功能,对消费者进行了误导。某品牌手机在广告中宣称其产品具有特定的功能和性能,然而实际产品并未达到广告所宣称的水平。此类虚假宣传导致了消费者对产品性能的误解,严重影响了消费者的购买决策和消费体验。

广东省市场监管局对某品牌手机相关企业处以了高额罚款,以惩罚其虚假宣传行为。相关主管部门责令某品牌手机企业立即停止虚假宣传,并要求其对广告进行修改和更正,以确保广告的真实性和准确性。广东省消费者委员会将虚假宣传的情况进行公示,向公众揭示相关企业的违法行为,提醒消费者保护自身权益。

这个案例体现了中国相关主管部门对虚假广告和欺诈行为的打击力度。通过罚款、责令整改和曝光公示等措施,中国相关主管部门努力确保广告市场的诚信和公平,保护消费者的权益,维护广告行业的健康发展和社会的稳定运行。此类案例也提醒广告主体要遵守相关法律法规,严格遵循诚实守信原则,确保广告的真实性和准确性,不得进行虚假宣传和欺诈行为。

海外也有一系列关于广告欺诈和虚假广告的法律惩戒案例,值得我们借鉴。

美国联邦贸易委员会(Federal Trade Commission,FTC)制订了一系列法规用于打击虚假广告和欺诈行为。根据 FTC 法规,广告商必须对广告内容的真实性和准确性负责,不得进行虚假宣传。如果发现广告涉嫌虚假或欺骗消费者,FTC 有权采取行政措施,如发出警告信、罚款、要求广告商改正等。例如,2019 年,FTC 对一个网络商品订购公司进行了 2.54 亿美元的罚款,指控该公司使用虚假宣传和欺骗性退款政策来吸引消费者购买商品。

欧洲的《通用数据保护条例》(General Data Protection Regulation,GDPR)虽然主要关注数据保护和隐私,但也涉及虚假广告的制裁。GDPR 规定,广告商在收集和使用用户数据时必须经过用户的明确同意,不得欺骗用户以获取数据。如果广告商违反 GDPR 规定,可能面临高额罚款。2019 年,法国数据保护监管机构对谷歌公司罚款 5 000 万欧元,指控谷歌未能充分透明地告知用户其数据处理方式,涉嫌违反 GDPR 规定。

加州的《消费者隐私法》(California Consumer Privacy Act,CCPA)也对虚假广告和欺诈行为进行了规定。根据 CCPA 规定,广告商必须向用户提供明确的隐私政策,告知用户如何使用其个人信息。如果广告商未能遵守 CCPA 规定,可能面临罚款和民事诉讼。例如,2020 年,加州消费者保护机构对一个医疗公司提起民事诉讼,指控该公司使用虚假广告宣传其产品的疗效,违反了 CCPA 规定。

总体而言,虚假广告和欺诈行为在不同地区都受到严格的法律监管和制裁。相关法律的制裁措施包括罚款、警告信、责令改正等,旨在保护消费者权益,维护广告行业的健康发展。广告商和平台应当遵守相关法律法规,诚信经营,确保广告内容的真实性和合法性,以保持公众对广告行业的信任和支持。

12.4　隐私权与数据保护

隐私权和数据保护是法律领域中涉及个人信息保护的重要概念。它们旨在保护个人信息免受滥用、泄露或未经授权的使用。隐私权强调的是个人对自己个人信息的控制权和保密权,而数据保护则更加关注个人信息的安全和合法处理。

隐私权是指个人对其个人信息和私人生活的保护权利。它保障了个人信息的私密性和自主权,使个人有权决定是否公开或分享自己的信息。隐私权涉及个人的个人身份信息、通信内容、家庭生活等方面。不同国家的法律对隐私权的保护程度各异,但普遍认可的是,个人拥有对其个人信息的一定程度的控制权和保密权。

数据保护是指保护个人信息在被收集、处理、传输和存储过程中的安全和合法性。数据保护法律规定了个人信息的收集和使用必须符合特定的目的,必须得到个人的明确同意,且不得用于与目的无关的其他用途。同时,数据保护法律要求个人信息的处理者必须采取一定的安全措施,确保个人信息免受未经授权的访问、泄露和滥用。

对于企业和机构而言,遵守隐私权和数据保护法律是非常重要的。不仅因为法律的要求,也因为保护用户的个人信息可以增强用户对企业的信任和忠诚度。同时,未经授权收集和使用个人信息可能会引发法律责任,损害企业的声誉和信誉,甚至面临高额罚款和赔偿。因此,企业应该制订相应的数据保护政策和措施,确保个人信息的合法、安全和透明处理，以充分遵守相关法律和维护用户的隐私权。

1. 用户数据收集对隐私权的影响

当用户数据被收集和存储时，存在泄露的风险。如果数据不得当地被访问、传输或共享，用户的个人信息可能会暴露给未经授权的第三方，导致隐私泄露问题。收集用户数据的组织可能会滥用这些数据，将其用于与原始目的不相关的用途。这种滥用可能会导致用户的不满和抵触情绪，损害组织的信誉和声誉。

虽然个性化广告可以提供更加个性化和符合用户兴趣的广告体验，但其依赖于对用户数据的收集和分析，这可能会让用户感觉自己的隐私受到侵犯，特别是当广告过于精准地展示用户兴趣和行为时。数据收集可能会削弱用户对个人信息的控制权。用户可能不知道哪些数据被收集，如何使用这些数据，以及是否可以选择不提供特定的信息，这种缺乏控制权的现象可能会让用户感到不安。

数据收集还带来数据安全的风险。如果用户数据不得到妥善的保护，可能会面临黑客攻击、数据泄露和篡改等问题，从而导致用户隐私受到威胁。收集用户数据的组织可能会滥用这些数据，将其用于与原始目的不相关的用途。这种滥用可能会导致用户的不满和抵触情绪，损害组织的信誉和声誉。

用户数据收集使得广告商和平台能够创建个人画像，即对用户进行详细的分析和分类。这些画像可以用于个性化广告投放，同时也可能使用户感觉自己被过度监视和定位一些广告商和平台可能与第三方合作共享用户数据，以获得更多关于用户的信息，这种共享可能是在用户不知情的情况下进行的，进一步加剧了用户隐私受到侵犯的风险。

用户数据收集还可能导致跨平台追踪的问题，即用户在一个平台上提供的信息被用于追踪其在其他平台上的行为。这样的行为可能导致用户感觉自己无处可逃，丧失了在不同平台上的匿名性。通过大数据分析，广告商和平台能够更好地理解用户行为和喜好，从而实现目标广告投放。然而，这也可能使用户陷入信息过滤的"信息泡泡"中，丧失了获取多样信息的机会。

从执行层面来看，广告商和平台需要确保数据收集的合法性、合规性和透明性。他们应该遵守相关法律法规，建立安全的数据处理和存储措施，明确隐私政策，征得用户明确同意，并尊重用户的选择权。此外，应提供用户对个人信息的访问和修改权，保障用户对自己数据的控制权。

在法律实施过程中，一些公司因为违反隐私保护相关法律而受到制裁。例如，2019 年美国联邦贸易委员会（FTC）对 Facebook 的一项数据泄露事件做出了 5 亿美元的罚款，认为 Facebook 未能妥善保护用户数据隐私，违反了用户数据保护法律。

此外，欧洲监管机构对一些公司也做出了巨额罚款，要求他们改善数据隐私保护措施。

这些案例表明，法律对于保护用户数据隐私和个人信息的重要性。广告商和平台必须严格遵守相关法律法规，保护用户的隐私权和个人信息安全。如果违反法律规定，可能面临严重的法律后果和经济制裁。因此，从法律角度来看，用户数据的收集和使用必须符合相关法律的规定，并且应该尊重用户的隐私权和个人信息。

2. 数据处理时的合法性和责任

在大数据时代和新型社交媒体平台时代，企业处理数据时的合法性和责任性非常重要。企业应该遵守所在国家或地区的个人数据保护法律法规。这些法律规定了数据处理的原则、要求和用户权利，企业应该确保自己的数据处理行为符合法律法规的规定。

在收集和处理用户数据时，企业应该获得用户的明确同意。同意应该是自愿的、知情的，并且应该明确告知用户数据的收集目的和使用方式。企业应该提供隐私政策和条款，告知用户数据的处理方式，以便用户能够做出知情的决策。

企业应该采取最小化数据收集的原则。企业在收集数据时应该遵循最小化原则，只收集必要的数据，而不应该收集过多的不必要信息。数据处理应该以达成特定目的为前提，并且不得超出此目的范围使用数据。

在数据安全保护方面，企业应该采取适当的安全措施，确保用户数据在传输和存储过程中不受未授权访问、泄露或篡改。加密技术、访问控制和数据备份等措施都可以用于提高数据的安全性。企业应该向用户透明地展示数据的使用方式，让用户知道他们的数据将如何用于个性化广告、个性化推荐等目的。用户应该有权了解自己的数据是如何被使用的，并有权选择是否参与数据处理。

企业应该设定合理的数据保留期限，不应该无限期地保存用户数据。一旦达到数据处理目的，应该及时删除或匿名化数据。当企业收集和处理用户的个人数据时，需要明确数据处理的目的。数据保留期限应该与这个目的相符合。一旦达到了数据处理的目的，企业就没有必要再继续保留这些数据。合理设定数据保留期限可以有效地保护用户的隐私权和数据安全。例如，如果一个企业收集用户的个人数据是为了完成一次特定的交易，那么在交易完成后，企业就应该及时删除或匿名化这些数据，因为这些数据已经不再需要用于其他目的。

如果企业需要保留一些数据用于记录客户的历史交易或服务记录，那么在明确了数据保留的合法目的后，企业可以设定相应的合理保留期限，并在超过期限后进行数据清理。合理设定数据保留期限可以帮助企业避免不必要的数据滞留，减少数据泄露和滥用的风险,同时也符合数据保护法律法规对数据处理的合法性要求,保护用户的隐私权和数据权益。

如果企业需要将数据与其他机构共享,应该确保数据共享是基于合法合规的目的,并与数据接收方协商共识,明确数据使用的范围和目的。企业应该向员工提供数据保护的培训和意识教育,确保员工了解数据处理的规范和流程,提高员工对数据保护的重视和意识。

企业应该设立专门的数据保护负责人或团队,负责监督数据处理活动的合法性和责任。如果发生数据泄露或违规行为,企业应该及时采取措施进行纠正,并主动向用户和监管机构进行报告。企业首先应该指定一位专门负责数据保护事务的负责人,通常称为"数据保护官"或"隐私官"。这个人应该对数据保护法律法规和最佳实践有深入了解,负责监督和协调数据保护工作。

除了数据保护负责人,企业还可以建立一个专门的数据保护团队,包括不同领域的专业人员,如法律顾问、技术专家、安全专家等。这个团队将协助数据保护负责人执行数据保护策略和措施。数据保护团队应该制订和更新数据保护政策和流程,确保数据处理活动遵循相关法律法规,并符合最佳实践标准。数据保护团队应该对企业员工进行数据保护方面的教育培训,提高员工对数据保护重要性的认识,并教授正确的数据处理流程和方法。

数据保护团队应该定期监督和审核数据处理活动,确保数据的合法性和安全性。同时,对数据保护政策和流程进行评估和改进/数据保护团队应该与相关监管机构合作,保持对数据保护法律法规的敏感性,并及时了解相关政策的变化和要求。数据保护团队应该负责处理用户的投诉和数据违规行为,及时采取纠正措施,并向有关当局报告。

在大数据时代和新型社交媒体平台时代,企业需要非常重视数据处理的合法性和责任。通过遵守法律法规、获得用户同意、最小化数据收集、数据安全保护等措施,原生广告商和企业可以确保数据处理的合法性,并保护用户的隐私权和个人信息安全,这不仅有助于建立用户信任,还能提高企业的声誉和竞争力。

思考题

（1）列举并解释两个可能的原生广告法律问题,说明为什么了解和处理这些问题对于广告从业者和品牌至关重要。

（2）从广告法律框架角度选择一个国家或地区,描述其广告法律框架的主要特点,列举至少两个关于广告合规性的法规要求。

（3）解释虚假广告和欺诈行为的区别，并提供一个现实案例，说明如何识别并应对虚假广告或欺诈行为，保护消费者权益。

（4）隐私权和数据保护的重要性在本章节中再次被强调，解释为什么原生广告需要特别关注用户隐私权和数据保护。列举三种措施，帮助品牌确保在广告活动中遵循相关隐私和数据保护法规。

（5）选择一个品牌或广告活动，提出一个完整的法律合规性方案。说明如何在原生广告中遵循广告法律框架、防范虚假广告、保护用户隐私权和数据，确保品牌合法合规地开展广告活动。

第13章
原生广告的伦理问题

本章聚焦于原生广告的伦理问题,介绍原生广告中的伦理问题及其重要性、原生广告中的道德问题、广告与社会价值观的冲突和调和,以及原生广告对弱势群体的影响。通过本章的学习,我们将了解原生广告领域中的伦理问题和道德挑战,以及如何在广告活动中考虑社会价值观、保护弱势群体的权益,在原生广告领域中作出道德和伦理上的更为明智的决策,确保广告活动既符合商业目标,又不违背社会责任。

13.1 原生广告的伦理问题及其重要性

广告伦理是一个非常重要的主题,尤其在社交媒体时代,其重要性更加凸显。广告伦理涉及广告行业的道德和社会责任,涉及广告商、广告代理商、媒体和消费者等各方的权益和责任。广告是社会文化的一部分,广告内容和形式可以影响公众的价值观、观念和行为。因此,广告的伦理问题不仅关乎商业利益,也涉及社会责任和道德标准。

广告伦理需要确保广告内容的真实性和客观性,避免虚假宣传和误导消费者。此外,广告伦理还涉及隐私权保护、个人数据的使用和共享等问题,需要保障消费者的合法权益。遵守广告伦理是广告行业健康发展的基础。如果广告不遵循伦理规范,可能导致不公平竞争,损害整个广告行业的声誉和信誉。广告伦理问题直接关系到品牌形象的塑造。通过诚实守信、符合道德的广告宣传,品牌可以赢得消费者的信任和忠诚度。

在社交媒体时代,广告伦理问题变得更加复杂。社交媒体的互动性和广告个性化特点,可能使广告更加具有潜在的欺骗性和针对性。因此,我们应该从新的角度来看待广告伦理问题。广告在社交媒体上需要更加注重透明度,告知广告的真实性,避免虚假宣传和误导。社交媒体广告往往涉及到用户个人数据的收集和使用,广告商应该严格遵守相关法律法规,保护用户的隐私权。

广告伦理与法律规定和监管密切相关。广告行业必须遵守相关法律法规,包括对虚假广告、不当竞争、儿童广告等方面的规定。遵循广告伦理可以帮助企业确保广告活动的合法性,避免违法行为导致的法律后果和经济损失。当广告内容真实、诚信时,消费者更愿意相信广告所传递的信息,从而建立与品牌的良好关系。长此以往,这种信任将促使消费者成为忠实客户,并增加品牌忠诚度。

合乎伦理的广告不仅仅是为了推销产品,更重要的是塑造品牌的价值观和社会形象。良好的广告伦理有助于树立品牌的良好形象,增加品牌的社会影响力。在社交媒体时代,广告很容易引发公众讨论和舆论反应。不合乎伦理的广告容易引发争议和负面评价,对企业形象造成损害。而遵循广告伦理可以避免负面舆论和公众反感,维护企业声誉。广告伦理的实践推动行业自律,鼓励广告从业者遵循一定的伦理标准和行为准则。通过共同遵循伦理规范,行业可以提升整体的声誉和形象。

13.2　原生广告中的道德问题

1. 诱导消费

原生广告诱导消费的伦理问题涉及广告企图利用心理或情感手段来激发消费者购买商品或服务的行为。这些手段可能不道德或欺骗性,对消费者的自主选择和意愿产生影响,引发伦理上的关切。有些广告可能试图操纵消费者的欲望和需求,创造一种人为的需求感,使消费者感觉必须购买某种产品或服务,而实际上并不是真正的需求。这种操纵消费欲望的做法可能对消费者的财务状况和生活品质产生负面影响。

某些社交广告宣传可能试图创造一种虚假的需求,使消费者误以为他们缺乏某种产品或服务,从而导致非理性的购买行为。这种虚假需求的制造可能违背消费者的真实需求和利益。广告中可能包含虚假或误导性的陈述,例如夸大产品的功效或效果。这种欺骗性宣传可能误导消费者,使其做出错误的购买决策,损害其权益。

一些原生广告利用情感诉求来影响消费者的购买行为,例如通过触动消费者的情感或社会价值观来促使购买。虽然情感诉求在广告中常见,但过度利用情感诉求可能违背消费者的真实需求和自主选择。一些广告可能通过虚假定价来吸引消费者,例如在广告中宣称某商品打折销售,实际上并未降价。这种误导性定价可能误导消费者,导致消费者做出不理性的购买决策。

广告诱导消费的伦理问题主要在于,广告企图通过心理和情感手段来影响消费者的购买行为,可能违背消费者的真实需求和自主选择。因此,广告行业需要谨慎对待这些伦理问题,遵循诚信原则,确保广告的宣传和促销活动是基于真实信息和客观事实的,以保障消费者的权益和福祉。广告监管机构在这方面也起着重要的角色,对于涉及欺骗性或伦理问题的广告进行监督和制裁,维护公平竞争和消费者权益。

原生广告在诱导消费的方面存在其特别之处。社交广告和原生广告通常会以用户熟悉的形式出现,融入社交媒体平台或网站的内容中,从而产生误导消费的作用。原生广告在用户浏览时不易被识别为广告,这种隐蔽性可能会误导用户,使其以为所看到的内容是独立的编辑或用户生成内容,而实际上是由广告商付费发布的广告。广告商可能收集和使用用户的个人信息和行为数据,而用户对于其数据的使用和目的可能并不了解或同意。

社交广告和原生广告常常利用情感和社会心理手段来吸引用户的注意和共鸣。这些广告可能通过触发用户的情感、创造社会认同感或利用社会压力来促使消费者进行购买。在利用情感和社会心理时,广告商需要注意不要过度操纵用户的情感或利用社会心理漏洞,以免影响用户的自主选择和消费决策。社交广告和原生广告可能存在虚假或夸张宣传的问题,例如夸大产品的效果或性能,或者给出虚假的优惠信息。这种虚假或夸张宣传可能误导用户,导致用户做出错误的购买决策,损害其权益。

社交媒体平台通常是用户交流和分享信息的场所。在这样的社交环境下,用户更倾向于接受和信任来自朋友、家人或社交网络中的信息。因此,社交广告有可能借助社交网络的影响力,通过社交关系链传播广告信息,进而影响用户的消费决策。

社交广告常常融入用户的社交互动中,例如在社交媒体的新闻流或朋友圈中展示广告内容。这种社交性质的广告展示方式可能增加用户对广告的关注和接受度。而用户在社交媒体上的积极互动和口碑传播也会进一步扩大广告的影响力,让广告信息迅速传播,形成更广泛的影响。社交媒体是实时更新的平台,用户通常会频繁浏览和互动。社交广告可以利用这一特点,在用户活跃的时间段推送广告,增加用户的关注度。此外,社交广告还可以利用时效性事件或特定场景,例如节日促销、限时优惠等,进一步诱导用户进行消费。

2. 过度宣传

原生广告"过度宣传"的伦理问题主要涉及广告内容和推广方式的问题。过度宣传指的是广告在宣传产品或服务时使用过于夸张、虚假或误导性的表现手法,以吸引用户的注意并诱导其进行购买。这种行为可能违背了广告的真实性原则,给用户造成误导,损害用户的利益,且违反了广告行业的伦理标准。

广告中出现虚假宣传,即广告内容与实际情况不符。这可能包括夸大产品性能、效果或功能,或者使用虚假的证据和数据来支持广告主张。虚假宣传不仅损害了消费者的权益,也影响了广告行业的公信力和信任度。某些广告可能使用虚构的情节或角色来吸引用户的注意,但这些虚构内容与实际产品或服务没有直接关联。这种误导性的表现可能导致用户对广告内容的误解和对产品的不符预期。

广告中过度承诺是指在广告中过度渲染产品或服务的优点,让用户对产品寄予过高的期望。然而,当用户购买后发现实际效果并不如广告所描述时,可能会引发用户的不满和投诉。广告商应当对广告内容的真实性和合法性负有伦理责任。他们应该确保广告内容的准确性,不夸大产品的性能或效果,并且避免使用误导性的表现手法。

在社交媒体背景下,广告过度宣传的伦理问题变得尤为突出。社交媒体平台的广告形式通常是以信息流或原生内容的方式呈现,融入用户的社交体验中,因此具有更强的社交性和影响力。然而,这种广告形式也容易导致广告过度宣传的问题。

社交媒体上的广告可能使用夸张或虚假的文字、图片或视频来宣传产品或服务,吸引用户点击或转发。这样的虚假宣传可能误导用户,导致用户对广告内容产生错误的认知。一些社交媒体广告可能利用限时优惠或限量抢购等手段制造紧迫感,让用户有一种错过优惠的焦虑感,促使他们迅速行动。然而,如果这种紧迫感是虚构的,或者广告商在延长截止时间或增加库存,可能导致用户对广告商的失信。

社交媒体广告中经常出现用户的评价和体验分享,有时这些评价可能是虚构的,或者是由广告商或代理商刻意制造的。这样的虚假评价可能误导用户对产品或服务的真实评价。有时社交媒体广告可能没有明确标注为广告,而是以原生内容的形式出现,使用户难以分辨广告和非广告内容。这种隐蔽性可能导致用户在不知情的情况下被误导。社交媒体上广告可能以过度频繁的方式出现,影响用户的使用体验。如果广告过度宣传,甚至恶意打扰用户,可能引起用户的反感和抵触。

这些伦理问题可能损害用户的权益,降低用户对广告的信任,对广告商和社交媒体平台的形象产生负面影响。为了解决这些问题,广告商和社交媒体平台应该遵守相关法律法规和伦理准则,确保广告内容真实可信,不过度宣传,明确标注广告身份,保护用户的隐私和权益。此外,广告商还应该对广告内容进行严格审查,确保广告不含虚假信息,评价不过度夸大产品的效果,并避免对用户施加过度压力。同时,社交媒体平台应该设立审核机制,对广告内容进行审查和监督,保障用户的使用体验和隐私权。

3. 性别刻板印象

广告中传播性别刻板印象、歧视或贬低某一性别的现象是一个严重的伦理问题。这种现象会对社会产生负面影响,破坏社会平等和尊重的价值观,损害受众的情感,甚至导致性别间的冲突和分裂。广告中传播性别刻板印象或歧视行为,将某一性别贬低或歧视,违背了性别平等的原则,容易引发社会争议和抗议。通过广告传播贬低某一性别的信息,将会传递负面的价值观,影响年轻一代的价值观和认知,可能导致社会对性别平等的认识出现偏差。

广告中贬低某一性别可能激化性别间的矛盾和冲突,加剧社会的对立和不和谐。社交媒体具有广泛的传播渠道和影响力,广告和信息可以快速传播到大量用户中,一旦出现贬低性别的广告,其影响会更加广泛和迅速。

社交媒体作为一个互联网上的重要平台,具有广泛的传播渠道和巨大的影响力。在社交媒体上发布的广告和信息可以迅速传播到大量的用户中,这是由于社交媒体平台的特性和用户之间的高度连接性所致。社交媒体平台汇集了大量的用户,包括个人用户、企业机构和媒体,以及其他公共机构等,这些用户可以在平台上发布广告、信息和内容。社交媒体平台的广告和内容传播渠道非常广泛,可以通过用户的朋友圈、订阅、分享、转发等方式快速传播,形成传播效应。

当一个广告或信息在社交媒体上引起广泛讨论和关注时,更多的用户可能会加入讨论,形成群体效应。这种群体效应会进一步增强信息的传播力,使得影响范围更大。一旦出现贬低性别的广告在社交媒体上发布,其影响会更加广泛和迅速,可能引起大量用户的关注和讨论。这种情况下,广告商和社交媒体平台需要高度重视广告内容的质量和合法性,避免发布任何涉及性别歧视或贬低的广告,以保护用户的权益和维护社交媒体平台的声誉。同时,用户也应该对广告内容保持警惕,积极参与监督和反馈,共同营造一个尊重和谐的网络环境。

算法推荐系统在一些情况下可能导致性别偏见的信息在用户中持续传播和强化。算法推荐系统会根据用户的历史行为和兴趣进行个性化推荐。如果用户在过去点击、喜欢或互动过某些具有性别偏见的信息或广告,系统可能会将类似的内容继续推送给用户,进一步强化用户对这类内容的接受和关注。

社交媒体上的算法推荐系统往往会将用户推送给与自己观点相似的内容和广告,这可能导致用户只接触到与自己意见相符的信息,而忽略了其他不同观点的内容。这种意见同质化可能导致性别偏见的信息在用户之间得到强化和传播。一些具有性别偏见的信息可能能够引发某一部分用户的共鸣或情感共振,这些用户可能会在社交媒体上进行转发、评论或分享,进一步将这类信息传播给其他用户。算法推荐系统有时候倾向于推荐用户已经熟悉的内容,而忽略了其他多样性的信息和广告。这可能导致性别偏见的信息在用户中持续流传,而用户对其他不同观点和信息缺乏了解。

由于社交媒体平台的算法推荐系统的存在,用户在使用社交媒体时可能被持续暴露于某种性别偏见的信息和广告之中,这可能加深用户对这类信息的认同和接受程度,甚至导致对其他不同观点的抵触和排斥。这种情况下,社交媒体平台和广告商需要审慎考虑广告和内容的推送策略,避免过度强化性别偏见,而是积极推广多样性和包容性的内容,营造一个公平和包容的社交媒体环境。

社交媒体是各种群体和观点的汇聚地,性别问题是一个敏感的话题,容易引发各种意见和观点的对立,从而加剧性别冲突。在社交媒体上,人们可以自由表达自己的观点和看法,这导致了对性别问题的不同观点和立场在平台上相互碰撞。有些观点可能强调男女平等和性别权利,而另一些观点可能持保守的性别观念。这种多样性的观点和立场在社交媒体上并存,会导致各种讨论、辩论和争议。

由于社交媒体的开放性和匿名性,一些用户可能更容易采取激进、攻击性或偏激的言论,加剧了性别冲突的现象。在讨论性别问题时,一些用户可能对性别少数群体进行歧视或贬低,引发对立和争议。这种冲突和对立可能导致社交媒体上出现大量的争论、争吵和争端,进而扩大了性别问题的讨论范围和影响。

为了解决这个问题,广告商和社交媒体平台应该更加重视性别平等和尊重的价值观,审查广告内容,杜绝传播性别刻板印象和歧视行为的广告。同时,广告商应该加强对广告创意的教育和培训,确保广告内容不会带有性别歧视和贬低性别的意图。社交媒体平台也应该设立审核机制,对广告和内容进行审查,防止性别冲突和歧视问题在平台上传播。最重要的是,社会各界应该共同努力,倡导性别平等和尊重的价值观,营造一个尊重每个个体权益的社会氛围。

4. 不当内容

首先需要认识到广告作为一种公共传播形式,应当遵循一定的道德和伦理准则。这些不适宜公众观看的内容可能对个体和社会产生不良的影响,因此需要审慎对待。广告作为一种公共传播媒介,应该尊重公众的利益和价值观。含有暴力、歧视、色情等不适宜内容的广告可能会触犯公众的道德底线,引发不满和抵触情绪,对社会产生负面影响。

广告应该避免歧视和侮辱任何特定群体,特别是弱势群体。含有歧视性内容的广告可能会损害弱势群体的尊严和权益,加剧社会的不平等现象。广告作为一种文化传播形式,应该积极传递正面的价值观。含有暴力、色情等负面内容的广告可能会误导公众,影响人们的价值取向和行为习惯。

广告中的不适宜内容可能对儿童造成负面影响。儿童是一个特殊的受众群体,需要特别关注其心理和身心健康,应避免向他们传递不适宜内容。广告行业应该自觉遵守伦理准则,进行自律和监督,确保广告内容健康、积极、适度,不含有不适宜公众观看的内容。

社交媒体具有广泛的用户基础和快速的信息传播能力,广告在社交媒体上很容易迅速传播到大量用户中。一旦含有不适宜内容的广告在社交媒体上传播,其影响会更加广泛和迅速。社交媒体平台的算法推荐机制会根据用户的兴趣和互动行为,将类似的广告和内容推送给用户。如果某些用户对含有暴力、歧视、色情等内容的广告产生兴趣或互动,算法可能会将类似内容推送给更多用户,从而形成信息的"过滤泡沫",导致这些不适宜内容在用户中持续传播和强化。

一些广告商可能会利用社交媒体背景下用户多样性的特征,尝试在社交媒体上推送含有暴力、歧视、色情等内容的广告,试图吸引特定用户群体的注意和互动。在社交媒体背景下,广告商之间的竞争激烈,他们可能会试图使用更加引人注目和震撼的广告内容来吸引用户的注意。这些内容往往包含了暴力、歧视、色情等元素,以迅速吸引用户的眼球。

社交媒体的快速传播能力、算法推荐机制使得不适宜内容在社交媒体背景下变得更加严重,这也加大了广告行业在社交媒体时代面对伦理问题的挑战,需要加强自律和监管,确保广告内容的合法性、道德性和社会责任,保护公众利益和社会和谐。

从伦理的角度看待这一问题,我们应当强调广告的社会责任和公共利益导向。广告行业应该遵循一定的道德准则,避免含有不适宜内容,保护公众的合法权益,促进积极价值观的传播,特别关注儿童的保护,以维护社会的和谐稳定和文明进步。

5. 侵权问题

广告可能涉及侵犯他人版权、商标权等知识产权问题,引发法律争议。例如,在广告中使用他人创作的文字、图片、音乐、视频等作品,而未经版权所有者授权或许可,构成对版权的侵权。这可能包括使用未经授权的音乐作为广告背景音乐,或者使用他人的照片或视频素材作为广告内容等。广告中使用他人的著作作为引文、引用或其他方式,未经著作权所有者授权,可能构成对著作权的侵权。这种情况可能涉及广告中使用他人的文字或文学作品等。

在有些情况下,广告中使用他人注册商标或与他人商标相似的标识,或者使用与已注册商标相似的标识,可能导致误导消费者或者损害商标权利人的商业利益。有些广告中宣称产品或服务具有特定的技术或功能,但实际上未经授权使用了他人的专利技术,可能构成对专利权的侵权。这种情况可能发生在广告宣传中夸大产品的功能,但实际上未经授权使用了他人的专利技术。

原生广告的设计商应该强调尊重个体的创作和知识产权,包括版权、商标权和专利权等。每个人都有权利对自己的创作进行保护,并享有其作品所带来的经济和声誉利益。广告商在设计广告时应尊重他人的知识产权,避免使用未经授权的作品和商标,以免侵犯他人权益。

社交网络平台拥有大量用户生成的内容,包括文字、图片、视频等,这些内容都可能涉及知识产权。由于用户生成的内容数量庞大,社交网络平台很难完全审查和筛选每一条内容,从而导致侵权行为的存在。社交网络平台具有快速传播的特点,一条内容可以在短时间内迅速传播到大量用户中。如果其中存在侵权行为,它会以更快的速度传播,对版权所有者造成更大的损失。

部分社交网络用户对知识产权的意识不足,可能缺乏对版权、商标权等知识产权的正确理解,容易在发布内容时忽略他人的权益,造成侵权行为。社交网络平台面临大量的内容审核和版权识别工作,技术限制可能导致部分侵权行为未能及时发现和处理。为了吸引用户和广告商,有些社交网络平台可能放松了对内容的审核和版权保护,容忍了一些侵权行为,这加剧了侵权问题。一些社交网络平台在全球范围内运营,涉及不同国家和地区的法律法规和知识产权保护标准,导致侵权问题更为复杂。

从伦理角度来看,原生内容的知识产权侵权问题,重点在于尊重他人的创作和知识产权,遵守相关法律和道德标准,确保广告内容的合法性和真实性。广告商应该以负责任的态度对待知识产权问题,避免侵权行为,维护广告行业的诚信和形象。同时,广告消费者也应该关注广告中是否存在知识产权侵权的问题,并对侵权行为提起投诉或举报,以促进广告行业的健康发展和社会的良性运转。

13.3 广告和社会价值观的冲突与调和

广告与社会价值观的冲突和调和是指广告内容或形式与社会价值观念之间可能存在的矛盾和不一致。广告是商业行为的一种宣传手段,其目的是促进产品或服务的销售,并提升品牌形象,从而实现商业利益。然而,社会价值观念是指社会上广泛认可的道德、伦理、文化等观念,涉及人们对正义、公平、道德和文化传承等方面的理念和信念。

一些广告可能涉及过度的暴力或过于露骨的内容,不符合社会对公共秩序和道德观念的期望。广告的美学和表现形式可能与某些地区或文化的价值观念不相符,引发文化冲突。在跨国营销或面向多个文化背景的广告中,应该考虑不同文化背景下的敏感性和差异,避免触碰文化冲突。广告商应该担负社会责任,积极传播正能量,推动社会进步。

1. 文化冲突与跨国营销

原生广告中的文化冲突指的是广告内容或形式与不同文化背景、价值观、传统习惯等之间产生的冲突或不协调。由于广告的传播范围广泛,跨越不同地域和国家,所以广告内容和形式可能涉及多种文化元素,而不同文化背景下的观众可能对广告有不同的理解和反应。这种文化差异可能导致广告传播的不当或不理想,甚至引起社会争议。

在过去,可口可乐曾推出一些在中国市场引起争议的广告。例如,在一则广告中,一位白人男性走进一个中国乡村,带来了一箱可口可乐,然后当地的居民欢快地迎接他。这则广告被认为暗示白人文化的优越性,引发了中国网民的强烈抵触和批评,认为这是对中国文化的歧视。这则广告一经发布,立刻引起了广泛的社会争议和批评。

中国网民对这个广告表示愤怒和抵触,认为这是对中国文化的歧视和污蔑。他们认为广告中传递的信息表达了一种"西方文化优越"的态度,将西方文化视为标杆,贬低了中国文化和中国人。由于广告涉及文化和种族问题,引发的批评和抵制情绪更加强烈。面对公众的强烈反应,可口可乐随后撤下了这则广告,并在社交媒体和官方渠道上发布了道歉声明。他们表示,广告是在试图传达一个友好和欢快的场景,但对于引发误解和不满表示道歉,并承诺会更加重视广告的文化敏感性和理解。

这个案例表明在全球化时代,广告在不同文化背景下可能被理解和接受的方式存在巨大差异。广告商和品牌需要更加关注当地文化的差异,避免使用可能引发争议和歧视的内容和形式。对于全球品牌而言,尊重当地文化和价值观是确保广告传播成功的重要因素之一,同时也是维护品牌形象和公众信任的关键所在。

此外,GAP 曾在印度推出一则广告,其中一位白人模特戴着印度风格的耳环和文身,被印度网民批评为"文化挪用"。GAP 是一家全球知名的服装品牌,他们在不同国家和地区推出宣传和推广其产品的广告。印度网民认为这种做法忽视了印度文化的历史和意义,将文化视为时尚符号而非尊重其背后的价值。

这则广告一经发布,立即引起了印度网民的批评和抵制。印度网民认为这种做法是对印度文化的"文化挪用",即将印度文化元素作为时尚符号而非尊重其背后的历史、意义和价值。他们认为广告忽视了印度文化的独特性和深厚的历史,将文化元素简单地用于商业目的,对印度文化的传统和价值产生了不尊重和片面的理解。面对公众的强烈反应,GAP随后撤下了这则广告,并在社交媒体和官方渠道上发布了道歉声明。他们表示,广告的初衷是展示各种文化之间的交流和融合,但对于引发误解和争议表示道歉,并承诺会更加重视广告内容的文化敏感性和理解。

这些案例表明,广告中的文化冲突可能会导致品牌形象受损、产品销售受阻,甚至引起公众的不满和抵制。为了避免广告中的文化冲突,广告从业者和品牌营销人员应该更加关注不同文化之间的差异,尊重并理解当地的文化背景和价值观。在广告策划和创意过程中,应该充分考虑不同文化背景下的观众的感受和反应,避免使用可能会引起争议的内容和形式。此外,开展跨文化调研和文化审查也是广告中避免文化冲突的有效手段。通过合理的文化敏感性,广告可以更好地传递信息,增加品牌的认知度和认可度,提高广告的有效性和品牌在全球市场的竞争力。

2. 品牌形象与公众信任

广告伦理对品牌形象和公众信任的重要性在广告和品牌管理中是不可忽视的。广告伦理涉及广告内容的合法性、诚信性、道德性和社会责任等方面,它直接影响着广告的效果、品牌形象和公众对品牌的信任感。

广告伦理对于品牌形象的塑造具有重要影响。通过遵循广告伦理标准,广告可以呈现出真实、可信、负责任和价值导向的形象,提升品牌的社会形象和美誉度。伦理问题在广告中的处理直接影响消费者对品牌的感知和认知,进而影响他们对品牌的态度和忠诚度。

广告伦理合规性是树立品牌公信力的重要基础。公众对于广告内容的真实性和诚信性有着高度敏感性,如果广告涉及虚假宣传、误导性信息或欺骗性行为,将损害公众对品牌的信任。相反,合法、诚信、负责任的广告有助于增强公众对品牌的信任感,促使他们更愿意购买和支持该品牌的产品和服务。

广告伦理关乎品牌的长期发展和可持续经营。虽然一些不诚信或欺诈性的广告可能会在短期内带来一些效果,但这种短视行为可能会导致品牌形象的短暂提升,却难以维持长期的品牌价值。合法合规、诚信负责的广告和品牌管理有助于建立稳固的品牌基础,为品牌的长期发展打下坚实的基础。

广告伦理是品牌社会责任的体现。品牌在广告中展示的价值观和社会责任形象,对公众来说有着重要的吸引力。合理处理广告伦理问题,展现品牌的社会责任和价值观,有助于提升品牌形象,树立品牌在社会中的良好形象,同时也有利于品牌与消费者、社会之间建立良好的互动和关系。

广告伦理对品牌形象和公众信任的重要性不容忽视。合法合规、诚信负责的广告能够塑造积极的品牌形象,增强公众对品牌的信任,为品牌的长期发展和社会责任树立起坚实的基础。倘若忽视广告伦理问题,可能会导致品牌声誉受损、公众信任丧失,对品牌造成不可逆转的损害。因此,广告伦理应成为品牌管理的重要一环,企业和广告从业者应积极遵循广告伦理,践行社会责任,树立诚信品牌形象,以获得持续发展和良好的社会认可。

13.4　原生广告对弱势群体的影响

1. 原生广告对儿童心理和行为的影响

广告对儿童心理和行为的影响是一个备受关注的话题,特别是在社交媒体和数字化广告盛行的时代。儿童的认知和思维水平还未完全成熟,他们对广告的识别和理解能力较弱,容易被广告中的吸引性和刺激性内容所吸引。广告中的图像、音乐和角色能够在儿童心中留下深刻的印象,影响他们的观念和行为。

广告经常呈现出各种吸引儿童的产品,如玩具、零食、游戏等。儿童可能受到广告的影响,希望获得所宣传的产品,从而导致他们向家长索取或坚持购买。广告还可能塑造儿童的消费观念,使他们认为拥有某些产品是获得快乐和满足的途径。其所呈现的角色和价值观可能塑造儿童对社会的认知。广告中的角色模型和行为方式可能影响儿童对性别角色、家庭关系和社会行为的看法。如果广告中展示的价值观与家长和学校教育的价值观相冲突,可能导致儿童产生认知混乱。

某些广告可能包含暴力、恐怖或不适宜儿童观看的内容,这可能导致儿童产生焦虑、恐惧或不安。儿童对于广告中的虚拟角色和情节容易产生情感共鸣,进而影响他们的情绪和心理健康。在数字化广告时代,儿童在社交媒体上也接触到大量广告。这些广告可能会收集儿童的个人信息和行为数据,导致隐私问题和数据安全的风险。

某些广告可能通过美化身体形象、强调外貌和物质的价值来影响儿童的自尊心。例如,美容产品广告可能暗示拥有美丽外貌能获得更多的朋友和社交认可,导致儿童产生自身形象不足的感觉。在社交媒体平台上,儿童可能与广告进行互动,例如点赞、评论、分享等。这种社交影响可能会增强广告对儿童的影响力,甚至形成"广告效应链",通过朋友之间的分享和转发,广告的传播范围更广。

儿童广告通常会融入娱乐元素,吸引儿童的注意力。然而,广告在娱乐的同时,也应该尊重儿童的学习和教育需求。对于学龄前儿童,广告的内容应该符合其认知水平,不应该含有过于复杂或混淆视听的内容。广告商在定向儿童广告时,应该遵循道德和伦理标准,不应该利用儿童的无知和好奇心来推销产品。广告应该是真实、合理和负责任的,不应该误导儿童和家长。

广告对儿童心理和行为的影响具有复杂性和多样性。儿童是广告的特殊受众群体,他们对广告的认知和理解与成年人有很大差异。家庭在儿童广告的观看和消费行为中扮演着重要的角色。家长应该与孩子一起观看广告,引导他们正确理解广告的真实含义和商业意图。同时,家长也应该设立合理的广告观看时间和消费预算,帮助孩子养成理性消费的习惯。

因此,针对儿童的广告应遵循相关法律法规和伦理标准,保护儿童的权益和心理健康,提供积极正面的内容,避免对儿童产生不良影响。同时,家长、教育者和社会也需要共同努力,为儿童提供一个健康、安全的广告环境。广告对儿童心理和行为的影响需要得到关注和引起重视。家长、教育者和广告商都应该积极监督广告内容,确保广告不会对儿童产生不良影响。在制作儿童广告时,应该遵循相关法律法规和伦理标准,尊重儿童的心理特点,提供正面健康的信息,帮助儿童发展积极的消费观念和价值观。

2. 广告对弱势群体的潜在影响

某些广告可能对弱势群体进行刻板化描绘或隐含歧视,如对特定种族、性别、性取向、身体特征等进行贬低或误导。这样的广告可能会加剧社会对弱势群体的偏见和歧视,损害他们的自尊和尊严。广告中可能出现负面情感的表达,对弱势群体的形象和生活方式进行负面渲染,引发弱势群体内部和外部的情感反感,导致社会对弱势群体的不理解和歧视。

广告中对弱势群体的描绘可能影响他们的社会认同和自我认同,可能让他们产生自卑情绪或者对自身身份认同的不确定性。一些广告可能针对弱势群体推销低质量、高价位的产品或服务,让弱势群体产生过度消费或被误导。一些广告可能对弱势群体进行虚假宣传,欺骗消费者或误导他们做出不理智的消费选择。

例如,社交广告可能通过定向广告和个性化推送针对老年人进行营销。对于某些老年人来说,这可能是有益的,因为他们可以获得与他们相关的产品和服务的信息。然而,过度的个性化广告也可能导致老年人感觉被针对或被侵入隐私。

对于不熟悉或不熟练使用社交媒体的老年人来说,广告信息可能更难以理解和辨别真实性,容易受到误导。许多老年人可能不熟悉使用社交媒体平台,对数字技术和互联网的了解有限。由于社交媒体是广告推送的主要平台之一,他们可能对广告信息的呈现形式、点击链接等相关操作不够熟悉,容易被误导或误操作。

老年人可能相对缺乏对广告真实性和可信度的鉴别能力。在社交媒体上,虚假信息和欺诈性广告可能会伪装得很像真实的内容,对于不具备足够鉴别能力的老年人,可能很难区分广告和正常信息,从而容易被虚假广告所欺骗。老年人可能更容易受到家人、朋友或社区中其他人对广告内容的影响,从而对广告的内容和产品做出决策。一些社交广告可能针对老年人进行虚假宣传,推销低质量或欺诈性产品,从而导致老年人受骗或财产损失。

一些社交广告可能通过多媒体、动画或其他复杂的形式来展示产品或服务,这些内容对于不熟悉技术的老年人可能过于复杂,导致他们难以理解广告信息的真正含义。社交媒体平台常常根据用户的兴趣和互动行为推送个性化广告,但对于不熟悉该平台的老年人来说,可能会误认为这些广告是针对他们个人的推荐内容,而不是广告。对于老年人来说,广告信息可能更难以理解和辨别真实性,容易受到误导。这也意味着广告行业在针对老年人的广告推送时,应该更加注意广告的可读性、真实性和可信度,避免利用老年人的不熟悉进行误导性的广告宣传。

此外,社交广告的设计应该考虑残障人士的可访问性,确保广告内容对视觉、听觉、认知或身体方面有特殊需求的人群也是可理解和可参与的。广告应避免使用冒犯或贬低残障人士的语言和形象,避免加深社会对残障人士的歧视和偏见。

广告内容应该以通俗易懂的文字、清晰的图像、辅助功能和无障碍选项为基础,确保广告对所有残障人士都是可访问的。广告内容应该避免歧视或侮辱残障人士,不应该贬低或嘲笑残障人士的身体或认知状况。广告制作者和广告商应该尊重残障人士的尊严,避免使用冒犯性的内容和形象。

广告应该反映社会的多样性,包括残障人士在内的不同群体。广告可以积极地展示残障人士的能力和贡献,树立积极的榜样,促进社会对残障人士的理解和尊重。广告可以通过积极的形象和信息,促进残障人士与非残障人士之间的社会融合。社交广告平台也应该提供友好和无障碍的界面,让残障人士可以平等地参与社交媒体活动,与其他用户进行交流和互动。

广告商和广告平台应该对广告内容负责,并保证广告信息的真实性和准确性。对于涉及医疗、康复、辅助器具等与残障人士相关的广告,尤其需要审慎对待,避免虚假宣传或误导性的内容。社交广告对残障人士的潜在影响应该以尊重、包容、平等和促进社会融合为基本原则。广告制作者和广告商应该认识到广告对公众的影响力,从伦理角度出发,创作正面、包容性和多样性的广告内容,营造一个更加友好和包容的社交媒体环境。

考虑到社交广告对老年人和残障人士等弱势群人的影响,广告商需要考虑到他们的特殊需求和权益,避免歧视和虚假宣传,提高广告的可访问性和包容性。广告可以展现残障人士积极参与社会和实现自己的目标的形象,促进对残障人士的正面认知和包容。广告内容应尊重和保护残障人士的权益,避免对他们的权益产生不良影响。同时,社交媒体平台也应该提供更加友好和易于理解的界面,以提高老年用户对广告信息的理解和识别能力。广告行业应该关注和尊重不同群体,尤其是弱势群体的需求和权益,创造一个更加包容和友好的广告环境。

3. 相关法律对弱势群体广告的限制

根据《中华人民共和国广告法》,广告不得损害弱势群体的权益,不得歧视任何社会成员,不得违背社会公德,不得侵犯他人合法权益。根据该法律,广告不得含有歧视性的内容,不得贬低、诋毁或侮辱任何群体。不得损害未成年人的身心健康;不得利用未成年人的特殊纯真感和轻信心理进行误导性宣传;不得利用未成年人的不懂事和缺乏判断能力进行不当诱导。此外,根据《中华人民共和国未成年人保护法》,禁止向未成年人宣传暴力、淫秽、赌博等不健康内容。这些法律和规定旨在保护未成年人免受不良广告内容的影响。

美国的《公平广告法》(Fair Advertising Practices,FAP)要求广告商在针对弱势群体的广告中使用明确的和易懂的语言,避免使用虚假和误导性的宣传。此外,美国的《民权法案》(Civil Rights Act)禁止在广告中歧视任何社会群体,包括种族、宗教、性别、年龄等。由联邦贸易委员会(Federal Trade Commission, FTC)负责监管,要求广告商在针对儿童的广告中使用明确的和易懂的语言,避免使用虚假和误导性的宣传。此外,FTC对于在儿童广告中使用虚假的健康和药物宣传有严格的限制,保护儿童免受不良的医疗和保健信息的影响。

欧盟《通用数据保护条例》(GDPR)要求广告商在收集和使用个人数据时必须获得用户的明确同意。此外,欧盟成员国也有不同的反歧视法律,禁止在广告中歧视任何群体。GDPR要求广告商在收集和使用儿童个人数据时必须获得父母或监护人的明确同意。欧盟《欧洲儿童食品广告行业行为准则》规定了针对儿童的食品广告的自律标准,禁止在针对儿童的广告中使用虚假宣传、欺骗性内容和过度宣传。

13.5 广告的社会责任

广告的社会责任是指广告行业在进行广告宣传和推广活动时应当积极承担起对社会、消费者和公众的责任。这种责任旨在确保广告在宣传产品或服务的同时,不会造成社会负面影响,维护公平竞争,尊重消费者权益,促进社会发展和进步。

1. 广告商和原生广告的社会责任

广告的社会责任是广告行业必须认真对待的重要问题,它不仅关系到广告行业的形象和信誉,也影响到社会的稳定和消费者的信任。广告公司、广告商和广告从业者都应当时刻牢记社会责任,用诚信、负责任的态度来开展广告活动,为社会做出积极的贡献。同时,公众也应当保持对广告的警惕性,认识到广告在社会中的影响和作用,理性对待广告信息,增强自我保护意识。

原生广告应当诚信宣传,不得欺骗或误导消费者,不得使用虚假宣传手法,确保广告内容与产品或服务实际相符。广告应当遵循真实性和准确性原则,不得欺骗、误导消费者。原生广告不应该歧视任何社会群体,不应该侮辱或贬低任何个人或群体。广告应当尊重各种群体的尊严和权益,不得涉及歧视性内容。

原生广告行业可以通过宣传社会公益信息、传播正能量等方式,积极参与社会公益事业,为社会做出积极的贡献。广告在宣传产品或服务时应当关注环境保护和可持续发展,鼓励推广环保产品和绿色消费理念。广告应当特别关注对儿童和青少年的影响,不应该宣传不适合他们观看或使用的产品或内容,不得利用儿童和青少年进行虚假宣传。

广告行业应当遵守相关法律法规,包括广告法、消费者权益保护法等,确保广告活动的合法性和合规性。广告应该尊重不同地区和文化的多样性,不应该将某种文化强加于其他文化。广告行业应当充分考虑不同文化观念和价值观,避免使用可能引发文化冲突或误解的内容。

原生广告的目的是推广产品或服务,但过度商业化可能导致广告过于侵入性和烦扰,影响用户体验。广告行业应当审慎考虑广告频次和内容,避免对用户的干扰和不适。原生广告应当鼓励创意和创新,但创意应当建立在尊重消费者权益和社会价值观的基础上。创意广告应当激发消费者的兴趣和好奇心,而不是误导或欺骗消费者。

原生广告在宣传产品或服务时应该充分关注环境保护问题。这意味着广告创作过程中要避免使用破坏环境或资源浪费的内容,避免宣传对环境有负面影响的产品或服务。广告可以强调企业的环保理念和实践,传递环保的价值观,提高公众对环境保护的认识和重视程度。广告可以积极推广环保产品,如节能、环保、可回收材料等,鼓励消费者购买这些对环境友好的产品。通过广告的宣传,提高消费者对环保产品的认知和购买欲望,促进环保产品的普及和推广。

广告行业可以倡导绿色消费理念,即鼓励消费者在购买时更加关注产品的环保性能和社会责任,选择对环境友好的产品和服务。广告可以通过情感共鸣和正能量传递,引导消费者形成环保意识和绿色消费习惯。广告可以支持和宣传企业的可持续发展战略和社会责任,强调企业对社会、环境的承担和贡献。广告可以鼓励企业采取可持续的经营模式,推动经济、社会和环境的协调发展。

原生广告应当积极接受社会批评和监督,不断改进广告活动,避免出现伦理问题和社会争议。同时,社会应当对广告进行积极监督,揭示不当广告行为,维护公共利益。社交媒体上经常出现谣言和虚假信息,有些广告可能也会利用这些信息来误导消费者。广告行业应当积极抵制谣言和虚假信息,避免利用不实信息来推广产品或服务,从而保护消费者的权益和信任。广告行业可以利用社交媒体的传播力量,积极传递社会责任宣传,推动社会公益事业。通过广告的形式,宣传环保、慈善、公益等社会活动,鼓励消费者参与社会公益活动,增强广告的正面影响力。

2. 社会责任的平衡与挑战

广告商可能为了追求更高的营销效果和利润而忽视真实性和诚信,导致虚假宣传的问题。广告平台可能面临数据安全和隐私保护方面的挑战,需要平衡用户体验和数据收集之间的关系。同时,不同地区和文化背景下的伦理标准和价值观也可能存在差异,广告行业需要在全球范围内考虑和平衡不同的社会责任。

一些重要的挑战在前面的章节已经进行了讨论。例如,社交化商务平台涉及大量用户数据的收集和使用,如何保护用户的隐私与数据安全,防止数据泄露和滥用是一个重要的研究主题。研究者需要探索有效的数据隐私保护技术和政策措施,确保用户数据得到妥善处理。社交化商务平台上的广告可能涉及虚假宣传和欺诈行为,如何识别和防止这些问题,维护广告的真实性和诚信,保护消费者权益,是一个重要的研究方向。社交化商务平台是信息传播的重要渠道,但也容易传播虚假信息和谣言。研究者需要探讨社交媒体上信息的传播规律,提高信息可信度,减少虚假信息的传播。

一个重要的现实是,社交化商务平台上的广告可能对用户的心理健康产生影响。例如,社交化商务平台上的广告往往会营造虚幻的美好形象,展示生活中的理想状态。这些广告可能会让用户产生不真实的期待,觉得自己的生活不够美好,从而产生焦虑和不满。研究者需要关注社交广告对用户心理健康的影响,提出相应的保护措施。

有些社交化商务平台上的广告可能推广不健康的价值观,如追求物质享受、过度追求外貌和社会地位等。这些价值观可能对用户的心理健康产生负面影响,使他们感到不满足和焦虑。某些广告可能以讽刺、嘲笑等方式来吸引用户的注意,这些广告可能会损害用户的自尊和自信心,导致情绪上的困扰和抑郁。社交化商务平台上的广告甚至可能会在用户中营造成瘾的环境,例如,不断强调购买或使用某种产品或服务会带来快乐和满足感。这可能导致用户对特定产品或服务产生过度依赖,形成潜在的成瘾风险。

社交化商务和广告的推送可能加剧数字鸿沟(digital divide),一些弱势群体可能无法获得平等的参与机会。研究者需要研究数字鸿沟的原因和影响,并提出促进数字包容的解决方案。社交化商务主要在互联网和数字平台上进行,而一些弱势群体可能由于语言、文化等方面的原因,无法轻易获取和理解这些数字信息。这使得他们难以获得平等的参与和享受到商务活动带来的好处。

一些社交化商务平台在设计和运营中可能存在不包容性,没有充分考虑到弱势群体的需求和特殊情况。这使得他们在平台上面临一些不公平和不方便的情况,限制了他们的参与和使用体验。社交化商务和原生广告的推送可能会加剧数字鸿沟,使一些弱势群体无法获得平等的参与机会,影响到他们在数字化社会中的权益和利益。社交化商务平台和相关机构需要更加关注弱势群体的需求,提供更加包容和友好的设计和服务,推动数字包容性发展,使得所有人都能平等地参与到数字社会中。

社交化商务平台上的广告对用户的心理健康产生影响的关键在于广告的内容和表现形式。如果广告鼓励用户追求积极的生活方式、提供有用的信息和服务,以及尊重用户的权益和隐私,那么广告对用户的心理健康影响可能是正面的。但是,如果广告过于虚假、欺骗性强,或者传播不健康的价值观,就可能对用户的心理健康产生负面的影响。因此,广告主和平台应该审慎考虑广告的内容和表现形式,避免对用户心理健康造成不良影响。

3. 社会责任的应用与实践

社会责任应用和实践体现在企业在广告活动中主动关注社会、环境和公众利益,以及在业务运营中尊重用户隐私、遵守法律法规等方面。社会责任应用和实践指的是企业在广告活动中不仅仅关注营销和盈利,还注重传递社会价值观和关注社会问题。企业可以通过广告宣传环保、可持续发展、公益慈善等信息,鼓励公众参与社会事业,提高社会责任意识。

社会责任应用和实践也涉及企业在业务运营中对用户隐私的尊重和遵守相关法律法规。在数字化时代,企业收集和处理用户数据的行为越来越受到关注。企业应当采取合法合规的数据收集和处理方式,确保用户数据的安全和隐私。广告商和平台应该避免收集和使用用户的敏感数据,如政治倾向、宗教信仰等,以避免引发用户的不适和抵触情绪。同时,企业需要遵守相关的数据保护法规。

广告领域内社会责任的应用和实践包括企业在广告中传递社会价值观和环保倡

议,与公众共同创造绿色未来的决心。这样的广告可以提高企业形象和品牌声誉,推动绿色消费的普及,引导公众对环境保护的重视。

可口可乐作为全球知名的饮料品牌,自20世纪以来一直以广告营销和品牌推广著称。随着环境保护和可持续发展议题日益受到全球关注,可口可乐也开始重视在广告中传递可持续发展和环保理念,以回应社会对企业社会责任的期待。例如,可口可乐曾推出一则广告,以"打造零废弃社区"为主题,展示了社区居民共同参与垃圾分类和环保活动的场景,强调每个人都可以为环境保护贡献一份力量。

通过在广告中传递环保理念,可口可乐向公众表达了对环保事业的重视,并鼓励人们参与环保活动,强调每个人都可以为环保贡献一份力量。这种广告传递了积极的社会价值观,增强了公众对企业的信任和好感。可口可乐的可持续发展广告也在一定程度上推动了消费者对环保和可持续发展的关注。广告中的环保倡议可能促使一些消费者在购买决策中考虑到企业的环保努力,从而增加了环保产品的需求。这也可以说是一种积极的影响,促进了可持续消费的倡导和实践。企业应该从实际行动中履行环保责任,而不仅仅通过广告传递环保信息来营造形象。

另外一个例子来自中国某企业,广告以"绿色未来,我们共同创造"为主题,展示了企业在环保方面的努力和倡议。广告中展示了企业采取的节能减排措施、环保项目和社区参与活动,强调企业与公众共同创造绿色未来的决心。这则广告在社交媒体上得到了广泛传播,引起了公众的关注和共鸣。广告传递了企业在环保方面的积极努力,以及与公众共同创造绿色未来的愿景,这对于提高企业形象和品牌声誉是有益的。广告中展示的环保措施和项目也可能激发一些消费者对环保产品和服务的兴趣,从而推动绿色消费的普及。这样的环保倡议广告还有助于引导公众对环境保护的重视,强调个人和企业共同承担环保责任的重要性。通过广告的宣传,企业在社会上树立了环保领域的积极形象,同时也积极推动了社会的环保意识和行动。

思考题

(1) 为什么了解和解决原生广告中的伦理问题是广告从业者和品牌的责任?提供一个实际案例,说明伦理问题对于品牌声誉和社会影响的可能影响。

(2) 自行寻找、列举两个原生广告,并解释其中可能涉及的道德问题。为每个问题提供一个可能的解决方案,以确保广告活动在道德方面得到充分考虑。

(3) 就广告与社会价值观的冲突和调和,选择一个现实案例,描述广告与社会某一价值观发生冲突的情况,提供两种方法说明如何在广告设计和传播中实现价值观的平衡。

（4）解释原生广告可能对弱势群体造成哪些负面影响，并提供两种方法说明如何在广告活动中保护弱势群体的权益，避免歧视和伤害。

（5）选择一个品牌或广告活动，提出一个综合的伦理方案，说明如何确保在广告设计、传播和影响中处理伦理问题，保护弱势群体，维护品牌声誉。

第14章
原生广告的未来发展趋势

本章着眼于原生广告的未来发展趋势,介绍数据驱动的个性化广告、多渠道整合、视频广告的增长、虚拟现实和增强现实广告、AI生成背景下的原生内容,以及社会责任和可持续发展等内容。通过本章的学习,我们将了解原生广告未来发展的趋势和挑战,掌握如何应对新的技术和趋势,以及如何在广告活动中综合考虑社会责任和可持续发展,努力为品牌和广告活动设计一个具备未来洞察力的战略,保持创新,同时确保符合社会和市场的期望。

14.1　数据驱动的个性化广告

随着技术的发展,社交广告和原生广告将越来越个性化和定制化。广告商将利用大数据和人工智能技术分析用户数据和行为,向用户提供更加精准的广告内容,从而提高广告效果。个性化和定制化的广告内容将更好地满足用户的需求,提高广告的点击率和转化率。而另一方面,动和沉浸式广告将为用户带来更加愉悦和有趣的广告体验,减少用户对广告的抵触情绪。跨多个平台的整合广告和视频广告的增长将大大增加广告商的广告收入。

未来的原生广告将通过大数据和人工智能技术深入分析用户的兴趣、行为和偏好,实现个性化定制。广告内容将根据用户的需求和习惯进行个性化展示,提高广告的效果和点击率,个性化广告将更加美妙和精准。

未来的推荐算法将更加高效和智能。基于机器学习和深度学习等技术,广告商可以更好地理解用户的需求和偏好,从而更准确地推送广告内容。未来的计算机处理能力将更加强大,可以处理更大规模、更复杂的用户数据。广告商可以收集并整合来自不同渠道的海量数据,包括用户的浏览历史、搜索记录、社交媒体行为等,形成全面的用户画像。

和现在相比,未来的个性化广告推荐算法将更加高效、精准和智能。它将能够更好地理解用户的需求和偏好,从而为用户提供更加个性化和定制化的广告内容。同时,随着技术的进步,未来的算法将能够处理更大规模的数据,并更加实时地响应用户的行为,使广告推送更加及时和准确。这将提高广告的效果和用户体验,同时也为广告商带来更大的商业价值。然而,随着算法的智能化和个性化程度提高,也需要加强对用户隐私和数据安全的保护,避免滥用数据和侵犯用户权益的问题。因此,未来的个性化广告推荐算法在提高广告效果的同时,也需要平衡商业利益与用户权益,注重广告行业的社会责任和伦理意识。

未来广告将不仅仅是根据用户的兴趣和行为进行个性化定制,还可能根据用户的实时情感和心理状态进行调整。例如,根据用户的情绪和心情推送不同类型的广告内容。未来广告将迈向更加智能化和情感化的发展方向。除了根据用户的兴趣和行为进行个性化定制外,广告可能还会根据用户的实时情感和心理状态进行调整。这意味着广告商将更加关注用户的情绪和心情,从而更精准地推送广告内容。

未来的广告可能会利用先进的情感识别技术,通过分析用户在社交媒体、语音通话、视频聊天等场景中的语言、声音、面部表情等信息来推断用户的情感状态。例如,通过语音识别技术分析用户的语调和语速,识别用户是否处于愉快、激动、沮丧等情绪状态。社交媒体是用户表达情感的重要平台,未来的广告可能会根据用户在社交媒体上的互动行为,了解用户的情绪和心情。例如,用户在社交媒体上发布的心情状态、评论、点赞等行为都可以反映出其情感状态。

广告商可能会借助大数据分析技术,对用户的实时数据进行分析,了解用户在不同时间段和场景中的情绪波动,从而在适当的时候推送相应的广告内容。通过了解用户的情感状态,广告商可以更加精准地推送广告内容,满足用户当前的需求和兴趣,从而提高广告的点击率和转化率。情感化的广告定向可以使用户感受到更加贴近和个性化的广告体验,减少不相关和冗余广告的干扰,提升用户对广告的接受度和满意度。根据用户的情感状态调整广告内容,可能会激发用户更多的互动行为,如评论、分享等,从而增加广告的传播和影响力。

未来广告将更加融入用户所关注的内容中,使广告更加自然和无缝地与用户的生活和兴趣相结合,使广告与用户的体验无缝相连,减少对用户的打扰感,并提高广告的接受度和效果。广告商将利用先进的数据分析和人工智能技术,了解用户的兴趣、偏好、搜索历史等信息,从而将广告内容精准地定向到用户感兴趣的领域和内容中。例如,当用户浏览某个具体主题的网页或搜索相关内容时,广告系统会根据用户的行为和兴趣,推送与该主题相关的广告,从而使广告与用户关注的内容相匹配。

未来广告可能更多地采用原生广告的形式,将广告与用户关注的内容无缝融合在一起,使广告看起来更像是自然的内容而非明显的广告。例如,原生广告可能以与周围内容相似的形式出现在网页、社交媒体或移动应用中,使用户在浏览内容时不易察觉其为广告。广告商可能会更多地将广告与品牌整合在一起,与品牌的核心价值和主题紧密相连。通过在广告中展示品牌的故事、理念和使命,广告能够更好地吸引用户的注意并引起共鸣,使用户对品牌产生更深的认知和认同。

未来广告将更加注重用户体验,避免打扰用户的浏览和使用过程,而是通过融入用户所关注的内容中,提供更有价值的信息和体验,从而吸引用户主动参与和互动。这种趋势对广告行业和社会的影响将是双赢的。对广告商而言,融入用户关注的内容能够提高广告的点击率和转化率,增强品牌形象和用户信任。对用户而言,广告更加贴近其兴趣和需求,减少了打扰感,提供更有价值的广告内容,增强用户对广告的接受度和满意度。然而,要实现广告与用户关注内容的无缝融合并不是一件容易的事情。广告商需要更深入地了解用户,运用高级的技术手段进行广告定向,同时要避免过度的个性化和隐私侵犯。此外,广告与内容的融合也需要广告商更加注重创意和故事讲述,使广告内容更加有趣、有吸引力,并与用户的兴趣和情感产生共鸣。

未来的原生个性化广告更可能涉及用户隐私,广告行业将面临隐私保护和伦理问题的挑战,也更能在隐私保护和个性化服务方面取得更好的平衡。未来社交广告将更加注重个性化、互动性、创新性和社会责任,带来更好的广告效果和用户体验。同时,广告行业也要面对隐私和伦理等方面的挑战,需要寻找平衡点,确保广告的合法性和责任。

14.2 多渠道整合

未来的多渠道整合是指广告将通过多个不同的渠道和平台进行展示,包括但不限于社交媒体、移动应用、视频流媒体和虚拟现实等。这种趋势的出现源于数字化和智能化技术的发展,以及用户行为的多样化,使得广告商需要在不同的平台上展示广告,以覆盖更广泛的受众群体和增加广告的曝光率。跨平台广告将提高广告曝光率和覆盖面,同时也需要解决不同平台的广告格式和标准问题。

多个平台上整合展示是目前原生广告领域的趋势,因为整合展示的方式可以为企业和平台方带来一系列优势和好处。不同平台各自拥有独特的用户群体和受众特点。通过在多个平台上展示广告,可以覆盖更广泛的受众群体,吸引不同背景、兴趣和行为习惯的用户,从而扩大广告的触达范围。在多个平台上展示相关的广告内容可以增加品牌的曝光度。用户可能在不同的平台上多次看到同一品牌的广告,从而加强品牌形象在用户心中的印象,提高品牌的知名度和认知度。

在多个平台上整合展示广告,可以确保广告内容在不同平台上的一致性。一致的广告内容和形式可以形成整体广告效应,使广告更加统一和专业。不同平台上的广告可以相互呼应,形成连续性的叙事,引导用户在不同平台上进行更多的互动和参与。用户可能通过点击广告链接、关注品牌社交媒体账号等方式深入了解品牌和产品。在多个平台上进行整合展示可以帮助广告主优化广告效果和投放成本。通过分析不同平台上广告的表现,可以了解哪些平台对目标受众更具吸引力,从而调整广告投放策略,提高广告的效率和回报率。

不同平台具有各自的特点和优势。将广告在多个平台上整合展示,可以充分利用各平台的特点,比如在社交媒体上强调用户互动,在搜索引擎上提供精准定向广告等,从而实现更全面的广告传播。未来广告在多个平台上整合展示有助于提高广告的覆盖率、品牌曝光度和用户参与度,同时优化广告效果和投放成本。这种多平台整合的趋势将使广告更加全面、多样化,增强品牌形象和用户认知度,为企业营销带来更大的成功机会。

未来广告将涉及更多不同类型的平台,如社交媒体、移动应用、视频流媒体、虚拟现实等。不同平台具有不同的用户群体和使用场景,通过在多个平台上展示广告,可以吸引更广泛的受众,提高广告的曝光率和覆盖面。

未来广告将在多个平台上整合展示,而不是单一平台的单一广告。通过在不同平台上展示相关的广告内容,可以形成整体广告效应,增强品牌形象和用户认知度。未来的广告整合将更加注重数据的收集和分析,通过对用户行为和兴趣的了解,将广告内容精准地推送给目标受众,提高广告的点击率和转化率。数据驱动的广告整合将使广告更加个性化和精准。

未来广告将面临不同平台的广告格式和标准问题。不同平台可能有不同的广告尺寸、时长和展示形式,广告商需要解决这些问题,以确保广告在不同平台上的展示效果和体验一致。同时,未来广告将在更多不同类型的平台上展示,覆盖面更广,能够吸引更多不同群体的用户。未来广告整合将更加注重数据的收集和分析,从而实现广告的个性化定制,提高广告的效果。在整合上,将更加注重用户体验,通过在不同平台上整合展示广告,减少对用户的打扰感,使广告与用户的体验无缝相连。

未来广告整合将借助先进的技术,如人工智能和机器学习等,实现广告在多个平台上的智能投放和精准推送。未来的广告整合将利用人工智能技术实现智能投放,即根据用户的个人特征、兴趣和行为,将广告精准地推送给目标受众。例如,通过分析用户在社交媒体上的点赞、评论和分享行为,广告系统可以预测用户的兴趣爱好,并将相关广告推送给他们。

在广告整合上可以实现精准推送,即将广告内容精准地匹配给每个用户,以提高广告的点击率和转化率。例如,通过分析用户的搜索历史和浏览行为,广告系统可以推测用户的购买意向,并将相关广告展示给他们。在广告整合上可以实现实时优化,即根据用户的实时行为和反馈,即时调整广告内容和投放策略,甚至实现提升预测性的广告效果。

14.3　视频广告的增长

随着视频内容的流行和增加用户对视频广告的接受度,视频广告将成为主流形式之一。短视频广告和原生视频广告等形式将逐渐兴起,未来广告视频化的转变是指广告形式逐渐向视频内容倾斜。随着社交媒体和视频分享平台的兴起,用户对于视频内容的需求不断增加,视频已成为人们日常生活中最受欢迎的内容形式之一。广告商会越来越倾向于采用视频形式来传播广告信息,因为视频能够更好地吸引用户的注意力,并提供更丰富、生动的内容。

随着短视频平台的普及,短视频广告逐渐兴起。短视频广告通常时长较短,一般在 15~30 s 左右,适应了用户碎片化阅读习惯,更容易在短时间内吸引用户的关注。由于时长有限,短视频广告通常以简洁明了的方式传递广告信息,突出主要内容,吸引用户的注意力。

短视频广告往往采用快节奏的剪辑和音乐,以增强广告的视觉冲击力,使广告更具吸引力。短时间内突出主要内容,使广告的核心信息能够迅速传达给观众,吸引他们的注意力。简短明了的特点让广告更容易被理解和记忆,增加了广告的效果和传播力。通过快速切换画面和配合节奏明快的音乐,短视频广告能够吸引用户的目光,使其更具吸引力和娱乐性。快节奏的特点让广告更容易引起用户的兴趣,增加用户的观看时长和互动率。

短视频广告适应了用户碎片化阅读习惯，适合在社交媒体等平台上快速浏览和传播。短视频广告通常会设定明确的行动目标，鼓励用户在短时间内做出相应的行动，如点击链接、购买产品等。由于短视频广告时长短暂，用户可以在碎片化的时间内快速浏览和理解广告内容。这种形式符合当今用户对信息获取的需求，让广告更容易在社交媒体等平台上传播和传播。

由于短视频广告时长较短，更容易被用户接受和传播，因此能够更快地传播到更多的用户中。短视频广告能够迅速吸引用户的注意力，尤其适用于快节奏的社交媒体环境，用户更容易在短时间内接收广告信息。例如，广告可能要求用户点击链接、访问网站、购买产品等。短视频广告的时长有限，因此需要通过鼓励用户做出明确的行动，从而提高广告的转化率和效果。引导行动的特点让广告不仅仅是传递信息，还能够促使用户做出实际的互动和响应。

短视频广告通常具有更高的点击率，因为它能够在短时间内引起用户的兴趣，鼓励用户主动进行互动。原生视频广告在未来会增多，因为这种形式的广告更容易被用户接受，不会给用户带来明显的干扰感。未来原生视频广告可能将更加注重互动性，通过增加用户参与度来提高广告效果。例如，广告商可以设计一些有趣的互动元素，让用户在观看视频广告时可以进行选择、参与或分享，从而增加用户的参与感和体验。

随着人工智能和大数据技术的发展，广告商将能够更加准确地了解用户的兴趣和偏好，从而提供更个性化的视频广告。个性化视频广告能够更好地满足用户的需求，提高广告的点击率和转化率。未来广告视频化的转变将带来更加生动、吸引人的广告形式，同时也会带来更大的挑战，如如何在视频广告中传递有效信息、保持用户的兴趣等问题。广告商和营销者需要不断探索和创新，以适应未来广告视频化的发展趋势。

14.4　虚拟现实与增强现实广告

虚拟现实和增强现实技术的发展将为广告创意和交互带来新的可能性。广告商可以利用这些技术提供更加沉浸式和有趣的广告体验。虚拟现实（Virtual Reality，VR）和增强现实（Augmented Reality，AR）广告是利用虚拟现实技术和增强现实技术来传递广告信息和内容的一种形式。它们与传统的广告形式相比，具有许多独特的特点，同时也对用户的感知和体验产生了深远的影响。

虚拟现实广告能够为用户提供沉浸式的体验,让用户感觉仿佛置身于广告中的场景之中。用户可以通过佩戴 VR 设备,进入虚拟世界,与广告内容进行互动,增强广告的吸引力和影响力。因此广告通常采用创新的内容和互动方式,增加用户的参与度和兴趣。用户可以通过手势或控制器等设备与广告进行实时互动,让广告变得更具趣味性和娱乐性。虚拟现实广告利用高质量的虚拟场景和三维动画技术,打造出逼真的广告场景。用户佩戴 VR 设备后,他们的视野会被完全覆盖,让他们感觉仿佛置身于广告中的虚拟世界,增强了用户的身临其境感。

增强现实广告将虚拟元素与真实世界进行融合,将虚拟内容叠加在用户现实世界的视野中。这种融合让广告更具真实感和立体感,增强用户的互动体验。增强现实广告通常具有实用性,例如,可将商品信息或导航信息直接显示在用户的视野中,方便用户获取所需信息。同时,增强现实广告也具有强大的互动性,用户可以通过移动设备进行操作和控制,实现与广告内容的互动。例如,用户可以通过手势在虚拟商店中选择商品,通过控制器与虚拟角色进行对话等,这种互动性大大增强了用户对广告的参与感和体验。

全新的、沉浸式的体验,使用户更容易被广告内容所吸引,增加了用户对广告的关注度。虚拟现实广告能够创造出独特的广告体验,让广告内容更具影响力和记忆点。虚拟现实和增强现实广告让用户参与度更高,使用户不再是被动地接受广告信息,而是主动参与其中。这种参与感增强了用户对广告的关注度和兴趣。由于虚拟现实广告和增强现实广告的独特体验,用户更容易对广告内容产生深刻的记忆,使广告更具有影响力,提高了广告的效果和转化率。

由于虚拟现实广告的沉浸式体验,用户更容易对广告内容和品牌产生深刻的记忆和印象。这有助于增强品牌形象,提高用户对广告的认知和信赖。通过利用创新和有趣的方式来展示品牌内容,增强了品牌形象的传播效果。虚拟现实广告充分利用技术,展现了广告内容和品牌形象的全新面貌,这种创新和有趣的展示方式吸引了用户的注意,让广告内容更容易传播和被接受。

虚拟现实广告的沉浸式体验让用户更加投入,从而提高品牌的宣传效果。用户对广告的积极参与和体验会增加用户的黏性和留存率,提升广告的转化效果。虚拟现实广告通过其独特的沉浸式体验为品牌和广告商带来了新的营销机遇,通过创新、有趣和引人入胜的方式展示品牌内容,增强了品牌形象的传播效果,这种全新的广告体验让广告更贴近用户,更容易产生共鸣和认同,为品牌的营销和推广带来了更多的可能性。

虚拟现实和增强现实广告也面临着一些挑战,如成本高昂、技术限制、用户设备需求等。虚拟现实和增强现实广告的制作和推广成本相较于传统广告高,这是由于技术的复杂性和需要高质量的内容创作所致。高昂的成本可能使一些中小企业难以负担虚拟现实和增强现实广告的投放费用。虚拟现实和增强现实广告需要用户投入较长时间来体验广告内容,这可能对一些用户来说不太方便或耗时。如果广告内容设计不合理或过于冗长,可能会导致用户的不满和流失。

虚拟现实和增强现实技术还处于发展阶段,尚存在一些技术限制。例如,硬件设备可能需要较高的性能要求,用户需要购买昂贵的设备才能体验广告。此外,技术的不断更新也可能导致一些旧设备不再兼容新的虚拟现实和增强现实广告。虚拟现实和增强现实广告需要用户具备相应的设备和技术支持,如佩戴 VR 头显或使用 AR 功能的智能手机。这可能限制了广告的受众范围,因为并非所有用户都拥有这些设备或技术。

随着技术的不断发展和成熟,虚拟现实和增强现实广告有望在未来进一步拓展,为广告行业带来更多创新和发展机遇。尽管面临这些挑战,虚拟现实和增强现实广告在未来有望得到进一步拓展。随着技术的不断发展和成熟,硬件设备成本逐步下降,技术限制逐渐解决,用户设备普及率提高,用户体验逐渐优化,将为广告行业带来更多的创新和发展机遇,为品牌和广告商提供更多的营销选择和可能性。随着虚拟现实和增强现实技术的进一步成熟,广告行业将能够更好地利用这些技术来打造更具吸引力和影响力的广告内容,提升广告效果和用户体验。

14.5　AI 生成背景下的原生内容

AI 生成内容对广告的影响是一种新兴的趋势,它使用人工智能技术来自动生成广告内容,包括文本、图像、视频等。这种内容的生成过程是由计算机程序根据大量的数据和模式进行学习,并自动创作出新的内容,无须人工干预。

在广告领域,AI 生成内容可以用于自动化广告创作和制作。例如,广告商可以使用 AI 生成内容的技术来自动生成广告文案、设计广告图像和制作广告视频。这样可以大大提高广告创意和制作的效率,节省人力和时间成本。通过收集大量的相关数据,包括文字、图像、视频等内容,可以作为 AI 算法的训练集,用于学习和模仿。利用机器学习和深度学习算法,对收集的数据进行训练,建立 AI 生成内容的模型。在训练过程中,模型会学习数据中的模式和规律。

一旦模型训练完成,就可以使用该模型来生成内容。根据用户的需求和输入,模型会自动生成符合要求的内容,如广告文案、广告图像等。生成的内容可能需要经过优化和调整,以确保内容质量和符合广告的要求。这可以通过反复训练和调整模型来实现。AI生成内容可以根据广告的实际效果和用户反馈数据进行优化和调整。通过分析数据,AI可以不断改进广告内容,提高广告的效果和转化率。

AI生成内容可以大大提高广告创意和制作的效率。传统广告创作通常需要人工编写文案、设计图像和视频等,而AI可以通过学习海量数据和模式,快速生成高质量的广告内容,节省了人力和时间成本。传统广告创意和制作通常需要耗费大量时间和人力资源,而借助AI生成内容的技术,广告创意的过程可以自动化和优化;AI可以分析大量广告数据和创意样本,从中学习有效的创意模式和元素,这使得广告制作过程更高效,节省了时间和成本。

通过分析用户数据,AI可以为每个用户生成与其兴趣相关的广告内容,提高广告的精准度和用户体验。AI生成内容可以根据用户的兴趣、行为和喜好进行个性化定制。通过分析用户的历史数据和行为模式,AI可以了解用户的喜好和偏好,并根据这些信息为每个用户量身定制广告内容。这种个性化定制能够提高广告的针对性和吸引力,从而更有可能引起用户的兴趣和关注。

AI生成内容可以创造大量不同风格和主题的广告,使广告更具多样性和创新性,这有助于吸引不同类型的受众,并增加广告的曝光率和点击率。机器学习算法可以分析并学习大量的广告数据和创意样本,从而能够创造出各种不同风格和主题的广告,这使得广告创意更具多样性和创新性,因为AI可以根据各种不同的元素和特征来生成广告内容,AI生成内容的多样性和创新性为广告带来了更大的灵活性和吸引力。通过定制不同风格和主题的广告,企业能够吸引更广泛的受众,并增加广告的曝光率和点击率,从而提高广告营销的效果。

假设一家汽车制造商使用AI生成内容技术来制作广告,那么AI可以根据品牌的定位和目标受众,创造出不同风格和主题的广告。例如,对于年轻消费者,AI可以生成时尚、动感的广告,强调汽车的外观和性能。而对于家庭用户,AI可以生成舒适、安全的广告,强调汽车的空间和安全性能。这样,广告可以针对不同类型的受众群体,呈现出多样性的内容,更好地吸引不同群体的兴趣和注意。通过AI生成多样化的广告内容,企业可以更好地覆盖不同的受众群体,增加广告的曝光率和点击率。不同类型的用户会对不同风格的广告产生兴趣,从而提高了广告的吸引力和效果。此外,多样化的广告创意也能够增加广告的创新性,让广告更具有新颖性和独特性,从而吸引更多用户的关注和参与。例如,谷歌在其搜索引擎广告和显示广告中使用AI生成内容来定制广告文本和图像。IBM利用其自主研发的AI系统(如Watson)

来生成各类广告内容,包括文本、图像和视频。让 AI 系统自动生成广告创意和内容,从而节省时间和人力成本。可口可乐在其"Share a Coke"活动中,根据用户的姓名和兴趣,使用 AI 生成内容来制作个性化的广告海报。

这些案例表明,越来越多的企业开始认识到 AI 生成内容在广告宣传中的价值和潜力。利用 AI 生成内容,企业可以实现广告创意的个性化定制,提高广告的点击率和转化率,从而取得更好的广告营销效果。

AI 生成内容也面临一些挑战和问题。由于 AI 生成内容是基于学习已有的数据和模式,可能存在创意和原创性不足的问题,也可能导致广告内容过于类似和缺乏新颖性。虽然 AI 生成内容可以个性化定制广告,但有时也可能因过度推荐或重复内容而影响用户体验。用户可能会对频繁出现的广告产生疲劳和厌烦。AI 生成内容涉及大量用户数据的处理和分析,需要注意用户隐私和数据保护问题。同时,一些 AI 生成的内容可能存在违反社会道德和价值观的风险。虽然 AI 生成内容在不断发展,但目前技术尚未完全成熟。一些生成的内容可能存在语义错误、逻辑不通等问题,影响广告质量和效果。

14.6 社会责任与可持续发展

随着社会责任意识的提高,广告商将更加关注社会价值观、环保和可持续发展等议题。企业社会责任广告将得到更多关注。广告商逐渐意识到他们在广告宣传中所扮演的角色不仅仅是推销产品和服务,还包括对社会和环境产生影响。在过去,许多广告过于注重产品的推广,忽视了对社会价值观、环保和可持续发展等议题的关注。随着公众对社会责任的关注度增加,广告商开始意识到他们需要更加关注这些重要议题。

这些广告通常强调企业在社会发展和环境保护方面的积极贡献,以及企业对社会问题的关注和解决方案。通过这些广告,企业希望向公众传递积极的形象和价值观,同时展示他们在社会责任层面上的努力和承诺。随着社会责任意识的提高,越来越多的消费者对企业的社会责任行为表示关注。他们更倾向于支持那些积极关注社会问题和环保的企业,而对于那些只关注利润而忽视社会责任的企业可能会产生抵触情绪。因此,企业意识到通过社会责任广告来展示他们的社会责任行为和价值观,有助于增强品牌形象,赢得消费者的认可和信赖。

随着全球对环保和可持续发展问题的重视,企业社会责任广告也有助于推动环保理念在社会中的传播。通过广告宣传环保行动和可持续发展的价值,广告商可以在某种程度上引导消费者改变购买行为,选择更环保和可持续的产品和服务,从而促进社会的可持续发展。因此,企业社会责任广告将得到更多关注。广告商将更加关注社会价值观、环保和可持续发展等议题,通过广告宣传传递积极的社会价值观和企业的社会责任行为,从而增强品牌形象,赢得消费者的认可和支持。

1. 深入品牌宣传

未来的企业社会责任广告将更加深度地融入品牌宣传中,而不仅仅是作为附加元素。广告将强调企业对社会和环境的积极贡献,并与品牌核心价值紧密结合,使企业社会责任成为品牌形象的重要组成部分。未来的企业社会责任广告将与企业的核心价值紧密结合。企业会将社会责任视为品牌的核心使命和价值观,广告中会突出展示企业在社会责任领域所做的努力和取得的成果,以体现企业的品牌形象和价值定位。

社会责任广告将不再是单独的宣传片或活动,而是与其他营销传播形式紧密整合的一部分。企业会通过多渠道的传播方式,包括广告、社交媒体、公关活动等,全方位地展示企业的社会责任行为,增强品牌在受众心目中的形象。广告将更加注重讲述感人的故事和引起共鸣的内容。这些广告将通过讲述真实的故事和真实的人物,展示企业在社会责任领域的真实努力和影响,使受众能够更深入地了解和认知企业的社会责任形象。

通过将社会责任融入品牌宣传中,有助于增强企业在公众心目中的信任度和好感度。当企业在广告中展示了真实的社会责任行为和取得的成绩,受众会更加认可企业的价值观和诚信度,从而提升品牌信任度。通过利用社交媒体的传播优势,社交媒体平台为广告提供了更广泛的受众和传播渠道,有助于广告更快地传播和影响更多人群。同时,社交媒体的互动性也为受众提供了更多了解企业社会责任的机会,增强了广告的传播效果。

2. 强调量化结果

未来的企业社会责任广告将更加注重可量化的成果和效果。企业将通过数据和事实来展示他们的社会责任行为所带来的实际影响,以增加广告的可信度和说服力。可量化的成果和效果是广告的真实性的有力证明。通过提供客观数据和事实,企业能够证明他们在社会责任方面的行动并非空洞的宣传,而是真正取得的实际成就。这将有助于提高广告的可信度,使受众更愿意接受和相信广告中传递的信息。

可量化的数据和事实可以更好地突出企业在社会责任方面的影响力。通过展示实际的成果,企业能够向受众展示他们在改善社会和环境方面所做的贡献,增强广告的说服力,使受众对企业的社会责任行为产生认可和肯定。数据和事实是客观而具体的,能够更好地引起受众的共鸣和注意。通过展示企业在社会责任领域所取得的实际成就,广告能够更好地吸引受众的注意,提高广告的点击率和转化率。

　　未来的企业社会责任广告将更加注重可量化的成果和效果,通过数据和事实来展示企业在社会责任方面的实际努力和取得的成果。这将增加广告的可信度和说服力,突出广告的真实性和社会影响力,提高广告的效果,展示在社会责任方面的实际成果,不仅有助于树立企业的良好形象,还能吸引更多潜在客户和合作伙伴,为企业带来更多商机和合作机会。

　　3. 创新和互动性

　　未来的企业社会责任广告将借助创新的技术,增加互动性和参与度。帮助用户亲身体验企业的社会责任行为,增强广告的吸引力和影响力。企业可以设计社会责任主题的游戏或互动活动,让用户通过参与游戏或活动来了解和体验企业的社会责任行为。这种交互式的广告形式可以吸引用户的兴趣,增加广告的互动性和参与度。

　　例如,一家环保机构可以设计一款环保主题的小游戏,让用户在游戏中扮演环保义工,参与垃圾分类和环保行动,从而体验到环保的重要性和乐趣。一家慈善机构可以开展在线募捐活动,让用户通过捐款参与到慈善事业中,感受到自己的善举对社会的影响。通过这些交互式的广告形式,企业可以吸引更多用户参与,传递社会责任信息,提高社会责任感知,同时也提升品牌形象和用户对广告的认知和接受程度。

　　企业可以利用 VR 和 AR 技术展示他们在社会责任领域的行动,让用户亲身参与其中,从而更加深刻地感受到企业的社会责任行为。这些技术可以为用户提供沉浸式的体验,让用户感觉仿佛置身于广告中的场景之中。这种形式的广告将成为未来企业社会责任宣传的重要手段之一。

　　4. 强调长期投入

　　未来的企业社会责任广告将强调企业的长期投入和持续行动,而不仅仅是短期宣传。广告将展示企业在社会责任领域的持续努力和承诺,增加广告的可信度和可持续性。企业将通过广告展示他们多年来在社会责任领域的持续努力,以及对社会和环境问题的长期关注和支持。

　　广告将突出企业在社会责任领域的持续行动和实际成果,而不仅仅是简单地宣传一些表面的承诺。未来的广告将强调企业已经采取的实际行动和取得的实际成果,通过展示企业的长期投入和持续行动,广告将增加广告的可信度。用户更容易相信那些在社会责任领域有长期积极行为的企业,从而更愿意接受和支持这些企业的广告。

　　未来的企业社会责任广告将强调企业对可持续性的重视。广告将展示企业在社会责任领域的长期战略规划,以及对社会和环境问题的可持续解决方案。这种类型的广告将强调企业在社会责任领域所带来的实际社会影响力。广告将展示企业对社会问题的积极影响,以及对社会和环境的持续改善。

例如,一家企业可以制作一部纪录片式的广告,展示他们多年来在社会责任领域的持续投入和行动。广告可以包括企业在环保、教育、公益等领域的实际行动和成果,向用户展示企业对社会责任的长期承诺和影响力。通过这种长期投入和持续行动的广告形式,企业可以更加真实和可信地传递他们在社会责任方面的价值观和承诺,增加用户对企业社会责任的认知和认可,同时也提高广告的可持续性和影响力。

5. 多样性与包容性

未来的企业社会责任广告将更加注重多样性和包容性。广告将展示企业在社会责任领域对不同群体的关注和支持,促进社会的包容和多元发展。例如,广告将着重展示对弱势群体、儿童、老年人、残障人士、性别少数群体等的关注,突出企业在社会责任领域为这些群体所做出的积极贡献和支持。

通过展示企业对不同群体的关注和支持,广告将促进社会的包容和多元发展。这种广告形式将向公众传递一个积极的价值观,强调社会的多样性和包容性,并鼓励人们尊重和支持不同群体。企业可以通过广告展示他们在教育、就业、医疗等方面为弱势群体提供的支持和帮助,推动社会的公平和平等发展。

未来的广告将强调企业反对歧视和偏见的立场。广告可以传递一个积极的信息,强调企业尊重每个人的权利和尊严,不容忍任何形式的歧视和偏见。这种类型的广告将激励公众参与社会责任行动。广告可以通过呼吁公众参与志愿活动、捐款捐助等方式,让更多人参与到社会责任行动中来,共同推动社会的发展和进步。

例如,一家企业可以制作一系列社会责任广告,每个广告都突出展示企业对不同群体的关注和支持。比如,一则广告可以展示企业对儿童教育的支持;另一则广告可以展示企业对老年人福利的关注;还有一则广告可以强调企业对环保和可持续发展的承诺。这些广告形式将反映企业对社会多样性和包容性的重视,促进公众对企业的认知和认可,同时也可推动社会的进步和发展。通过注重多样性和包容性的广告形式,企业可以更好地展示他们在社会责任领域的积极行动,增强广告的影响力和可信度。

6. 故事性与情感连接

社会责任广告将更加强调故事性和情感连接。通过讲述感人的故事和情感化的内容,广告将更容易触动用户的心灵,增强广告的影响力和传播效果。故事性是一种广告叙事的手法,通过构建一个生动、引人入胜的故事情节,使广告更具吸引力。这种广告形式不仅仅是简单地向观众展示产品或服务,而是通过一个有趣的故事来传达品牌的价值观和理念。

在社会责任广告中,这种故事性的手法尤为重要,因为它可以帮助观众更好地理解企业在社会责任领域所做的贡献,并激发观众的情感共鸣。通过情感化的内容,广告可以触动观众的情感,引发共鸣,让观众更加投入广告内容,产生更深的印象和记忆。在社会责任广告中,情感连接尤为重要,因为这种广告往往涉及一些社会问题,如环保、教育、健康等,而这些问题通常与人们的生活和情感息息相关。

未来的企业社会责任广告将通过讲述感人的故事和情感化的内容来打动观众的心灵。例如,广告可以讲述一个孩子因为企业的教育支持得以实现自己的梦想,或者讲述一个环保行动如何改善了社区的生活环境。这些故事将带给观众深刻的情感体验,增强广告的影响力和传播效果。

通过强调故事性和情感连接,未来的企业社会责任广告将更加引人入胜,使观众对企业的社会责任行为产生更深的认知和认同,从而提高广告的传播效果和品牌形象。同时,这种广告形式也有助于激发观众的积极参与行动,进一步推动社会的进步和发展。

7. 社交媒体的传播

企业社会责任广告将更加依赖社交媒体的传播。社交媒体平台为广告提供了更广泛的受众和传播渠道,有助于广告更快地传播和影响更多人群。广告商将更多地利用社交媒体平台来推广和传播社会责任广告。社交媒体平台为广告提供了更广泛的受众和传播渠道,有助于广告更快地传播和影响更多人群。

通过社交媒体平台,企业社会责任广告可以迅速传播和扩散,到达更多的用户。用户在社交媒体上分享和转发广告内容,可以将广告推荐给更多人,形成传播效应。社交媒体上的用户互动也能增强广告的传播力和影响力。如果一个社会责任广告在社交媒体上引起广泛讨论和分享,它会吸引更多用户关注,引发更深的社会反响。

未来的企业社会责任广告将更加依赖社交媒体的传播,这将使广告更快地传播和影响更多人群。通过社交媒体平台,广告可以与用户更紧密地互动,增强广告的传播力和影响力,同时也能够更好地了解用户的需求和反馈,提高广告的有效性和用户满意度。

思考题

(1) 解释数据在原生广告中的作用,列举两个案例,说明如何利用数据驱动的方法创建个性化广告,以提高广告效果和用户参与度。

(2) 选择一个品牌,描述如何在不同渠道上传递一致的原生广告信息。为品牌选择两种不同的渠道,解释如何在这些渠道上调整广告内容,以适应受众和平台。

(3) 为什么视频广告在原生广告领域中变得越来越重要? 提供一个案例,说明如何在视频广告中保持一致的用户体验和创意风格。

(4) 解释虚拟现实和增强现实技术如何影响原生广告的传播方式。以一个领域(如旅游、教育等)为例,说明如何在这个领域中应用虚拟现实广告或增强现实广告。

(5) 分析人工智能在原生广告创作中的作用,可以列举两个案例,说明如何在 AI 生成背景下创作独特的原生广告内容,以满足不同受众的需求。

参考文献

[1] Campbell, C., & Evans, N. J. The role of a companion banner and sponsorship transparency in recognizing and evaluating article-style native advertising[J]. Journal of Interactive Marketing, 2018, 43(1): 17 - 32.

[2] Campbell, C., & Grimm, P. E. The challenges native advertising poses: Exploring potential federal trade commission responses and identifying research needs[J]. Journal of Public Policy & Marketing, 2019, 38(1): 110 - 123.

[3] Campbell, C., & Marks, L. J. Good native advertising isn't a secret[J]. Business Horizons, 2015, 58(6): 599 - 606.

[4] Lee, J., Kim, S., & Ham, C. D. A double-edged sword? Predicting consumers' attitudes toward and sharing intention of native advertising on social media[J]. American Behavioral Scientist, 2016, 60(12): 1425 - 1441.

[5] Lee, S. S., Chen, H., & Lee, Y. H. How endorser-product congruity and self-expressiveness affect Instagram micro-celebrities' native advertising effectiveness[J]. Journal of Product & Brand Management, 2022, 31(1): 149 - 162.

[6] Tuna, C., & Ejder, C. Native Advertising [M]. Springer Fachmedien Wiesbaden. 2019.

[7] Wojdynski, B. W., & Golan, G. J. Native advertising and the future of mass communication [J]. American Behavioral Scientist, 2016, 60 (12): 1403 - 1407.

[8] Wojdynski, B. W., & Evans, N. J. Going native: Effects of disclosure position and language on the recognition and evaluation of online native advertising[J]. Journal of Advertising, 2016, 45(2): 157 - 168.

［9］康瑾. 原生广告的概念、属性与问题［J］. 现代传播（中国传媒大学学报），2015，
　　（3）：112-118.

［10］喻国明. 镶嵌、创意、内容：移动互联广告的三个关键词［J］. 新闻与写作，
　　2014，（3）：48-52.

［11］张庆园，姜博. 原生广告内涵与特征探析［J］. 华南理工大学学报（社会科学
　　版），2015，17（4）：65-71.